PAGODA TOEFL

3rd Edition

80+ Speaking

파고다교육그룹 언어교육연구소 | 저

PAGODA Books

3rd Edition

PAGODA
TOEFL
80+ Speaking

초　　판　 1쇄 발행　 2013년　 8월 28일
개정 2판　 1쇄 발행　 2019년 10월　 7일
개정 3판　 1쇄 인쇄　 2024년　 1월　 2일
개정 3판　 1쇄 발행　 2024년　 1월　 5일

지 은 이 | 파고다교육그룹 언어교육연구소
펴 낸 이 | 박경실
펴 낸 곳 | **PAGODA Books** 파고다북스
출판등록 | 2005년 5월 27일 제 300-2005-90호
주　 소 | 06614 서울특별시 서초구 강남대로 419, 19층(서초동, 파고다타워)
전　 화 | (02) 6940-4070
팩　 스 | (02) 536-0660
홈페이지 | www.pagodabook.com

ISBN 978-89-6281-913-7 (13740)

파고다북스　　　 www.pagodabook.com
파고다 어학원　　 www.pagoda21.com
파고다 인강　　　 www.pagodastar.com
테스트 클리닉　　 www.testclinic.com

| 낙장 및 파본은 구매처에서 교환해 드립니다.

2023년 7월
New iBT TOEFL®의 시작!

TOEFL 주관사인 미국 ETS(Educational Testing Service)는 iBT TOEFL® 시험에서 채점되지 않는 더미 문제가 삭제되면서 시간이 개정 전 3시간에서 개정 후 2시간 이하로 단축됐으며, 새로운 라이팅 유형이 추가되었다고 발표했다. 새로 바뀐 iBT TOEFL® 시험은 2023년 7월 26일 정기 시험부터 시행된다.

- 총 시험 시간 기존 약 3시간 ···▸ 약 2시간으로 단축
- 시험 점수는 각 영역당 30점씩 총 120점 만점으로 기존과 변함없음

영역	2023년 7월 26일 이전	2023년 7월 26일 이후
Reading	지문 3~4개 각 지문 당 10문제 시험 시간 54~72분	지문 2개 각 지문 당 10개 시험 시간 36분
Listening	대화 2~3개, 각 5문제 강의 3~5개, 각 6문제 시험 시간 41~57분	28문제 대화 2개, 각 5문제 강의 3개, 각 6문제 시험 시간 36분
Speaking	*변함없음 4문제 독립형 과제 1개 통합형 과제 3개 시험 시간 17분	
Writing	2문제 통합형 과제 1개 독립형 과제 1개 시험 시간 50분	2문제 통합형 과제 1개 수업 토론형 과제 1개 시험 시간 30분

목차

이 책의 구성과 특징

>> New TOEFL 변경사항 및 최신 출제 유형 완벽 반영!

2023년 7월부터 변경된 새로운 토플 시험을 반영, iBT TOEFL® 80점 이상을 목표로 하는 학습자를 위해 최근 iBT TOEFL의 출제 경향을 완벽하게 반영한 문제와 주제를 골고루 다루고 있습니다.

>> 문제 유형별 표현 정리 제공!

각 문제 유형별로 자주 쓰이는 유용한 표현들을 예문과 함께 수록해, MP3 파일을 들으면서 반복적으로 암기할 수 있도록 구성하였습니다.

>> 단계별로 점진적인 학습 가능!

혼자 공부하는 사람도 충분히 따라올 수 있도록, 효율적인 노트 정리부터 답변 말하기까지 차근차근 단계별로 학습을 구성하였습니다. 함께 제공되는 예시 노트 및 답변을 통해 학습자가 자신의 답변을 직접 비교해 보고 보완할 수 있습니다.

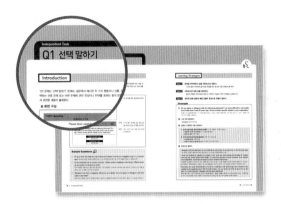

Introduction & Learning Strategies

각각의 문제 유형을 살펴보고, iBT TOEFL® 전문 연구원이 제안하는 효과적인 문제풀이 전략과 예시 문제 학습을 통해 정답을 찾는 능력을 배양합니다.

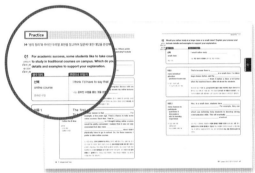

Practice

앞에서 배운 Lesson별 학습 전략을 적용하여, 연습 문제를 풀어보며 해당 문제 유형을 집중 공략합니다.

Test

실전과 유사한 유형과 난이도로 구성된 연습문제를 풀며 iBT TOEFL® 실전 감각을 익힙니다.

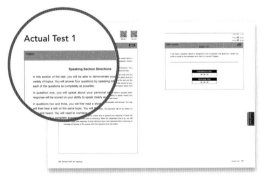

Actual Test

실제 시험과 동일하게 구성된 2회분의 Actual Test를 통해 실전에 대비합니다.

6주 완성 학습 플랜

DAY 1	DAY 2	DAY 3	DAY 4	DAY 5
Diagnostic Test		Independent Task Q1		
Diagnostic Test	Diagnostic Test Review • 문제 다시 듣기 • 노트 정리 연습하기	Lesson 01 • Introduction • Learning Strategies • 표현 익히기 1, 2 • Practice 1, 2	Lesson 02 • 이유 제시하기 • Practice	Lesson 03 • 문장으로 말하기 • Practice
DAY 6	**DAY 7**	**DAY 8**	**DAY 9**	**DAY 10**
Independent Task Q1		Integrated Task Q2		
Test	Test Review • 문제 다시 듣기 • 노트 정리 연습하기	Lesson 01 • Introduction • Learning Strategies • 표현 익히기 • Practice	Lesson 02 • 읽기 정리 • Practice	Lesson 03 • 듣기 정리 • Practice
DAY 11	**DAY 12**	**DAY 13**	**DAY 14**	**DAY 15**
Integrated Task Q2				Integrated Task Q3
Lesson 04 • 정리해서 말하기 • Practice 1	Lesson 04 • Practice 2	Test	Test Review • 문제 다시 듣기 • 노트 정리 연습하기	Lesson 01 • Introduction • Learning Strategies • 표현 익히기 • Practice
DAY 16	**DAY 17**	**DAY 18**	**DAY 19**	**DAY 20**
Integrated Task Q3				
Lesson 02 • 읽기 정리 • Practice	Lesson 03 • 듣기 정리 • Practice	Lesson 04 • 정리해서 말하기 • Practice 1	Lesson 04 • Practice 2	Test
DAY 21	**DAY 22**	**DAY 23**	**DAY 24**	**DAY 25**
Integrated Task Q3	Integrated Task Q4			
Test Review • 문제 다시 듣기 • 노트 정리 연습하기	Lesson 01 • Introduction • Learning Strategies • 표현 익히기 • Practice	Lesson 02 • 듣기 정리 • Practice	Lesson 03 • 정리해서 말하기 • Practice 1, 2	Test
DAY 26	**DAY 27**	**DAY 28**	**DAY 29**	**DAY 30**
Integrated Task Q4	Actual Test			
Test Review • 문제 다시 듣기 • 노트 정리 연습하기	Actual Test 1	Actual Test 1 Review • 문제 다시 듣기 • 노트 정리 연습하기	Actual Test 2	Actual Test 2 Review • 문제 다시 듣기 • 노트 정리 연습하기

iBT TOEFL® 개요

1. iBT TOEFL® 이란?

TOEFL은 영어 사용 국가로 유학을 가고자 하는 외국인들의 영어 능력을 평가하기 위해 개발된 시험이다. TOEFL 시험 출제 기관인 ETS는 이러한 TOEFL 본연의 목적에 맞게 문제의 변별력을 더욱 높이고자 PBT(Paper-Based Test), CBT(Computer-Based Test)에 이어 차세대 시험인 인터넷 기반의 iBT(Internet-Based Test)를 2005년 9월부터 시행하고 있다. ETS에서 연간 30~40회 정도로 지정한 날짜에 등록함으로써 치르게 되는 이 시험은 Reading, Listening, Speaking, Writing 총 4개 영역으로 구성되며 총 시험 시간은 약 2시간이다. 각 영역별 점수는 30점으로 총점 120점을 만점으로 하며 성적은 시험 시행 약 4~8일 후에 온라인에서 확인할 수 있다.

2. iBT TOEFL®의 특징

1) 영어 사용 국가로 유학 시 필요한 언어 능력을 평가한다.

각 시험 영역은 실제 학업이나 캠퍼스 생활에 반드시 필요한 언어 능력을 측정한다. 평가되는 언어 능력에는 자신의 의견 및 선호도 전달하기, 강의 요약하기, 에세이 작성하기, 학술적인 주제의 글을 읽고 내용 이해하기 등이 포함되며, 각 영역에 걸쳐 고르게 평가된다.

2) Reading, Listening, Speaking, Writing 전 영역의 통합적인 영어 능력(Integrated Skill)을 평가한다.

시험이 4개 영역으로 분류되어 있기는 하지만 Speaking과 Writing 영역에서는 [Listening + Speaking], [Reading + Listening + Speaking], [Reading + Listening + Writing]과 같은 형태로 학습자가 둘 또는 세 개의 언어 영역을 통합해서 사용할 수 있는지를 평가한다.

3) Reading 지문 및 Listening 스크립트가 길다.

Reading 지문은 700단어 내외로 A4용지 약 1.5장 분량이며, Listening은 3~4분 가량의 대화와 6~8분 가량의 강의로 구성된다.

4) 전 영역에서 노트 필기(Note-taking)를 할 수 있다.

긴 지문을 읽거나 강의를 들으면서 핵심 사항을 간략하게 적어두었다가 문제를 풀 때 참고할 수 있다. 노트 필기한 종이는 시험 후 수거 및 폐기된다.

5) 선형적(Linear) 방식으로 평가된다.

응시자가 시험을 보는 과정에서 실력에 따라 문제의 난이도가 조정되어 출제되는 CAT(Computer Adaptive Test) 방식이 아니라, 정해진 문제가 모든 응시자에게 동일하게 제시되는 선형적인 방식으로 평가된다.

6) 시험 응시일이 제한된다.

시험은 주로 토요일과 일요일에만 시행되며, 시험에 재응시할 경우, 시험 응시일 3일 후부터 재응시 가능하다.

7) Performance Feedback이 주어진다.

온라인 및 우편으로 발송된 성적표에는 수치화된 점수뿐 아니라 각 영역별로 수험자의 과제 수행 정도를 나타내는 표도 제공된다.

3. iBT TOEFL®의 구성

시험 영역	Reading, Listening, Speaking, Writing
시험 시간	약 2시간
시험 횟수	연 30~40회(날짜는 ETS에서 지정)
총점	0~120점
영역별 점수	각 영역별 30점
성적 확인	응시일로부터 4~8일 후 온라인에서 성적 확인 가능

시험 영역	문제 구성	시간
Reading	● 독해 지문 2개, 총 20문제가 출제된다. ● 각 지문 길이 700단어 내외, 지문당 10개 문제	36분
Listening	● 대화(Conversation) 2개(각 5문제씩)와 강의(Lecture) 3개(각 6문제씩)가 출제된다.	36분
Break		10분
Speaking	● 독립형 과제(Independent Task) 1개, 통합형 과제(Integrated Task) 3개 총 4개 문제가 출제된다.	17분
Writing	● 통합형 과제(Integrated Task) 1개(20분) ● 수업 토론형 과제 (Writing for Academic Discussion) 1개(9분)	30분

4. iBT TOEFL®의 점수

1) 영역별 점수

Reading	0~30	Listening	0~30
Speaking	0~30	Writing	0~30

2) iBT, CBT, PBT 간 점수 비교

기존에 있던 CBT, PBT 시험은 폐지되었으며, 마지막으로 시행된 CBT, PBT 시험 이후 2년 이상이 경과되어 과거 응시자의 시험 성적 또한 유효하지 않다.

5. 시험 등록 및 응시 절차

1) 시험 등록

온라인과 전화로 시험 응시일과 각 지역의 시험장을 확인하여 신청할 수 있으며, 일반 접수는 시험 희망 응시일 7일 전까지 가능하다.

❶ 온라인 등록

ETS 토플 등록 사이트(https://www.ets.org/mytoefl)에 들어가 화면 지시에 따라 등록한다. 비용은 신용카드로 지불하게 되므로 American Express, Master Card, VISA 등 국제적으로 통용되는 신용카드를 미리 준비해 둔다. 시험을 등록하기 위해서는 회원 가입이 선행되어야 한다.

❷ 전화 등록

한국 프로메트릭 콜센터(00-7981-4203-0248)에 09:00~17:00 사이에 전화를 걸어 등록한다.

2) 추가 등록

시험 희망 응시일 3일(공휴일을 제외한 업무일 기준) 전까지 US $60의 추가 비용으로 등록 가능하다.

3) 등록 비용

2023년 현재 US $220(가격 변동이 있을 수 있음)

4) 시험 취소와 변경

ETS 토플 등록 사이트나 한국 프로메트릭(00-7981-4203-0248)으로 전화해서 시험을 취소하거나 응시 날짜를 변경할 수 있다. 등록 취소와 날짜 변경은 시험 날짜 4일 전까지 해야 한다. 날짜를 변경하려면 등록 번호와 등록 시 사용했던 성명이 필요하며 비용은 US $60이다.

5) 시험 당일 소지품

❶ 사진이 포함된 신분증(주민등록증, 운전면허증, 여권 중 하나)

❷ 시험 등록 번호(Registration Number)

6) 시험 절차

❶ 사무실에서 신분증과 등록 번호를 통해 등록을 확인한다.

❷ 기밀 서약서(Confidentiality Statement)를 작성한 후 서명한다.

❸ 소지품 검사, 사진 촬영, 음성 녹음 및 최종 신분 확인을 하고 연필과 연습장(Scratch Paper)을 제공받는다.

❹ 감독관의 지시에 따라 시험실에 입실하여 지정된 개인 부스로 이동하여 시험을 시작한다.

❺ Reading과 Listening 영역이 끝난 후 10분간의 휴식이 주어진다.

❻ 시험 진행에 문제가 있을 경우 손을 들어 감독관의 지시에 따르도록 한다.

❼ Writing 영역 답안 작성까지 모두 마치면 화면 종료 메시지를 확인한 후에 신분증을 챙겨 퇴실한다.

7) 성적 확인

응시일로부터 약 4~8일 후부터 온라인으로 점수 확인이 가능하며, 시험 전에 종이 사본 수령을 신청했을 경우 약 11-15일 후 우편으로 성적표를 받을 수 있다.

6. 실제 시험 화면 구성

전체 Direction

시험 전체에 대한 구성 설명

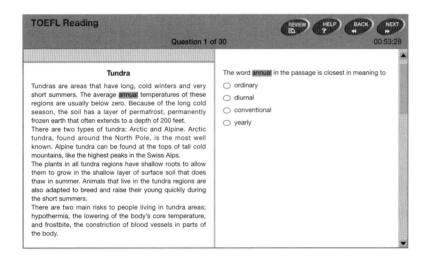

Reading 영역 화면

지문은 왼쪽에, 문제는
오른쪽에 제시

Listening 영역 화면

수험자가 대화나 강의를 듣는
동안 사진이 제시됨

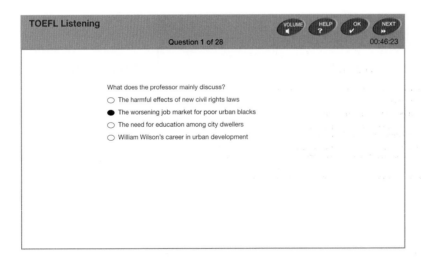

Listening 영역 화면

듣기가 끝난 후 문제 화면이 등장

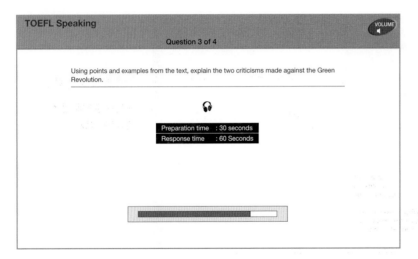

Speaking 영역 화면

문제가 주어진 후, 답변을 준비하는 시간과 말하는 시간을 알려줌

Writing 영역 화면

왼쪽에 문제가 주어지고 오른쪽에 답을 직접 타이핑할 수 있는 공간이 주어짐

복사(Copy), 자르기(Cut), 붙여넣기(Paste) 버튼이 위쪽에 위치함

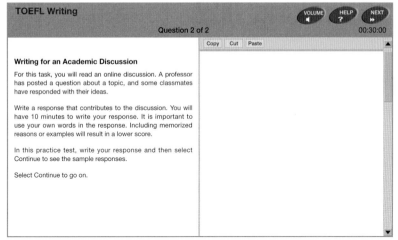

TOEFL Writing

Copy | Cut | Paste

Writing for an Academic Discussion

For this task, you will read an online discussion. A professor has posted a question about a topic, and some classmates have responded with their ideas.

Write a response that contributes to the discussion. You will have 10 minutes to write your response. It is important to use your own words in the response. Including memorized reasons or examples will result in a lower score.

In this practice test, write your response and then select Continue to see the sample responses.

Select Continue to go on.

Writing 영역 화면

왼쪽에 문제가 주어지고 오른쪽에 답을 직접 타이핑할 수 있는 공간이 주어짐

복사(Copy), 자르기(Cut), 붙여넣기(Paste) 버튼이 위쪽에 위치함

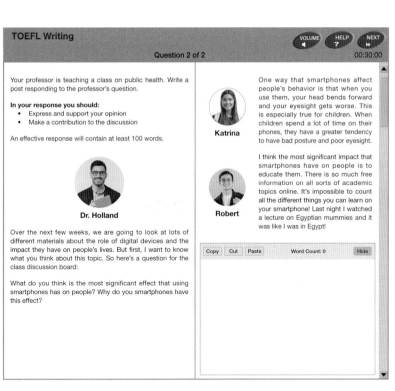

TOEFL Writing

Your professor is teaching a class on public health. Write a post responding to the professor's question.

In your response you should:
- Express and support your opinion
- Make a contribution to the discussion

An effective response will contain at least 100 words.

Dr. Holland

Over the next few weeks, we are going to look at lots of different materials about the role of digital devices and the impact they have on people's lives. But first, I want to know what you think about this topic. So here's a question for the class discussion board:

What do you think is the most significant effect that using smartphones has on people? Why do you smartphones have this effect?

Katrina

One way that smartphones affect people's behavior is that when you use them, your head bends forward and your eyesight gets worse. This is especially true for children. When children spend a lot of time on their phones, they have a greater tendency to have bad posture and poor eyesight.

Robert

I think the most significant impact that smartphones have on people is to educate them. There is so much free information on all sorts of academic topics online. It's impossible to count all the different things you can learn on your smartphone! Last night I watched a lecture on Egyptian mummies and it was like I was in Egypt!

Copy | Cut | Paste   Word Count: 0   Hide

Writing 영역 화면

왼쪽에 문제가 주어지고 오른쪽에 답을 직접 타이핑할 수 있는 공간이 주어짐

복사(Copy), 자르기(Cut), 붙여넣기(Paste) 버튼이 타이핑하는 곳 위쪽에 위치함

iBT TOEFL® Speaking 개요

1. Speaking 영역의 특징

Speaking 영역은 수험자가 영어권 국가에서 공부할 때 효율적으로 담화를 통해 자기 생각을 표현할 수 있는 능력, 즉 교실 안팎에서 읽고 들었던 정보에 대해서 이야기하고 자신의 가치관 및 의견을 말할 수 있는 능력을 측정하는 데 그 목적이 있다. 상황별 상세 목적은 다음과 같다.

❶ in class: 수업 시간에

　　다양한 주제의 학술 토론

　　교수나 다른 학생과 질문하고 질문에 답하기

　　자신의 의견 및 주장 말하기

❷ around campus: 캠퍼스 주변에서

　　다른 학생들과 친숙한 주제에 대한 일상의 대화(음악, 여행, 세계적 이슈, 정치 등)

　　서점, 기숙사, 도서관 같은 곳에서의 대화

2. Speaking 영역의 구성

진행 시간	문제 개수	문제 형태
총 17분	4개	1. Independent Task(문제 1번) 　독립형 과제에서는 질문에 대한 개인적 의견을 말한다. 2. Integrated Task(문제 2번, 3번, 4번) 　통합형 과제에서는 읽거나 들은 정보를 바탕으로 질문에 답한다.

3. Speaking 영역의 시험 유형 및 시간 배분

		문제 유형		시간 배분
독립형	Q1. 선택	두 가지 상반되는 선택 사항을 주고 선호하는 것을 선택하거나 찬/반 입장을 이유와 함께 설명	말하기	준비 시간 15초 답변 시간 45초
통합형	Q2. 상황 설명 <캠퍼스 관련>	• 읽기 캠퍼스와 관련된 상황에 관한 지문 • 듣기 읽기 지문에 관한 두 사람의 대화 • 말하기 읽기 지문에 관한 화자의 의견을 요약하는 문제	읽기 ↓ 듣기 ↓ 말하기	읽기 시간 45 / 50초 준비 시간 30초 답변 시간 60초
	Q3. 일반적 개념과 구체적 개념 <학술적 주제>	• 읽기 학술적 주제와 일반적 개념 지문 • 듣기 읽기 지문의 구체적 내용 강의 • 말하기 읽기와 듣기를 통해 얻은 정보를 요약하는 문제	읽기 ↓ 듣기 ↓ 말하기	읽기 시간 45 / 50초 준비 시간 30초 답변 시간 60초
	Q4. 요약 <학술적 주제>	• 듣기 학술적 주제에 관련된 강의 • 말하기 강의의 주제와 세부사항을 파악하여 요약하는 문제	듣기 ↓ 말하기	준비 시간 20초 답변 시간 60초

4. 기존 시험과 개정 시험 간 Speaking 영역 비교

	기존 iBT (~2023년 7월 전)	개정 후 iBT (2023년 7월 이후)
문제 개수	4개	
독립형 과제	1개	
통합형 과제	3개	
시험 시간	17분	

• 통합형 과제의 읽기와 듣기의 길이 및 난이도에는 변화가 없다.

Diagnostic Test

실제 TOEFL Speaking 시험 구성과 유사한 진단 테스트를 풀어보면서 내 현재 실력이 얼마나 되는지, 취약한 문제 유형은 무엇인지 점검해 보자.

Diagnostic Test

문제 듣기   예시 답변

CONTINUE

Speaking Section Directions

In this section of the test, you will be able to demonstrate your ability to speak about a variety of topics. You will answer four questions by speaking into the microphone. Answer each of the questions as completely as possible.

In question one, you will speak about your personal opinion and preference. Your response will be scored on your ability to speak clearly and coherently about the topic.

In questions two and three, you will first read a short text. The text will go away and you will then hear a talk on the same topic. You will then be asked a question about what you read and heard. You will need to combine appropriate information from the text and the talk to provide a complete answer to the question. Your response will be scored on your ability to speak clearly and coherently and to accurately convey information about what you read and heard.

In question four, you will hear part of a lecture. You will then be asked a question about what you heard. Your response will be scored on your ability to speak clearly and coherently and to accurately convey information about what you heard.

You may take notes while you read and listen to the conversation and lectures. You may use your notes to help prepare your response.

Listen carefully to the directions for each question. The directions will not be written on the screen.

For each question, you will be given a short time to prepare your response. A clock will show how much preparation time is remaining. When the preparation time is up, you will be told to begin your response. A clock will show how much response time is remaining. A message will appear on the screen when the response time has ended.

Diagnostic Test

TOEFL Speaking

Question 1 of 4

Do you agree or disagree with the following statement? It is more difficult to eat healthy food today than it was 50 years ago. Please include specific details in your explanation.

PREPARATION TIME
00 : 00 : 15

RESPONSE TIME
00 : 00 : 45

TOEFL Speaking

Question 2 of 4

Reading Time: 45 seconds

The university banned cellular phones in the campus library at the beginning of this semester to provide a better atmosphere for studying. I believe that this has had some unforeseen repercussions. Firstly, there is increased competition for the computers there. Students need those computers to locate books in the library, but most people are using them to access the Internet. If students could use their smartphones in the library, this would be less of a problem. In addition, many students miss important calls from their classmates, family members, and employers, which can cause serious problems.

- Michio Wada

TOEFL Speaking

Question 2 of 4

TOEFL Speaking

Question 2 of 4

The woman expresses her opinion about the new library policy. State her opinion and explain the reasons she gives for holding that opinion.

PREPARATION TIME
00 : 00 : 30

RESPONSE TIME
00 : 00 : 60

TOEFL Speaking

Question 3 of 4

Reading Time: 45 seconds

Habitat's Carrying Capacity

In any given habitat, there are only a certain number of animals that can be supported indefinitely. This is called the habitat's carrying capacity for that organism. Normally, the population of an animal species fluctuates mildly without upsetting the balance, and it will not increase or decrease significantly over time. However, if the balance is disturbed, the population will fall drastically. This is usually due to outside factors, but some species simply reproduce too quickly. Due to such overpopulation, they consume too much of their available food source, which leads to a population crash. Sometimes this becomes a repeating cycle.

TOEFL Speaking

Question 3 of 4

TOEFL Speaking

Question 3 of 4

The professor explains what a habitat's carrying capacity is by giving an example of the cinnabar moth. Explain how this example demonstrates the topic.

PREPARATION TIME
00 : 00 : 30

RESPONSE TIME
00 : 00 : 60

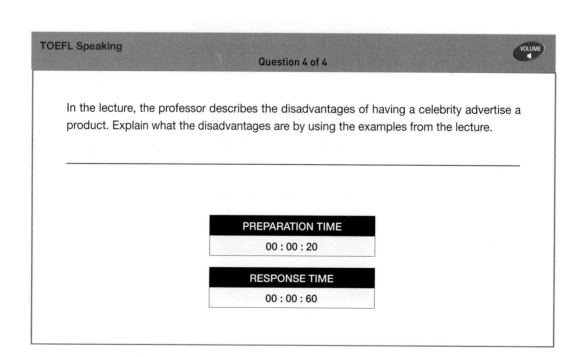

PAGODA TOEFL 80+ Speaking

I
Independent Task

Independent Task Q1 선택 말하기

Q1 선택 말하기

Introduction

1번 문제는 '선택 말하기' 문제로, 질문에서 제시한 두 가지 행동이나 상황, 의견 중 수험자가 마음에 드는 것을 선택하는 선호 문제 또는 어떤 주제에 관한 찬성이나 반대를 표하는 동의 문제가 나온다. 주로 학교 또는 일상 생활과 관련된 내용이 출제된다.

◐ 화면 구성

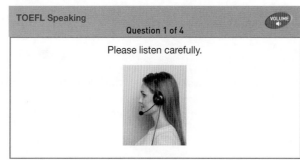

- 안내: 1번 문제에 관한 설명을 들려준다.

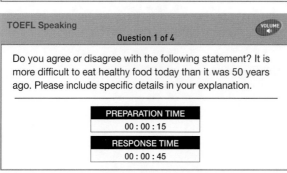

- 문제: 1번 문제가 화면에 글로 제시되는 동시에 음성으로 문제를 읽어준다.
- 답변: 준비 시간 15초, 대답 시간 45초가 주어진다.

Sample Questions

- Do you think the Internet has influenced human society in a negative way or a positive way? 인터넷이 인간 사회에 부정적인 방식 또는 긍정적인 방식 중 어떤 식으로 영향을 끼쳤다고 생각하는가?

- Some students like to study at home. Others prefer studying in the library. Which place do you prefer to study and why?
  어떤 학생들은 집에서 공부하는 것을 좋아한다. 다른 학생들은 도서관에서 공부하는 것을 선호한다. 당신이 공부하기를 선호하는 곳은 어디이며 그 이유는 무엇인가?

- Television has had a negative influence on society. Do you agree or disagree with this opinion and why?
  텔레비전은 사회에 부정적인 영향을 끼쳤다. 당신은 이 의견에 동의하는가 아니면 동의하지 않는가? 그 이유는 무엇인가?

Learning Strategies

Step 1 문제를 파악하면서 답을 머릿속으로 정한다.
    – 시간이 많이 주어지지 않으므로 문제를 읽는 동시에 답을 결정하도록 한다.

Step 2 머릿속으로 정한 답을 정리한다.
    – 종이와 연필이 주어지므로 답변과 구체적인 이유를 간단한 단어들로 표현해 본다.

Step 3 정리한 답에 설명과 예를 덧붙여 문장으로 만들어 말한다.

Example

Q. Do you agree or disagree with the following statement? It is more difficult to eat healthy food today than it was 50 years ago. Please include specific details in your explanation.
당신은 다음 진술에 동의하는가 아니면 동의하지 않는가? 오늘날 건강한 식품을 먹는 것은 50년 전보다 더 어렵다. 설명에 구체적인 세부 사항을 포함하시오.

❶ 나의 선택 생각하기
- disagree 동의하지 않음

❷ 답변과 구체적인 이유 정리하기

1. **more ppl care about their health** 더 많은 사람들이 건강에 신경을 씀
   - organic food production ↑ 유기농 제품 생산 ↑
   - easy to get 구하기 쉬움
2. **sci / med / tech development** 과학/의학/기술 발전
   - valuable info. 귀중한 정보
   - search what is good for us 우리에게 무엇이 좋은지 찾음

❸ 문장으로 말하기

I disagree with the idea that it is more difficult to eat healthy food today than it was 50 years ago.
나는 오늘날 건강한 식품을 먹는 것이 50년 전보다 더 어렵다는 생각에 동의하지 않는다.

I have two reasons to support my opinion. First, more and more people are looking for organic food and are careful about their health. To meet this demand, farmers produce more organic food ingredients, and those are easier to see in markets these days.
내 의견을 뒷받침할 두 가지 이유가 있다. 첫째, 점점 더 많은 사람들이 유기농 식품을 찾고 있고 건강에 신경을 쓴다. 이러한 수요에 부응하기 위해 농부들은 더 많은 유기농 식품 재료들을 생산하고, 오늘날 그러한 것들을 시장에서 더 쉽게 볼 수 있다.

Secondly, the rapid development of science, medicine, and technology has revealed many valuable facts regarding food. With this information, we can search for what is good for us and eat it. For these reasons, I disagree with the given statement.
둘째, 과학, 의학, 그리고 기술의 빠른 발전은 식품에 관해 많은 귀중한 사실을 밝혀냈다. 이 정보를 가지고 우리는 우리에게 좋은 것이 무엇인지 찾을 수 있고 섭취할 수 있다. 이러한 이유들로 인해 나는 주어진 진술에 동의하지 않는다.

01 표현 익히기

표현 듣기

1. 비교·대조 관련 표현

 Q1_01

01. similarly
비슷하게, 마찬가지로

Similarly, I experienced the same thing when I was in college.
비슷하게 나는 대학에 다닐 때 같은 일을 경험했다.

02. likewise
마찬가지로, 게다가

Likewise, the new computer lab will be able to ensure more student participation.
마찬가지로 새로운 컴퓨터실은 더 많은 학생 참여를 보장할 수 있을 것이다.

03. unlike
~와 달리

Unlike an online course, traditional classes require students to be present in the classroom.
온라인 수업과 달리, 전통적인 수업들은 학생들에게 교실에 있을 것을 요구한다.

04. however
하지만, 그러나

However, the best solution can be drawn from paying more attention to details.
하지만 가장 좋은 해결책은 세부 사항에 더 주의를 기울임으로써 얻을 수 있다.

05. as well as
~에 더하여, ~뿐만 아니라, ~만큼

The benefit of creative writing influences children as well as adults.
창조적 글쓰기의 이점은 성인들뿐만 아니라 아이들에게도 영향을 미친다.

06. different from

~와 다른

They were different from the ones I enjoyed a few years ago.

그것들은 몇 년 전에 내가 즐겼던 것들과 달랐다.

07. whereas

~하지만, ~한 반면에

Many students struggled with chemistry, whereas others did quite well.

많은 학생들이 화학에 어려움을 겪었던 반면에 다른 학생들은 상당히 잘했다.

08. despite, in spite of

~에도 불구하고

Despite the fear, I was able to finish my presentation in front of the whole class.

두려움에도 불구하고, 나는 반 전체 앞에서 발표를 끝마칠 수 있었다.

09. though, even though, although

비록 ~일지라도, ~라 해도

Even though I was getting upset, I tried to calm my voice down.

기분이 나빠지고 있었음에도, 나는 목소리를 낮추려고 애썼다.

10. alternatively

그 대신, 그렇지 않으면

Alternatively, I can take the course online to save money and time.

그 대신 나는 돈과 시간을 절약하기 위해 온라인 강의를 들을 수 있다.

11. otherwise

그렇지 않으면, 그 외에는

I will try to register for the class today, otherwise I won't have time.

나는 오늘 수강 신청을 할 것이다. 그렇지 않으면 시간이 없을 것이다.

12. instead of ~ 대신에

Instead of joining the hockey team, I decided to go for the soccer team.

하키팀에 들어가는 대신 나는 축구팀으로 가기로 결정했다.

13. in short 간단히 말해서, 요컨대

In short, I must start preparing for my midterm exam.

간단히 말해서, 나는 중간고사 준비를 시작해야 한다.

14. to be sure 틀림없이, 분명히

There was, to be sure, an open position in the library.

분명히 도서관에는 빈 일자리가 하나 있었다.

15. after all 결국, 요컨대

After all, it was my turn to answer the questions of my classmates.

결국 내가 반 친구들의 질문에 답할 차례였다.

16. meanwhile 한편, 그동안

Meanwhile, I invited my friends to the book discussion club tonight.

한편 나는 오늘 밤에 있을 책 토론 클럽에 친구들을 초대했다.

17. at last 마침내, 드디어

At last I was able to concentrate on my book.

드디어 나는 책에 집중할 수 있었다.

18. finally

마침내, 마지막으로

I finally finished the reading assignment an hour before the class started.

나는 수업이 시작하기 한 시간 전에 마침내 독서 과제를 끝냈다.

19. subsequently

그 뒤에, 이어서

Subsequently, the professor distributed the class syllabus to everyone.

그 뒤에 교수님은 모두에게 수업 계획서를 나눠줬다.

Q1 Independent Task

20. eventually

결국, 마침내

He eventually quit working part-time at the cafeteria because his schedule was too tight.

그의 일정이 너무 빡빡했기 때문에 그는 결국 카페테리아 아르바이트를 그만두었다.

21. currently

현재, 지금

The professor asked me if I'm currently participating in any projects.

교수님은 내가 현재 어떠한 프로젝트에 참여하고 있는지 물었다.

22. in the meantime

그 사이에, 그동안

In the meantime, we decided to visit the museum in downtown.

그동안 우리는 시내에 있는 박물관에 가기로 결정했다.

23. in the past

과거에

The noise from the construction was much louder in the past.

건설 현장에서 들려오는 소음은 과거에 훨씬 더 요란했다.

➤➤ 주어진 우리말 표현과 같은 뜻이 되도록 빈칸을 채워 보시오.

01. The old software ran very slowly _____ the new one _____

at lightning speed.

그 옛날 소프트웨어는 아주 느리게 작동하는 **반면에** 새것은 빛의 속도로 **작동하는 것처럼 보인다.**

02. _____ the weather will be very _____ today's weather.

나는 날씨가 오늘의 날씨와는 매우 **다를 것이라고 들었다.**

03. _____, he decided to _____ while waiting for his

friend to arrive.

한편 그는 친구가 도착길 기다리는 동안 **커피숍에 들르기로** 했다.

04. I can still _____ even though I don't know him _____

Bryan does.

나는 브라이언**만큼** 그를 잘 알지는 않지만 여전히 **그를 당신에게 소개해줄** 수 있어요.

05. _____, we decided to drop the project since _____

_____.

결국 물자가 부족했기 때문에 우리는 그 프로젝트를 그만두기로 결정했다.

06. _____, they need funding from the government _____.

간단히 말해서, 그들은 **연구를 계속하기 위해** 정부로부터 자금이 필요하다.

07. _____ he was sick since his face was _____ his usual

one.

그의 얼굴이 평소**와 같지 않았기** 때문에 **나는** 그가 아프다는 것을 **알아차릴 수** 있었다.

08. _____ having a difficult time, she _____ with her new project.

힘든 시간을 겪고 있었음**에도 불구하고** 그녀는 새 프로젝트에 **인내심을 갖으려고** 노력했다.

09. After I _____, I thought the world is a small place

_____.

옛 고등학교 선생님과 마주친 뒤 나는 세상은 **결국** 작은 곳이라고 생각했다.

10. _____, we started to _____ for the

construction project.

그동안 우리는 그 건설 프로젝트를 위한 **새 계획을 발전시키기** 시작했다.

11. _____ it looks small, _____ the kitchen area is in fact

quite spacious.

비록 작아 보이지만 실제로는 부엌 공간이 꽤나 넓다는 것을 **보실 수 있을 겁니다.**

12. At the bus station, I noticed that _____ were dressed

_____.

버스 정류장에서 나는 **버스를 기다리는 사람들**이 **비슷하게** 옷을 입었다는 것을 알아차렸다.

13. _____ long pause, the match was able to begin _____.

20분간의 긴 멈춤 **뒤에** 경기는 **마침내** 시작될 수 있었다.

14. The store clerk said that shops in the area _____ unless

_____ noted.

가게 직원은 그 지역의 가게들이 **따로** 명시되어 있지 않은 한 **신용카드를 받지 않는다**고 말했다.

15. _____, it was announced that schools in the district _____

for a snow day.

그러나 그 지역 학교들이 폭설 휴일로 **수업을 취소할 것**이라고 공지되었다.

16. _____ for an extra 30 minutes until both parties

_____ came to an agreement.

그 회의는 양측이 **마침내** 합의에 이를 때까지 30분 연장되어 **계속 진행되었다.**

17. Since the road is _____, everybody needs to

make a detour.

그 도로가 **현재 공사 중**이기 때문에 모두가 우회해서 가야 한다.

18. _____ on the positive side _____ just

complaining about them.

나는 그저 불평만 하는 **대신** 사물을 긍정적인 면에서 **보고 싶다.**

01. I prefer
나는 ~를 선호한다

I prefer to drink tea in the morning rather than in the afternoon.
나는 오후보다 오전에 차를 마시는 것을 선호한다.

02. I like *A* better than *B*
나는 B보다 A를 더 좋아한다

I like jogging in the morning better than jogging at night.
나는 밤에 조깅하는 것보다 아침에 조깅하는 것을 더 좋아한다.

03. I would rather
나는 차라리 ~를 하겠다

I would rather go sightseeing tomorrow since the weather will be much better.
날씨가 훨씬 더 좋을 것이기 때문에 나는 차라리 내일 관광을 가겠다.

04. I'm more interested in
나는 ~에 더 관심이/흥미가 있다

I'm more interested in acting since I have been doing it for many years.
나는 수년간 연기를 해왔기 때문에 연기에 더 관심이 있다.

05. *A* appeals to me more than *B*
A가 B보다 더 끌린다

Having a cup of tea for breakfast appeals to me more than drinking coffee.
나는 아침으로 차 한 잔을 마시는 것이 커피를 마시는 것보다 더 끌린다.

06. I don't mind -ing
~하는 것을 신경 쓰지 않는다, ~해도 된다

I don't mind working overtime since the due date is tomorrow.
마감일이 내일이므로 초과 근무를 해도 상관없다.

07. I enjoy   나는 ~를 즐긴다

I enjoyed the play we watched two weeks ago at the new theater in downtown.
나는 2주 전 시내의 새 극장에서 우리가 봤던 연극을 즐겼다.

08. I agree with   나는 ~에 동의한다

I agree with the idea that the new software should be installed to improve the company's system.
나는 회사의 시스템을 향상시키기 위해 그 새로운 소프트웨어를 설치해야 한다는 생각에 동의한다.

09. I disagree with   나는 ~에 반대한다

It is true that I respect him a lot, but I still have to disagree with what he said at the meeting.
내가 그를 무척 존경하는 것은 사실이지만, 나는 여전히 그가 회의에서 한 말에 반대할 수밖에 없다.

10. exactly   정확히, 틀림없이

Even though I don't remember exactly when the event was held, it was still a lot of fun.
그 행사가 정확히 언제 열렸는지 기억나진 않지만, 그래도 무척 즐거웠다.

11. there is no doubt   ~에는 의심의 여지가 없다

There was no doubt in my mind when I decided to change my major.
내가 전공을 바꾸기로 결심했을 때 내 마음에는 한치의 의심도 없었다.

12. I'm afraid   (유감스러운 내용을 말할 때) ~인 것 같다, ~이다

I'm afraid the repairman is still working on the air conditioner on the 5th floor.
수리 기사가 여전히 5층에서 에어컨 작업을 하고 있는 것 같다.

13. I have to side with
나는 ~의 편을 들어야 한다

I have to side with the latter one because it goes well with the color of my wall.

나는 후자가 내 벽의 색과 잘 맞기 때문에 후자의 편을 들어야겠다.

14. I suppose
나는 ~라고 추측한다, ~인 것 같다

I suppose that is how the artist expresses her perspective of the world.

내 생각엔 그것이 그 예술가가 자신의 세계관을 표현하는 방식인 것 같다.

15. I'm going to say
나는 ~라고 말하겠다

I'm going to say the situation is quite different compared to the past.

나는 과거에 비해 상황이 상당히 다르다고 말하겠다.

16. totally
완전히

I totally forgot my dentist's appointment because I was so busy today.

나는 오늘 너무 바빴기 때문에 치과 예약을 완전히 잊어버렸다.

17. not ~ necessarily
반드시 ~는 아니다

I don't think it is necessarily a bad thing since it increased the popularity of the product.

나는 그것이 제품의 인기를 높여줬기 때문에 반드시 나쁜 것이라고 생각하지는 않는다.

18. add something
무언가를 추가하다

She wanted to add something to the idea I suggested for the project.

그녀는 내가 그 프로젝트를 위해 제안한 아이디어에 무언가를 추가하고 싶어했다.

19. for sure

확실히, 틀림없이

I told him that I'll be at the meeting for sure by 2 o'clock.

나는 그에게 2시까지 회의에 틀림없이 참석할 거라고 말했다.

20. personally

개인적으로

Personally, I want to start working on the project timeline first.

개인적으로 나는 프로젝트 시간표를 작업하는 일을 먼저 시작하고 싶다.

21. what I mean is

내 말은 ~이다

What I mean is there is still an ongoing debate over this matter.

내 말은 이 문제에 대해 여전히 논쟁이 계속되고 있다는 것이다.

22. it is generally accepted that

~가 일반적으로 받아들여진다

It is generally accepted that people have to be motivated by something to achieve success.

사람들이 성공을 이루려면 무언가에 동기 부여가 되어야 한다는 것이 일반적으로 받아들여진다.

23. I'd go along with

나는 ~에 찬성한다

I'd go along with his idea because it will save us lots of time.

그의 아이디어가 우리에게 많은 시간을 절약해 줄 것이기 때문에 나는 그것에 찬성한다.

24. make a good point

좋은 지적을 하다

She made a good point during the lecture, and the professor was impressed by her question.

그녀는 강의 시간에 좋은 지적을 했고 교수는 그녀의 질문에 깊은 인상을 받았다.

>> 주어진 우리말 표현과 같은 뜻이 되도록 빈칸을 채워 보시오.

01. _____ anywhere for my vacation _____ it is a quiet

place.

나는 조용한 곳이기만 하다면 휴가로 어디를 가든 신경 쓰지 않는다.

02. _____, I think the author's first book _____

his most recent one.

개인적으로 나는 그 작가의 첫 번째 책이 가장 최근에 나온 책보다 더 흥미로웠다고 생각한다.

03. _____ I can spare some time to mow the lawn _____.

부모님을 돕기 위해 잔디를 깎을 시간을 좀 낼 수 있을 것 같다.

04. _____ working out at the gym _____ because there is hardly

anyone there.

그곳에는 사람이 거의 없기 때문에 나는 밤 늦게 헬스장에서 운동하는 것을 즐긴다.

05. _____ choose a small bag than a big one since it is _____.

나는 큰 가방보다 작은 가방이 들고 다니기 쉬울 것이므로 차라리 작은 가방을 택하겠다.

06. _____ astronomy since _____ when I was

young.

나는 어렸을 때 별을 보는 것을 좋아했기 때문에 천문학에 더 관심이 있다.

07. _____, I was _____ prepared for the public

speech.

2주간의 연습 후, 나는 공개 연설을 위해 완전히 준비가 되었다.

08. _____ the idea partially because _____.

나는 제안할 더 좋은 것이 있기 때문에 그 생각에 부분적으로 **동의한다**.

09. _____ the second applicant because _____.

나는 그가 더 경험이 많기 때문에 두 번째 지원자를 **선호한다**.

10. _____ this house _____ the first one because _____

_____.

나는 이 집의 뒷마당이 훨씬 더 크기 때문에 첫 번째 집**보다** 이 집을 더 **좋아한다**.

11. _____ I agree with the first statement because _____

_____.

나는 작은 도시에서 자랐기 때문에 첫 번째 말에 동의한다고 **말하겠다**.

12. That is not _____ true because _____ the result.

충분한 증거가 결과를 보여주기 때문에 그것이 **반드시** 사실은 아니다.

13. _____.

그가 올 수 있는지 보려면 나는 공연이 정확히 언제 시작하는지 알아야 한다.

14. _____.

내 말은 회사가 연구와 개발에 더 많은 돈을 쓸 예정이라는 것이다.

02 이유 제시하기

1. 생각 정리하는 법

◉ 1. 선택

생각해 보지 않은 주제라 어느 한쪽을 선택하는 것이 어렵다 하더라도, 질문이 요구하는 대로 한쪽을 선택해서 답변하도록 한다. 모호한 태도를 보일 경우 답변 또한 애매해질 수 있다. 또한 더 많은 아이디어가 떠오르는 쪽을 선택하는 것이 편하다.

◉ 2. 구체적인 이유

보통 두 가지 이유가 적당하다. 다만 세부적인 예시와 설명을 추가해야 하므로 너무 구체적인 이유는 피하는 것이 좋고, 일반적인 이유를 제시하도록 한다.

◉ 3. 예시·설명·근거

앞에서 두 가지 이유를 제시했다면 각 이유에 관한 구체적인 예시와 설명, 근거를 덧붙인다. 실제로 경험한 적이 없거나 지금까지 생각해 본 적이 없는 질문이 나오더라도 사실에 집착할 필요 없이 떠올릴 수 있는 가상의 아이디어를 제시하면 된다.

2. 생각한 내용 노트로 정리

노트 정리

선택 disagree 동의하지 않음

이유 1. more ppl care about their health 더 많은 사람들이 건강에 신경을 씀

   예시·설명·근거

   - organic food production ↑ 유기농 제품 생산 ↑
   - easy to get 구하기 쉬움

   2. sci/med/tech development 과학/의학/기술 발전

   예시·설명·근거

   - valuable info. 귀중한 정보
   - search what is good for us 우리에게 무엇이 좋은지 찾음

Practice

정답 및 해석 I P. 8

>> 다음 질문을 읽고 아래 노트 정리를 완성해 보시오.

01 Students at many high schools are required to take art classes like music or painting in addition to academic courses, while others are not. Which do you think is better and why? Give reasons and examples to support your opinion.

노트 정리

선택 should be required

이유 1. help them become creative thinkers

　　　예시·설명·근거

　　　-

　　　-

　　　2. allow for self-expression

　　　예시·설명·근거

　　　-

　　　-

02 Do you agree or disagree with the following statement? Video games can actually be beneficial to children. Please include specific examples in your explanation.

노트 정리

선택 agree

이유 1. improve many skills

　　　예시·설명·근거

　　　- visual skill, problem solving, creativity
　　　- accomplish many different objectives

　　　2. _____

　　　예시·설명·근거

　　　-

　　　-

03 While attending university, some students only take classes that focus on the specific career path they have chosen, whereas others prefer to take a wide variety of courses that provide them with broader knowledge. Which do you think is better and why?

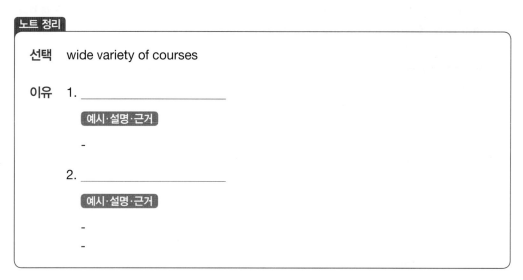

04 Do you agree or disagree with the following statement? Students should gain some experience in a field before they can complete a degree in it.

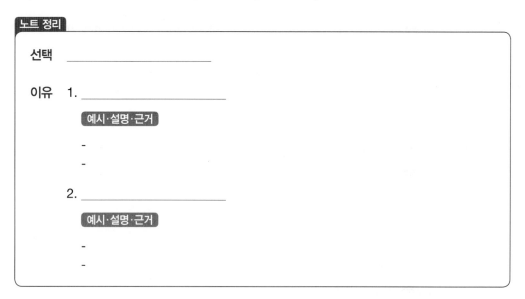

Lesson
03 문장으로 말하기

문제 듣기

예시 답변

말하기 전략

간단한 노트 필기로 생각을 정리한 뒤에 45초 동안 그 내용에 기반한 답변을 말한다.
정리한 내용 순서와 같이 먼저 내가 선택한 것이 어떤 것인지 말한 후 이유를 제시하고 예시·설명·근거를 덧붙인다.

❱ 1. 선택

답변을 시작하며 바로 나의 선택 사항을 이야기하도록 한다. 질문을 패러프레이즈해도 좋고, 그대로 다시 인용하여 읽어도 상관없다.

❱ 2. 이유

앞에서 배운 표현들을 토대로 이유를 제시한다. 특별하게 선택 이유가 생각나지 않는다면, 내가 선택하지 않은 사항에 대해서 왜 그것을 선택하지 않았는지를 설명하는 것도 좋은 방법이다.

❱ 3. 예시·설명·근거

이유와 마찬가지로 앞에서 배운 다양한 표현들을 토대로 예시·설명·근거를 제시한다. 보통 한 문장에서 두 문장 정도로 설명하는 것이 시간 배분에 좋다. 시간이 남는 경우에는 자신의 선택을 다시 한 번 요약한다.

실전 적용 예시

- I disagree with the idea that it is more difficult to eat healthy food today than it was 50 years ago.
  나는 오늘날 건강한 식품을 먹는 것이 50년 전보다 더 어렵다는 생각에 동의하지 않는다.

- I have two reasons to support my opinion. First, more and more people are looking for organic food and are careful about their health.
  내 의견을 뒷받침할 두 가지 이유가 있다. 첫째, 점점 더 많은 사람들이 유기농 식품을 찾고 있고 건강에 신경을 쓴다.

- To meet this demand, farmers produce more organic food ingredients, and those are easier to see in markets these days.
  이러한 수요에 부응하기 위해 농부들은 더 많은 유기농 식품 재료들을 생산하고, 오늘날 그러한 것들을 시장에서 더 쉽게 볼 수 있다.

- Secondly, the rapid development of science, medicine, and technology has revealed many valuable facts regarding food.
  둘째, 과학, 의학, 그리고 기술의 빠른 발전은 식품에 관해 많은 귀중한 사실을 밝혀냈다.

- With this information, we can search for what is good for us and eat it. For these reasons, I disagree with the given statement.
  이 정보를 가지고 우리는 우리에게 좋은 것이 무엇인지 찾을 수 있고 섭취할 수 있다. 이러한 이유들로 인해 나는 주어진 진술에 동의하지 않는다.

>> '생각 정리'와 주어진 우리말 표현을 참고하여 질문에 대한 대답을 완성해 보시오.

01

문제 듣기
🎧 Q1_05
예시 답변
🎧 Q1_06

For academic success, some students like to take courses online. Others prefer to study in traditional courses on campus. Which do you prefer and why? Include details and examples to support your explanation.

생각 정리	문장으로 만들기
선택 online course 온라인 수업	I think I'd have to say that _____. 나는 **온라인 수업을 듣는 것을 선호한**다고 말해야 할 것 같다.

이유 1 convenient - easy access - anywhere & anytime 편리함 – 쉬운 접근 – 어디서든 & 어느 때나	The first reason is because _____. To be more specific, online courses _____ _____. If there's any computer device with an Internet connection, I can easily access my online lectures _____. 첫 번째 이유는 **그것이 아주 편리하기** 때문이다. 좀 더 구체적으로 말하자면, 온라인 수업은 **쉽게 접근할 수 있다**. 인터넷 연결이 되는 컴퓨터 장치만 있으면 **어디서든, 어느 때나** 온라인 강의를 쉽게 이용할 수 있다.

이유 2 economical - work & study - tuition fee & time 경제적 – 일 & 학업 – 등록금 & 시간	Another reason is that _____. For example, a few years ago, I had a chance to take some online courses. Back then, I had to _____ _____, so I thought taking online courses would be pretty convenient. I realized that it was not only convenient but also more _____ _____ since I didn't physically have to go to school. So, for these reasons, I prefer to take online courses. 또 다른 이유는 **그것이 경제적이기도 하다**는 것이다. 예를 들어, 몇 년 전에 나는 온라인 수업을 몇 개 들을 기회가 있었다. 당시 나는 **일과 학업을 동시에 해야 했기** 때문에 온라인 수업을 듣는 것이 상당히 편리할 것이라고 생각했다. 나는 온라인 수업이 편리할 뿐만 아니라 **더 싼 등록금과** 학교에 물리적으로 가지 않아도 되기 때문에 **시간 절약** 면에서 더 **경제적**이기도 하다는 것을 깨달았다. 그래서 이러한 이유들로 나는 온라인 수업을 듣는 것을 선호한다.

02 Would you rather study in a large class or a small class? Explain your answer and include details and examples to support your explanation.

문제 듣기
🎧 Q1_07

예시 답변
🎧 Q1_08

생각 정리	문장으로 만들기
선택 small class 작은 수업	I would rather study _____. 나는 **작은 규모의 수업**에서 공부하는 것을 택하겠다.

생각 정리	문장으로 만들기
이유 1 more individual attention - professor knows me 더 많은 개인적 집중 – 교수님이 나를 알고 계심	That's because there is _____ _____ in a small class. I've taken large classes before, and the _____ _____. I think it makes a class a lot better when the teachers know a little bit about the students. 왜냐하면 작은 수업에서는 **교수님으로부터 훨씬 더 많은 개인적인 관심**이 주어지기 때문이다. 나는 전에 큰 수업을 들은 적이 있는데 **교수님은 내 이름조차 모르셨다**. 나는 교사가 학생들에 관해 약간이라도 알고 있을 때 수업이 훨씬 더 나아진다고 생각한다.

생각 정리	문장으로 만들기
이유 2 more chances to participate - questions & discussions - add to learning experience 더 많은 참여 기회 – 질문 & 토의 – 학습 경험에 도움이 됨	Also, in a small class, students have _____ _____. For example, they can _____, which can definitely help students to develop strong communication skills. This will eventually _____ _____ at school. 또한 작은 수업에서는 학생들이 **수업에 참여할 기회를 더 많이** 갖게 된다. 예를 들어, **질문을 하거나 토의에 참여할 수 있는데**, 이는 학생들이 강력한 의사소통 능력을 개발하는 데 분명히 도움을 줄 것이다. 이는 결국 학교에서의 **학습 경험 전반에 도움이 될** 것이다.

Independent Task

Q1

03 Some universities require first-year students to live on campus in dormitories. Other universities allow first-year students to live off-campus. Which policy do you think is better for first-year students and why? Include details and examples to support your explanation.

문제 듣기
🎧 Q1_09
예시 답변
🎧 Q1_10

생각 정리	문장으로 만들기

선택

dorm

기숙사

I think that, for first-year students, it's _____ _____.

나는 1학년 학생들의 경우, **교내 기숙사에서 사는 것이 훨씬 낫**다고 생각한다.

이유 1

fit in at the univ.
- make new friends
- clubs & group activities

대학교에 적응함
– 새 친구들 사귐
– 동아리 & 그룹 활동

The main reason is that it can _____ _____. Since they're on campus, it's _____ _____. They can also _____ _____.

주된 이유는 이것이 **그들이 대학교에 적응하는 데 도움을 줄** 수 있기 때문이다. 그들은 교내에 있으므로 **새 친구들을 사귀**는 것이 더 쉽다. 그들은 또한 **더 쉽게 동아리나 그룹 활동에 참여**할 수 있다.

이유 2

less stressful
- no chore
- less domestic responsibility

스트레스를 덜 받음
– 해야 하는 집안일 없음
– 돌봐야 할 가사 적음

Another good reason is that it is _____ _____ because there are _____ _____. If it's their first time living alone, it could be really stressful as they would have to do the cooking and cleaning all by themselves. Living in a dorm, they _____ _____.

또 다른 좋은 이유는 **처리해야 하는 집안일이 없기** 때문에 **기숙사에서 사는 것이 스트레스가 덜하**다는 것이다. 만약 혼자 사는 게 처음이라면 요리와 청소를 전부 스스로 해야 하기 때문에 무척 스트레스를 받을 수도 있다. 기숙사에 살면 **그만큼 많은 가사를 돌보지 않아도 된다.**

04 **Would you rather organize a trip yourself or take a trip organized by a tour company and why? Include details and examples to support your explanation.**

생각 정리 | **문장으로 만들기**

선택

organize myself

스스로 계획

_____ than take a trip organized by a tour company.

나는 여행사에서 기획한 여행을 가는 것보다 **내 스스로 여행을 계획하겠다.**

이유 1

like to be spontaneous
- change my plans

즉흥적으로 행동하는 것을 좋아함
– 계획을 바꿈

That is because _____,
and I like to be _____ if I hear
of something new or better than my original plan. For
example, if I visited a new city, and found out that there
was a festival I had not expected, _____
_____ stick to my original plans.

왜냐하면 **나는 휴가를 갔을 때 즉흥적으로 행동하는 것을 좋아하며,** 만약 원래 계획보
다 새롭거나 더 나은 것을 듣게 되면 **내 계획을 바꿀 수 있는 것을 좋아하기 때문이다.**
예를 들어, 만약 새로운 도시에 갔는데 내가 예상하지 못했던 축제가 있다는 것을 알게
되면, **나는 원래 계획을 고수하기보다는 거기에 갈 것이다.**

이유 2

tour company
- follow their plans
- restricted by time

여행사
– 자신들의 계획을 따름
– 시간 제약

But _____, I would probably
have to give up going to that festival and _____
_____. So, if I organize a trip myself, I _____
_____, and I might enjoy my trip
more.

그러나 **만약 내가 여행사와 같이 갔다면** 나는 아마 축제에 가는 것을 포기하고 **그들의
계획에 따라야** 했을 것이다. 그래서 만약 스스로 여행을 계획하면 나는 **시간에 제약을
받지 않아도 되고,** 여행을 더 즐길 수 있을지 모른다.

Independent Task

Q1

Some people like to frequently eat at restaurants. Others would rather eat at home. Which do you usually prefer to do and why? Include details and examples to support your explanation.

생각 정리	문장으로 만들기
선택 eat out 외식	When it comes to cooking or eating out, my choice is very simple. _____. 요리하는 것과 외식하는 것을 골라야 한다면 내 선택은 아주 간단하다. **나는 외식을 선호한다.**
이유 1 terrible cook - food turn out badly - don't have skills 요리를 정말 못함 – 만든 음식이 형편없음 – 실력이 없음	_____. Whatever I make always seems to _____. Even when I follow the recipe exactly, it is never quite as good as when my mom makes the same thing. I just _____ _____ in the kitchen. **나는 요리를 정말 못 한다.** 내가 만드는 것마다 항상 **결과가 나쁘게 나오는** 것 같다. 내가 정확히 레시피를 따라할 때도, 어머니가 같은 요리를 할 때만큼 맛있지 않다. 나는 부엌에서 볼 수 있는 **마법의 손맛이 없는 것 같다.**
이유 2 less time-consuming - too long to prepare - don't want to waste time 시간이 덜 걸림 – 준비하는 데 너무 오래 걸림 – 시간을 낭비하고 싶지 않음	Eating out is also _____. In the time it takes me to chop, cook, eat, and wash up afterwards, I could go to a restaurant and have a nice dinner. I _____ _____. Therefore, by eating out, I can save time and frustration. 외식하는 것은 또한 **시간이 덜 걸린다.** 썰고, 요리하고, 먹고, 그리고 나서 설거지할 시간에 나는 식당에 가서 멋진 저녁 식사를 할 수 있다. 나는 **내가 정말 잘하지 못하는 일을 하는 데에 내 시간을 낭비하고 싶지 않다.** 그래서 외식을 함으로써 시간을 절약하고 짜증을 내지 않을 수 있다.

06 Physical education should not be part of the school curriculum. Do you agree or disagree with this statement and why? Include details and examples to support your explanation.

문제 듣기
🎧 Q1_15
예시 답변
🎧 Q1_16

생각 정리	문장으로 만들기

선택

disagree

동의하지 않음

I really _____ that physical education shouldn't be part of the school curriculum.

나는 체육이 학교 교과 과정의 일부여서는 안 된다는 **생각에** 정말로 **동의하지 않는다.**

이유 1

important for health
- children are growing
- muscles and bones, coordination and endurance

건강에 중요함
– 아이들은 성장 중
– 근육과 뼈, 협응력과 지구력

That's because I think _____
_____, but especially for
_____. It's important for them to exercise to build muscles and bones as well as their coordination and endurance.

왜냐하면 나는 **신체 활동이 모두의 건강에 매우 중요하다**고 생각하는데, 특히 **아이들은 신체가 성장하고 있기 때문에** 그러하다. 협응력과 지구력뿐만 아니라 근육과 뼈를 키우기 위해 운동하는 것이 중요하다.

이유 2

teaches children important things
- teamwork
- competition

아이들에게 중요한 것을 가르침
– 팀워크
– 경쟁

Playing sports _____
_____. These are valuable lessons that could be easily taught while doing physical activities. With all of this in mind, it should be part of the school curriculum.

운동을 하는 것은 **또한 아이들에게 팀워크와 경쟁 같은 중요한 것들을 가르쳐준다.** 이 것들은 신체 활동을 하면서 쉽게 배울 수 있는 귀중한 교훈들이다. 이 모든 것을 생각할 때 체육은 학교 교과 과정의 일부여야 한다.

문제 듣기

예시 답변

01

문제 듣기
🎧 Q1_17

예시 답변
🎧 Q1_18

TOEFL Speaking

Question 1 of 4

VOLUME

Would you rather attend a university in a big city or one in a small city? Please include specific examples and details in your explanation.

PREPARATION TIME

00 : 00 : 15

RESPONSE TIME

00 : 00 : 45

노트 정리

02

문제 듣기
🎧 Q1_19

예시 답변
🎧 Q1_20

TOEFL Speaking

Question 1 of 4

VOLUME

Do you think your cities should spend a lot of money on parks and museums, or should they spend that money on poor people?

_____

PREPARATION TIME
00 : 00 : 15

RESPONSE TIME
00 : 00 : 45

Q1
Independent Task

노트 정리

TOEFL Speaking

VOLUME

It is better for cities to destroy old buildings and construct new buildings. Do you agree or disagree? Please include specific examples and details in your explanation.

PREPARATION TIME
00 : 00 : 15

RESPONSE TIME
00 : 00 : 45

노트 정리

TOEFL Speaking

Question 1 of 4

Nowadays people do not need to memorize historical events or facts such as dates and places because the Internet provides such information at any time. Do you agree or disagree with this opinion? Please include specific examples and details in your explanation.

PREPARATION TIME
00 : 00 : 15

RESPONSE TIME
00 : 00 : 45

노트 정리

II
Integrated Task

Q2 읽고 듣고 말하기: 대학 생활

Introduction

2번 문제는 '읽고 듣고 말하기' 문제로, 화면에 제시되는 글을 읽고 들려주는 대화를 들은 뒤 질문에 답하는 문제다. 읽기와 듣기 내용에 따라 크게 대학 생활과 대학 강의로 나눌 수 있다. 전자는 대학 생활과 관련된 학교 측의 공지나 캠퍼스 신문 기사 등이 읽기 지문으로 나오며, 이어서 그 내용과 관련된 학생들의 대화를 들려준다. 질문은 읽기 지문의 내용에 대해 대화의 화자가 어떤 의견을 갖고 있는지, 그리고 화자가 그렇게 생각하는 이유는 무엇인지를 묻는다.

▶ 화면 구성

TOEFL Speaking   VOLUME

Question 2 of 4

Reading Time: 45 seconds

The university banned cellular phones in the campus library at the beginning of this semester to provide a better atmosphere for studying. I believe that this has had some unforeseen repercussions. Firstly, there is increased competition for the computers there. Students need those computers to locate books in the library, but most people are using them to access the Internet. If students could use their smartphones in the library, this would be less of a problem. In addition, many students miss important calls from their classmates, family members, and employers, which can cause serious problems.

- Michio Wada

- 안내: 2번 문제에 관한 설명을 들려준다.
- 읽기: 지문이 화면에 제시된다. (100자 이하)
  읽기 시간 45/50초가 주어진다.

TOEFL Speaking   VOLUME

Question 2 of 4

- 듣기: 사진과 함께 읽기 지문과 관련된 대화를 들려준다. (60~90초 길이)

TOEFL Speaking   VOLUME

Question 2 of 4

The woman expresses her opinion about the new library policy. State her opinion and explain the reasons she gives for holding that opinion.

PREPARATION TIME
00 : 00 : 30

RESPONSE TIME
00 : 00 : 60

- 문제: 2번 문제가 화면에 글로 제시되는 동시에 음성으로 문제를 읽어준다.
- 답변: 준비 시간 30초, 대답 시간 60초가 주어진다.

Learning Strategies

Step 1 읽기 지문의 핵심 내용을 찾는다.

Step 2 대화를 들으며 찬성 또는 반대의 의견을 고수하는 내용에 집중한다.
  – 대화의 화자가 읽기 지문의 내용에 찬성하는지 또는 반대하는지, 그리고 왜 그렇게 생각하는지 정리한다.

Step 3 주어진 30초를 활용하여 정리한 내용을 바탕으로 연습해 본다.
  – '읽기 지문 정리 → 화자의 의견 → 화자가 그렇게 생각하는 이유' 순서로 답한다.

| Example

Q. The woman expresses her opinion about the new library policy. State her opinion and explain the reasons she gives for holding that opinion.

여자는 새로운 도서관 정책에 대한 자신의 의견을 표현하고 있다. 그녀의 의견에 대해 서술하고 그렇게 생각하는 이유가 무엇인지 설명하시오.

❶ 읽기 지문 정리하기

The letter in the campus newspaper states that the university is banning cellular phones in the campus library to provide a better atmosphere for studying.

대학 신문에 실린 편지는 학교가 더 나은 면학 분위기를 제공하기 위해 교내 도서관에서 휴대전화를 금지한다고 말한다.

❷ 읽기 지문에 대한 대화 속 화자의 의견 밝히기

The woman agrees with this new policy. 여자는 이러한 새로운 정책에 동의한다.

❸ 화자가 그렇게 생각하는 이유 설명하기

First, she thinks that there are many places around campus where students can use computers to access the Internet instead of using their mobile phones. Secondly, if students are expecting an important call, they can call them back outside, where they will not be bothering other students. No matter how quietly people answer their calls, if the person on the other end of the line is in a noisy location, the conversation will eventually get louder.

첫째, 그녀는 학생들이 휴대전화를 사용하는 대신 인터넷에 접속하기 위해 컴퓨터를 사용할 수 있는 장소가 교내에 많이 있다고 생각한다. 둘째, 만약 학생들이 중요한 전화를 기다린다면, 다른 학생들을 방해하지 않는 바깥에서 전화를 다시 걸 수도 있다. 아무리 조용히 전화를 받는다고 해도, 통화하는 상대방이 시끄러운 장소에 있으면 결과적으로 대화 소리가 더 커질 것이다.

표현 듣기

관련 표현   🎧 Q2_01

---

01. **I think / believe / see / feel**   나는 ~라고 생각한다

I believe that moving to another dormitory would be better.
나는 다른 기숙사로 옮기는 것이 더 나을 것이라고 생각한다.

---

02. **he / she suggests that**   그/그녀는 ~를 제안한다 / 시사한다

She suggests that the cafeteria should provide more vegetarian options.
그녀는 카페테리아에서 더 많은 채식주의 옵션을 제공해야 한다고 제안한다.

---

03. **he / she states that**   그/그녀는 ~라고 말한다

He states that the policy would not really help students register for classes.
그는 그 정책이 학생들이 수업 등록을 하는 데 그다지 도움이 안 될 거라고 말한다.

---

04. **prefer *A* over *B***   B보다 A를 선호하다

The woman prefers having a café next to the library over having it on the first floor.
여자는 카페가 1층에 있는 것보다 도서관 옆에 있는 것을 선호한다.

---

05. **according to**   ~에 따르면

According to the announcement, library hours will be extended during finals week.
공지에 따르면, 도서관 운영 시간이 기말고사 주간에 연장될 것이다.

---

06. **he / she agrees**   그/그녀는 ~에 동의한다

He agrees that renovating the music building will be beneficial to students.
그는 음악과 건물을 보수하는 것이 학생들에게 유익할 것이라는 데 동의한다.

---

07. he/she disagrees

그/그녀는 ~에 동의하지 않는다

She disagrees with the school policy because it will cost too much money.

여자는 너무 많은 돈이 들 것이기 때문에 그 학교 정책에 동의하지 않는다.

08. therefore

따라서, 그러므로

Therefore, it will be better to apply a quiet-hour policy to all dormitories.

그러므로 모든 기숙사에 조용한 시간 정책을 적용하는 것이 더 나을 것이다.

09. he/she thinks *A* is a good idea

그/그녀는 A가 좋은 생각이라고 생각한다

He thinks renting a car downtown is a good idea.

남자는 시내에서 차를 대여하는 것이 좋은 생각이라고 생각한다.

10. he/she mentions

그/그녀는 ~를 언급한다

She mentions cafeteria hours because she is interested in working there.

여자는 카페테리아에서 일하는 것에 관심이 있기 때문에 그곳의 운영 시간을 언급한다.

11. he/she is against

그/그녀는 ~에 반대한다

He is against the idea of turning the park into a parking lot.

그는 그 공원을 주차장으로 바꾸려는 생각에 반대한다.

12. one reason is that

한 가지 이유는 ~이다

One reason is that students simply do not have enough time to do it.

한 가지 이유는 학생들이 그저 그것을 하기에 충분한 시간이 없다는 것이다.

13. plan to

~할 계획이다

The university is planning to expand its art gallery by the end of the semester.

그 대학은 이번 학기 말까지 미술관을 확장할 계획이다.

14. be beneficial to
이익이다, 도움이 되다

It is beneficial to provide more options to students since they are busy.
학생들은 바쁘기 때문에 그들에게 더 많은 선택권을 제공하는 것이 도움이 될 것이다.

15. notice, announcement
알림, 공지

The school announcement was published in the campus newspaper as well.
학교의 공지 사항은 교내 신문에도 실렸다.

16. *A should be*
A는 ～여야 한다

The student says the orientation date should be postponed.
그 학생은 오리엔테이션 날짜가 미뤄져야 한다고 말한다.

17. in order to
～하기 위해

The university decided to change the schedule in order to increase overall participation.
대학은 전반적인 참여를 늘리기 위해 일정을 바꾸기로 결정했다.

18. it is necessary / unnecessary
～는 필요하다/불필요하다

It is necessary to install the new software system for extra security.
추가 보안을 위해 새 소프트웨어 시스템 설치가 필요하다.

19. the advantage / disadvantage is
장점은/단점은 ～이다

The advantage of this policy is that it will encourage students to exercise more.
이 정책의 장점은 학생들이 운동을 더 하도록 장려할 것이라는 점이다.

20. it is because
～ 때문이다

It is because the date always coincides with the midterm exams week.
그것은 날짜가 항상 중간고사 주간과 겹치기 때문이다.

>> 주어진 우리말 표현과 같은 뜻이 되도록 빈칸을 채워 보시오.

01. _____ the funding should be used to purchase new equipment.

한 가지 **이유는** 자금이 새로운 장비를 구매하는 데 사용되어야 한다는 **것이다.**

02. _____ student tutors _____ other students well.

나는 학생 개인 지도 교사들이 다른 학생들을 잘 **도와줄 수 있을 거라고 믿는다.**

03. _____ some additional research at the library _____

finish my essay.

나는 내 리포트를 끝내**기 위해** 도서관에서 추가 조사**를 해야 한다.**

04. _____ the announcement, the school festival will feature some local

musicians.

공지**에 따르면,** 학교 축제에 지역 뮤지션 몇 명이 출연할 것이다.

05. _____ the freshmen students who _____

the university yet.

그것은 대학교에 아직 **익숙하지 않은** 1학년 학생들에게 유익하다.

06. _____ that cutting the budget will be a bad move for the university.

그는 예산 삭감이 대학에 나쁜 조치가 될 거라고 **시사한다.**

07. _____ with the idea that _____ at the gym.

그녀는 학생들이 체육관에서 **더 많은 장비를 필요로 한다는** 생각에 동의하지 않는다.

08. _____, as of May 1st, renovations of parking lot A will begin.

그러므로 5월 1일자로 주차장 A의 보수 공사가 시작될 것이다.

09. _____ the change _____ because it will provide cleaner air.

그는 그 변화가 더 깨끗한 공기를 제공할 것이기에 **좋은 생각이라고 생각한다.**

10. _____ to require everyone to attend the seminar.

모두에게 그 세미나에 참석하도록 요구하는 것은 **불필요하다.**

Integrated Task Q2

읽기 정리 전략

읽기 지문에서는 주제와 중요한 세부 내용을 빠르게 찾는 것이 무엇보다 중요하다. 노트 정리를 통해 간단하게 주제와 세부 내용을 찾아 적는 연습을 해 보자.

▶ Tip 1

일반적으로 제목이나 도입부에서 지문의 주제가 제시되므로 주제를 먼저 파악해 노트에 적은 후 그 뒤로 이어지는 내용 중에서 주제와 관련된 핵심 내용을 찾도록 한다.

▶ Tip 2

읽기 지문 내용이 뒤에 들려주는 대화와 연결되므로 읽기 지문에서 다루는 내용을 잘 파악해 두면 듣기에 도움이 된다.

노트 정리 예시

읽기 지문

The university banned cellular phones in the campus library at the beginning of this semester to provide a better atmosphere for studying. I believe that this has had some unforeseen repercussions. Firstly, there is increased competition for the computers there. Students need those computers to locate books in the library, but most people are using them to access the Internet. If students could use their smartphones in the library, this would be less of a problem. In addition, many students miss important calls from their classmates, family members, and employers, which can cause serious problems.

- Michio Wada

노트 정리

cellphones banned in the library: negative 휴대전화가 도서관에서 금지됨: 부정적

- increased competition for the computers → noisier 컴퓨터 경쟁이 증가함 → 더 시끄러움
- miss important calls 중요한 전화를 놓침

정답 및 해석 | P. 16

>> 다음 지문을 읽고 먼저 아래에 노트 정리를 한 후, 주어진 질문에 답해 보시오.

01

문제 듣기
🎧 Q2_03

예시 답변
🎧 Q2_04

Dear Editor,

The center of our campus is currently taken up by a large parking lot, which detracts from the university as a whole. I propose that this parking lot be removed and replaced with a park. Since all of the administration buildings have their own small parking lots, and large parking lots have been built both north and south of campus for student use, I think that the central lot has become unnecessary. Replacing the asphalt with grass and trees would not only make the area more aesthetically pleasing, it would also make the air cleaner.

- Clara Bowes

노트 정리

▶ **Question: What does the student propose?**

Integrated Task

Q2

Dormitories and Classrooms Renovation

Due to the recent increase in complaints regarding cold dormitory rooms and classrooms, the university's board of directors has decided to renovate many buildings on campus. As heating costs have risen, we will be replacing the windows in some buildings and upgrading the climate control systems in others. To take full advantage of warm weather, this process will begin in April and continue through the summer. Classes in affected buildings will have to be relocated, and a list of affected courses can be found on the university website. The dormitory improvements will not begin until June, so student accommodations will be unaffected.

노트 정리

▶ **Question: What has the university's board of directors decided to do?**

Providing Breakfast at the Monthly Meeting

Beginning March 2, the philosophy department will provide breakfast at its Saturday meetings. The philosophy department has been hosting monthly meetings where our noted professors lead discussions for the last five years. All students who have a major or minor in philosophy are invited to attend these meetings. Students who wish to attend these meetings must reserve their seats one week before the meeting. There is no fee to attend, and a menu will be made available online prior to registration.

노트 정리

▶ Question: **What has the philosophy department decided to do?**

Integrated Task

Q2

To the Editor:

This year's graduation ceremony is scheduled to be held indoors, but I think it would be better to have it outdoors. Instead of arranging chairs in the gymnasium again, I think we should have the ceremony in the field in front of Merchant Hall. The audience would be able to see the beautiful architecture of the university. Moreover, the gymnasium cannot hold enough people. At last year's graduation, many people were unable to sit as their friends and relatives received their diplomas. Therefore, I think that the area in front of Merchant Hall would make a much better venue for this special occasion.

- Carl Spencer

노트 정리

▶ **Question: What does the student suggest?**

05

문제 듣기
🎧 Q2_11
예시 답변
🎧 Q2_12

Car Rental Program on Campus

The president of the university announced today that the school has formed a partnership with the car rental agency near campus on 8th Street. Since the campus is located on the east side of town, it is a long way for students to go downtown for shopping or entertainment. It is also difficult to travel outside of the city for weekend trips. This new partnership will help students move around more easily. Students will still have to pass the customary requirements to rent a vehicle, but if they present their university ID, they will receive a 50% discount on any rental.

노트 정리

▶ **Question: What has the university announced?**

To the Editor:

It is currently prohibited to drink beverages in the campus library, but I think that this policy is unfair. I propose that this rule should be changed for two reasons. First, students need to have something to drink because they get thirsty when they study for a long time. In addition, some beverages like coffee and tea help students to stay awake and to concentrate while they are studying. Second, the students here are all responsible adults, who can be trusted to carry their beverages in secure containers and keep them safe around books, other important materials, and electronic devices in the library.

- Alexia Rodriguez

노트 정리

▶ **Question: What does the student propose?**

To the school,

Many students live too far away from the campus to return to their homes during breaks, so they must commute. This means that they have to carry around their textbooks for the whole day, which can be exhausting. So, I think there should be a lounge area in the University Center with lockers for textbooks and comfortable seating for students to rest on between their classes. Few of these students have cars for their commute, so I think it would also be a good idea to provide an interactive computer display for public transportation schedules.

- Mary K.

노트 정리

▶ **Question: What does the student propose?**

Dear Editor,

I propose that the central campus be turned into a bike-free zone. I understand that many students come to campus on their bicycles, so I am not saying that bikes should be banned entirely on campus. However, the network of concrete paths that connect the academic buildings is not a good place for people to ride their bikes. The paths are too narrow, and they are often packed with students who are walking between classes. When people try to ride their bikes, they cause accidents. In order to enforce this rule, students that break it should have to pay a fine.

- Tara Grant

노트 정리

▶ **Question: What does the student propose?**

Lesson
03 듣기 정리

문제 듣기

예시 답변

듣기 정리 전략

대화 듣기에서는 두 화자 사이에 오가는 대화를 들으며 읽기 지문 내용에 찬성/반대 의견을 표현하는 화자에게 집중한다. 화자가 찬성하는지 또는 반대하는지, 그리고 그렇게 생각하는 이유가 무엇인지 듣고 정리하는 연습을 해 보자.

◉ Tip 1

일반적으로 대화 도입부에서 화자가 읽기 지문의 주제에 대한 자신의 찬성/반대 입장을 나타내고 시작하므로 처음부터 집중해서 들어야 한다.

◉ Tip 2

화자가 찬성/반대하는 이유만 가지고는 말할 내용이 부족할 수 있으므로 각각의 이유에 대한 구체적인 근거도 반드시 같이 메모해 두자.

노트 정리 예시

듣기 지문

M: Did you see this letter in the campus newspaper about the library? What do you think?

W: I can see the logic behind what he said, but I don't agree. I don't think that relaxing the rule is the correct solution. Every dormitory and hall and the university center has computer labs in them where people can use computers to access the Internet.

M: That is true. I just came from the one in Michener Hall. Okay, but what about missing calls?

W: If they are expecting an important call, they can call them back outside. If it is really important, I am sure the person who is calling them will understand.

M: I guess, but couldn't people just talk quietly in the library? People have conversations when they do research or study together there.

W: Sure, they could. But, what if the person on the other end of the line is in a noisy location? Then they would have to talk loudly to be heard by them. It is just easier to ban them completely.

M: I think you're right.

노트 정리

주제	relaxing the rule X 규칙 완화 X
	woman: not agree w/ the letter 여자: 편지에 동의하지 않음
	- many computer labs → can access the Internet 많은 컴퓨터실 → 인터넷 접속 가능
	- important call → call them back outside 중요한 전화 → 밖에서 다시 전화함
	in a noisy location: have to talk loudly 시끄러운 곳: 크게 말해야 함

>> 다음 대화를 듣고 먼저 아래에 노트 정리를 한 후, 주어진 질문에 답해 보시오.

01

문제 듣기
🎧 Q2_19

예시 답변
🎧 Q2_20

▶ **Question: What does the woman think? Why does she think that way?**

02

문제 듣기
🎧 Q2_21

예시 답변
🎧 Q2_22

▶ **Question: What does the woman think? Why does she think that way?**

03 노트 정리

문제 듣기
🎧 Q2_23

예시 답변
🎧 Q2_24

▶ **Question: What does the man think? Why does he think that way?**

04 노트 정리

문제 듣기
🎧 Q2_25

예시 답변
🎧 Q2_26

▶ **Question: What does the man think? Why does he think that way?**

05

문제 듣기
🎧 Q2_27
예시 답변
🎧 Q2_28

노트 정리

▶ **Question: What does the woman think? Why does she think that way?**

06

문제 듣기
🎧 Q2_29
예시 답변
🎧 Q2_30

노트 정리

▶ **Question: What does the woman think? Why does she think that way?**

07

문제 듣기
🎧 Q2_31

예시 답변
🎧 Q2_32

노트 정리

▶ Question: **What does the man think? Why does he think that way?**

08

문제 듣기
🎧 Q2_33

예시 답변
🎧 Q2_34

노트 정리

▶ Question: **What does the woman think? Why does she think that way?**

Lesson
04 정리해서 말하기

문제 듣기

예시 답변

말하기 전략

앞서 연습한 것을 토대로, 이제 읽기와 듣기의 내용을 연결하여 정리한 뒤 말하기 연습을 해 보자.

◑ 1. 읽기

앞서 연습한 것처럼 주제를 찾는다. 학교 측의 공지 또는 학생이나 교수의 건의 사항이 읽기 지문으로 나온다. 주제와 그 주제에 관련된 세부 내용을 요약할 수 있어야 한다.

◑ 2. 듣기

공지 또는 건의 사항을 읽은 학생들의 대화로 구성된다. 둘 중 한 학생이 특히 강력하게 자신의 의견을 표현하는데 이 학생의 말에 주목하도록 하자. 다른 학생의 말은 맞장구를 치는 것이거나 일반적인 질문이므로 굳이 노트에 적을 필요는 없다. 그 학생이 왜 읽기 지문의 내용에 찬성 또는 반대하는지, 그 이유는 무엇인지 간단히 정리한다.

◑ 3. 읽기&듣기 정리해서 말하기

정리한 읽기 지문의 주제를 먼저 말하고, 중요 세부 사항을 간략하게 덧붙인다. 그 뒤에 들려준 대화 속의 학생이 이 내용에 찬성하는지 또는 반대하는지를 말하고, 그 이유를 설명한다.

• 읽기 지문의 주제

The letter in the campus newspaper states that the university is banning cellular phones in the campus library to provide a better atmosphere for studying.

대학 신문에 실린 편지는 학교가 더 나은 면학 분위기를 제공하기 위해 교내 도서관에서 휴대전화를 금지한다고 말한다.

• 대화 속 학생의 의견

The woman agrees with this new policy.

여자는 이러한 새로운 정책에 동의한다.

• 학생의 의견에 대한 이유

First, she thinks that there are many places around campus where students can use computers to access the Internet instead of using their mobile phones. Secondly, if students are expecting an important call, they can call them back outside, where they will not be bothering other students. No matter how quietly people answer their calls, if the person on the other end of the line is in a noisy location, the conversation will eventually get louder.

첫째, 그녀는 학생들이 휴대전화를 사용하는 대신 인터넷에 접속하기 위해 컴퓨터를 사용할 수 있는 장소가 교내에 많이 있다고 생각한다. 둘째, 만약 학생들이 중요한 전화를 기다린다면, 다른 학생들을 방해하지 않는 바깥에서 전화를 다시 걸 수도 있다. 아무리 조용히 전화를 받는다고 해도, 통화하는 상대방이 시끄러운 장소에 있으면 결과적으로 대화 소리가 더 커질 것이다.

Integrated Task

Q2

>> 다음 지문을 읽고 대화를 들으며 각각의 노트 정리를 완성해 보시오.

01

문제 듣기
🎧 Q2_35

Reading Time: 50 seconds

Recreation Center Renovations

We are sorry to announce that the Recreation Center will be closed for the summer session, from June 1st to September 15th, for renovations. It has been more than ten years since the facility was built, and since then, the student population has expanded. The current Recreation Center is no longer able to accommodate the increasing number of students on campus, so the plans will include the expansion of the pool, gym, and weight room as well as the purchase of new weight and cardio machines. We apologize for any inconvenience this may cause you, and we hope to see you all in September!

읽기 – 노트 정리

주제

    - close Jun 1~Sep 15 for renovations

    - expansion: pool, gym, etc.

▶ **Now listen to two students talking about the announcement.**

듣기 – 노트 정리

의견

이유 1.

    - always go to the gym, hardly anyone there

  2. no need for new equipment

    - they are all quite new

Reading Time: 50 seconds

Announcement on the Removal of TV in the Cafeteria

Please be advised that the large LCD TV in the main cafeteria at Raleigh House will be moved to the Recreation Center at the end of this month. The first reason brought up was that quite a few students have meetings and study in the cafeteria, and the noise from the television disturbs them. Also, the cafeteria is an important place to talk and get to know one another. Having the LCD TV in the cafeteria interferes with this. Therefore, to help build relationships among students, we have decided to move the TV to the Recreation Center on the third floor. For further information, please contact the Housing Committee.

읽기 – 노트 정리

주제

- TV noise = disturb students who meet & study

- students should talk & get to know

▶ **Now listen to two students talking about the announcement from the Housing Committee.**

듣기 – 노트 정리

의견

이유   1. ppl just want to relax

- meet & study ppl should go somewhere quiet

2.

-

Integrated Task   Q2

Reading Time: 50 seconds

Library Lockers Available

We are pleased to announce that a limited number of lockers are now available in Elpis Library for fourth-year students who need a place to store library materials for research papers and graduation theses. All fourth-year JSM University students are eligible for lockers except students who have a study carrel space in the Main Library. Lockers are available at several locations on most stacks floors. Lockers are allocated in the order of application and assigned at the beginning of each academic term. Only personal materials and checked-out library materials may be kept in the lockers. Non-circulating and uncharged materials are not to be stored in the lockers at any time.

읽기 – 노트 정리

주제

-

- lockers located on stacks floors

▶ **Now listen to two students talking about the announcement.**

듣기 – 노트 정리

의견

이유 1. everybody needs lockers

- 4th yr students are not the only ones

2.

-

Reading Time: 50 seconds

New Library Loan Policy

Starting with the spring semester, Tuchman Library will institute new policies regarding book loans. Formerly, undergraduate students were limited to checking out 15 books at one time, and graduate students were limited to 30 books. However, with our growing student body, this means that many students are unable to access materials that they need for studying or composing papers. Therefore, as of February 1, all students will be restricted to ten books at any given time. This will help to ensure that the number and variety of books available will remain adequate. To facilitate this shift, we will be installing additional photocopiers on the 1st and 3rd floors of the library.

읽기 – 노트 정리

주제

-

- ensure enough books in the library

▶ **Now listen to two students as they discuss the university library's new loan policy.**

듣기 – 노트 정리

의견

이유 1. will be easy to find books you want

- had a hard time this semester

2.

-

>> 다음 지문을 읽고 대화를 들으며 각각 노트 정리를 한 후, 주어진 질문에 답해 보시오.

01

문제 듣기
🎧 Q2_39

예시 답변
🎧 Q2_40

TOEFL Speaking

Question 2 of 4

VOLUME

Reading Time: 50 seconds

Parking Lot Under Construction

All parking permit holders should be aware that Lot C, located next to the Registrar's Office, will be closed for construction. With the increase in enrollment over the past five years, the number of people parking in the lot has also increased dramatically. To increase capacity, the university is planning to build a four-story parking garage on the site of Parking Lot C from the beginning of August until the end of October. While the parking lot is under construction, Lot C permit holders can park in any of the other parking lots on campus.

TOEFL Speaking

Question 2 of 4

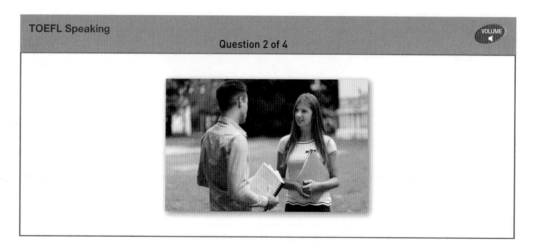

TOEFL Speaking

Question 2 of 4

The man expresses his opinion about the announcement by the Facilities Management Department. State his opinion and explain the reasons he gives for holding his opinion.

PREPARATION TIME
00 : 00 : 30

RESPONSE TIME
00 : 00 : 60

읽기 – 노트 정리

주제

듣기 – 노트 정리

의견

이유   1.

2.

읽기&듣기 정리해서 말하기

Q2
Integrated Task

Reading Time: 45 seconds

School of Engineering Orientation

Welcome back from the summer break! Once again, the faculty of the School of Engineering will be hosting its annual orientation activities; but this year, due to students' complaints, there will be a few changes. In previous years, the faculty hosted a barbeque and a hiking trip on the first weekend in September. This year, however, the events are scheduled for Wednesday, September 20th, between noon and 4 o'clock. Additionally, students can choose which of the planned events they wish to attend. Students may sign up for the preferred activity on the webpage of the School of Engineering by noon on the 19th.

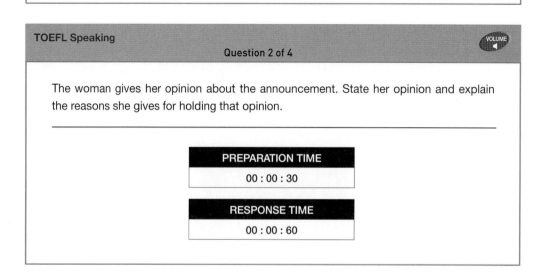

The woman gives her opinion about the announcement. State her opinion and explain the reasons she gives for holding that opinion.

PREPARATION TIME
00 : 00 : 30

RESPONSE TIME
00 : 00 : 60

읽기 – 노트 정리	듣기 – 노트 정리
주제	**의견**
	이유 1.
	2.

읽기&듣기 정리해서 말하기

Reading Time: 50 seconds

Relocation of Departments

When the fall semester begins, some of the university's departments will have relocated. As a part of the extensive renovations that will occur over the summer, the Art Department will be relocated to Fletcher Hall. This hall will be vacated when the new science hall is opened. Not only will this provide the Art Department with much needed space, but it will also be able to take advantage of the facilities already present in the building. This will open up the first two floors of Carter Hall, allowing the Business Department to expand as well. Please keep these changes in mind when the new semester begins.

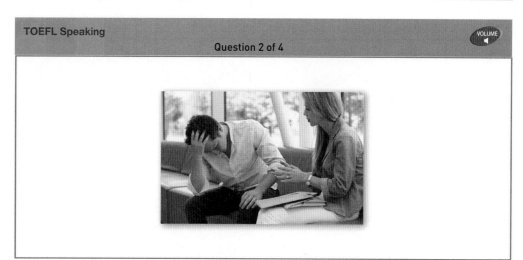

The woman expresses her opinion about relocating some of the university's departments. State her opinion and explain the reasons she gives for holding that opinion.

PREPARATION TIME
00 : 00 : 30

RESPONSE TIME
00 : 00 : 60

주제

의견

이유   1.

       2.

Q2
Integrated Task

읽기&듣기 정리해서 말하기

04

문제 듣기
🎧 Q2_45

예시 답변
🎧 Q2_46

TOEFL Speaking

Question 2 of 4

Reading Time: 45 seconds

Dear Editor,

The university has about three miles of unpaved bicycle paths that pass through the small forest near campus. However, since these paths are not paved, there is a high risk of accidents. When it rains or snows, the dirt turns to mud or icy roads and become very slippery. So students might slip and fall, which might lead to serious accidents. Therefore, I suggest that the university pave those paths in order to increase safety. The pavement will smooth out all the bumps on the trails, and I believe this will encourage more students to exercise and enjoy riding bikes without worrying about accidents.

- David Ree

TOEFL Speaking

Question 2 of 4

TOEFL Speaking

Question 2 of 4

The woman expresses her opinion about the student's letter concerning the bicycle paths. State her opinion and explain the reasons she gives for holding that opinion.

PREPARATION TIME
00 : 00 : 30

RESPONSE TIME
00 : 00 : 60

읽기 – 노트 정리

주제

듣기 – 노트 정리

의견

이유 1.

2.

읽기&듣기 정리해서 말하기

문제 듣기　　예시 답변

01

문제 듣기
🎧 Q2_47

예시 답변
🎧 Q2_48

TOEFL Speaking

Question 2 of 4

Reading Time: 50 seconds

Work Experience Requirement

This September, the university is introducing a new program for all undergraduate students. Students will now be required to enroll in a program to complete one semester of work experience in a local corporation or small business during their final academic year before graduation. Placements will be primarily with internship programs at local companies sponsored by the city to promote employment in the local area. This required work experience program will greatly benefit students by helping them develop leadership and organizational skills that would not normally be taught in a classroom setting. Students who are currently working towards their degree are affected by the new policy and are expected to report to the university's Career Development Center.

TOEFL Speaking

Question 2 of 4

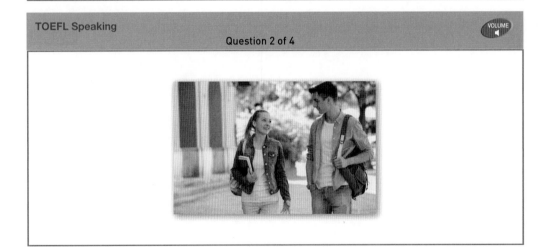

TOEFL Speaking

Question 2 of 4

The man gives his opinion about the university's new requirement. State his opinion and explain the reasons he gives for holding that opinion.

PREPARATION TIME
00 : 00 : 30

RESPONSE TIME
00 : 00 : 60

읽기 – 노트 정리

듣기 – 노트 정리

Reading Time: 45 seconds

New Dorm Contact Information System

The administration of housing services has decided to launch a new online system which provides first-year students with contact information of their dorm roommates. This new online system allows students to check their roommate's contact information a month before the start of a new academic year. Housing services has made this decision in consideration of the benefits the new system will bring. Making contact information accessible to residents' roommates will allow them to get to know about each other before their first meeting in the dorm room. Moreover, it will give them a chance to discuss living preferences and help them coordinate what to bring since there is limited space provided in the dormitories.

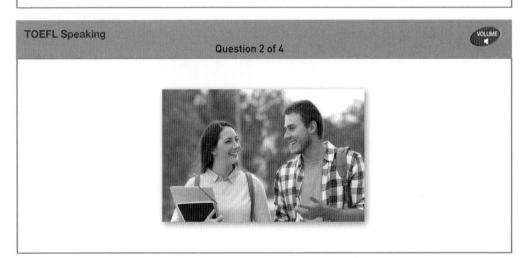

The woman gives her opinion of the announcement made by the housing services. State her opinion and explain the reasons she gives for holding that opinion.

PREPARATION TIME
00 : 00 : 30

RESPONSE TIME
00 : 00 : 60

읽기 – 노트 정리

듣기 – 노트 정리

TOEFL Speaking

Question 2 of 4

Reading Time: 45 seconds

Dear Editor,

As this semester winds up, there will be a Student Senate election held soon. However, I'd like to express my concern over the election dates. Due to the student election having been long held in May, first-year students have always been excluded from voting. Student representatives in the Senate should represent the opinions of all students. Therefore, to provide everyone with a chance to elect their representatives, I suggest that the university set the election dates in September which is the beginning of the academic term. In addition, voter turnout was quite low last year as a result of final exams taking place at the same time as elections. By this change, overall voter turnout will increase.

- President Cindy Cho, Student Union

TOEFL Speaking

Question 2 of 4

TOEFL Speaking

Question 2 of 4

The man gives his opinion about the proposal made by the Student Union President. State his opinion and explain the reasons he gives for holding that opinion.

PREPARATION TIME
00 : 00 : 30

RESPONSE TIME
00 : 00 : 60

읽기 – 노트 정리

듣기 – 노트 정리

Q3 읽고 듣고 말하기: 대학 강의

Introduction

3번 문제는 '읽고 듣고 말하기' 문제로, 대학 강의에 관련된 문제다. 2번 문제와 마찬가지로 읽기와 듣기를 연계하여 강의를 요약하는 것이 목표다. 먼저 강의 주제에 관한 짧은 읽기 지문이 제시된 후, 그 지문에 관한 교수의 설명을 듣게 된다.

◉ 화면 구성

TOEFL Speaking

Question 3 of 4

Reading Time: 45 seconds

Habitat's Carrying Capacity

In any given habitat, there are only a certain number of animals that can be supported indefinitely. This is called the habitat's carrying capacity for that organism. Normally, the population of an animal species fluctuates mildly without upsetting the balance, and it will not increase or decrease significantly over time. However, if the balance is disturbed, the population will fall drastically. This is usually due to outside factors, but some species simply reproduce too quickly. Due to such overpopulation, they consume too much of their available food source, which leads to a population crash. Sometimes this becomes a repeating cycle.

- 안내: 3번 문제에 관한 설명을 들려준다.
- 읽기: 지문이 화면에 제시된다. (100자 이하)
  읽기 시간 45/50초가 주어진다.

TOEFL Speaking

Question 3 of 4

- 듣기: 사진과 함께 읽기 지문과 관련된 강의를 들려준다. (60~90초 길이)

TOEFL Speaking

Question 3 of 4

The professor explains what a habitat's carrying capacity is by giving an example of the cinnabar moth. Explain how this example demonstrates the topic.

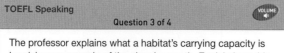

PREPARATION TIME
00 : 00 : 30

RESPONSE TIME
00 : 00 : 60

- 문제: 3번 문제가 화면에 글로 제시되는 동시에 음성으로 문제를 읽어준다.
- 답변: 준비 시간 30초, 대답 시간 60초가 주어진다.

Learning Strategies

Step 1 읽기 지문의 핵심 내용을 찾는다.
- 주제는 보통 굵은 글씨체의 제목으로 나와 있다. 글을 읽으며 무엇에 관한 내용인지 파악한다.

Step 2 교수의 강의를 들으며 강의가 주제를 어떻게 드러내는지 파악한다.
- 교수는 보통 예시를 통해 강의 주제를 설명하는 경우가 많다. 이 예시와 관련된 내용을 노트 필기로 간략하게 정리해 둔다.

Step 3 주어진 30초를 활용하여 정리한 내용을 바탕으로 연습해 본다.
- '읽기 지문 정리 → 교수의 예시 → 예시 세부 설명' 순서로 답하는 것이 일반적이다.

| Example

Q. The professor explains what a habitat's carrying capacity is by giving an example of the cinnabar moth. Explain how this example demonstrates the topic.

교수는 진홍나방의 예를 들어 서식지의 수용력이 무엇인지 설명하고 있다. 이 예가 주제를 어떻게 입증하는지 설명하시오.

❶ 읽기 지문 정리하기

The reading passage explains what a habitat's carrying capacity is. The carrying capacity of a habitat is the number of organisms that it can support.
읽기 지문은 서식지의 수용력이 무엇인지 설명한다. 서식지의 수용력은 서식지가 지탱할 수 있는 생물의 숫자이다.

❷ 읽기 지문과 관련해 교수가 강의에서 전달하는 내용 밝히기

To illustrate this concept more clearly, the professor gives the example of the cinnabar moth.
이 개념을 더 명확히 설명하기 위해 교수는 진홍나방을 예로 든다.

❸ 강의 세부 내용 설명하기

The moth feeds on a plant called ragwort, which makes the moth toxic. Since it is poisonous, the only factor that limits its population is carrying capacity. Sometimes there are fewer ragwort plants for the caterpillars to eat, which leads to a population crash of moth. Then, when the plant population returns to normal, the large supply of food allows many larvae to survive. Then the cycle repeats itself.
이 나방은 금방망이라는 식물을 먹으며 이는 나방이 독성을 갖게 한다. 독성을 가졌으므로 나방의 개체 수를 제한하는 것은 수용력뿐이다. 때로는 애벌레가 먹을 금방망이가 더 적어서 나방 개체군 파괴로 이어진다. 그 뒤 그 식물의 개체 수가 정상으로 돌아오면, 많은 먹이 공급이 많은 유충들이 생존하게 해준다. 그리고 이 주기는 되풀이된다.

관련 표현　　　　　　　　　　　　　　　　　　　Q3_01

01. the professor explains　　　교수는 ～를 설명한다

The professor explains the concept of animal adaptations in the lecture.
교수는 강의에서 동물 적응의 개념을 설명한다.

02. the professor gives an example of　교수는 ～의 예시를 든다

The professor gives an example of this from her own experience.
교수는 자신의 경험에서 이것의 예시를 든다.

03. the professor describes　　　교수는 ～를 서술한다

The professor describes how this example relates to credence goods.
교수는 이 예시가 어떻게 신뢰재와 관련되는지 서술한다.

04. the professor talks about　　　교수는 ～에 관해 이야기한다

The professor talks about two different forms of polygamy in the lecture.
교수는 강의에서 다혼의 두 가지 다른 형태에 관해 이야기한다.

05. one example of *A* is　　　　A의 한 예는 ～이다

One example of adaptive reuse is the Tate Gallery in London.
건물 전용(轉用)의 한 가지 예는 런던의 테이트 갤러리다.

06. a common example is
한 가지 흔한 예는 ~이다

A common example is this bird species often found in tropical regions.
한 가지 흔한 예는 열대 지역에서 흔히 발견되는 이 새 종이다.

07. another type of *A* is
A의 또 다른 종류는 ~이다

Another type of polygamy is called polyandry, and it is less common than polygyny.
다혼의 또 다른 종류는 일처다부제이며 이는 일부다처제보다 덜 흔하다.

08. the professor talks about his/her personal experience to
교수는 ~하기 위해 그/그녀의 개인적 경험에 관해 말한다

The professor talks about his personal experience to explain what group think is.
교수는 집단 사고가 무엇인지 설명하기 위해 자신의 개인적 경험에 관해 이야기한다.

09. the first/second example is
첫 번째/두 번째 예는 ~이다

The first example is easily found in Arctic regions.
첫 번째 예는 북극 지역에서 쉽게 볼 수 있다.

10. we can observe
우리는 ~를 관찰할 수 있다

We can observe this phenomenon mostly in suburban areas.
우리는 이 현상을 주로 교외 지역에서 관찰할 수 있다.

Integrated Task

Q3

11. it is true that

~는 사실이다

It is true that the birds in the area have decreased in the past few years.

그 지역의 새들이 최근 몇 년간 감소한 것은 사실이다.

12. according to the reading

읽기 지문에 의하면

According to the reading, many animals avoid predators with the help of physical adaptations.

읽기 지문에 의하면, 많은 동물들이 신체적 적응의 도움으로 포식자를 피한다.

13. as you know

여러분도 알다시피

As you know, the amount of sunlight it absorbs has its limits.

여러분도 알다시피, 그것이 흡수하는 햇빛의 양에는 한계가 있습니다.

14. there's another example of

~의 또 다른 예가 있다

There's another example of revealing coloration, which is the peanut bug.

경고색의 또 다른 예가 있는데, 바로 악어머리뿔매미이다.

15. the lecture is mainly about

강의는 주로 ~에 관한 것이다

The lecture is mainly about the overestimation of one's own capability.

강의는 주로 자신의 능력을 과대 평가하는 것에 관한 것이다.

정답 및 해석 | P. 47

>> 주어진 우리말 표현과 같은 뜻이 되도록 빈칸을 채워 보시오.

01. _____ how two organisms _____ .

두 생물이 서로에게서 이익을 얻는 또 다른 예가 있다.

02. _____ it is almost impossible to _____

_____ .

교수는 그 곤충을 나뭇가지와 구분하는 것이 거의 불가능하다고 설명한다.

03. _____ how this theory works in a laboratory setting.

우리는 이 이론이 실험실 환경에서 어떻게 기능하는지 관찰할 수 있다.

04. _____ business forecasting in the lecture.

교수는 강의에서 경기 예측의 한 예를 든다.

05. _____ how this animal behaves _____ .

한 가지 흔한 예는 이 동물이 포식자에게 위협당할 때 행동하는 방식이다.

06. _____ , a placebo effect _____ .

읽기 지문에 의하면, 플라시보 효과는 누구에게나 일어날 수 있다.

07. _____ psychological strategies called defense mechanisms.

강의는 주로 방어 기제라고 불리는 심리학적 전략에 관한 것이다.

08. _____ the Notothenioidei fish, which inhabits the Antarctic.

두 번째 예는 남극 지역에 서식하는 남극암치아목과 물고기다.

09. _____ what we saw in the Philippines.

문화변동의 또 다른 종류는 우리가 필리핀에서 본 것이다.

10. _____ her personal experience to show the process of

learning new information.

교수는 새 정보를 배우는 과정을 보여주기 위해 자신의 개인적 경험에 관해 이야기한다.

Integrated Task Q3

읽기 정리 전략

읽기 지문에서는 강의 주제를 잘 기억하는 것이 무엇보다 중요하다. 노트 필기를 통해 간단하게 주제와 관련한 세부 내용을 정리하는 연습을 해 보자.

◉ Tip 1

읽기 지문의 제목은 읽기 지문과 그 뒤에 이어질 강의의 내용 전체에 관한 주제가 된다. 따라서 노트 필기를 할 때 제일 먼저 읽기 지문 제목을 적어 두도록 한다.

◉ Tip 2

읽기 지문은 이어서 듣게 될 강의 내용을 이해할 수 있도록 강의에서 다루는 내용의 기본 개념이나 배경 지식을 다룬다. 따라서 읽기 지문의 내용을 제대로 파악해 두어야 강의 듣기도 수월하다.

노트 정리 예시

읽기 지문

Habitat's Carrying Capacity

In any given habitat, there are only a certain number of animals that can be supported indefinitely. This is called the habitat's carrying capacity for that organism. Normally, the population of an animal species fluctuates mildly without upsetting the balance, and it will not increase or decrease significantly over time. However, if the balance is disturbed, the population will fall drastically. This is usually due to outside factors, but some species simply reproduce too quickly. Due to such overpopulation, they consume too much of their available food source, which leads to a population crash. Sometimes this becomes a repeating cycle.

노트 정리

Habitat's Carrying Capacity 서식지의 수용력

= # of animals that can be supported in a habitat 한 서식지에서 지원할 수 있는 동물의 수

- disturbed balance → population will fall drastically 깨진 균형 → 개체 수 크게 감소
- overpopulation → food source ↓ → population crash 과잉 개체 수 → 식량원 ↓ → 개체군 파괴

Practice

정답 및 해석 | P. 47

>> 다음 지문을 읽고 먼저 아래에 노트 정리를 한 후, 주어진 질문에 답해 보시오.

01

문제 듣기
🎧 Q3_03

예시 답변
🎧 Q3_04

The Principle of Allocation

For all organisms, their ultimate purpose is to reproduce. However, many are unable to obey this most primal of directives. Their time and resources are limited, so they must allocate their energy to the most important task at that time. This is called the principle of allocation. Organisms have other basic needs, like finding food, locating shelter, and migrating. When food is scarce, they have less energy to put towards reproduction, which can consume much time and energy. This does not apply to many insects that only mate once during their brief lifetimes. However, species that can potentially mate many times must favor their own survival over potential offspring.

노트 정리

▶ **Question: What is the principle of allocation?**

Synomones

One means of communication utilized in nature is the use of scent compounds. These typically take two forms: pheromones, which are chemical signals used to communicate with other members of the same species, and allelochemicals, which are used for interspecies communication. One type of allelochemicals called synomones benefit both organisms, and they are an intense area of study. One example is when plants that are being eaten release scent compounds to attract predators like parasitic wasps that prey upon the insects attacking them.

노트 정리

▶ **Question: According to the passage, what are synomones?**

Adaptive Reuse

Adaptive reuse is the practice of repurposing buildings to fulfill a new role, often preserving the exterior shell of the building while renovating the interior. In many cases, these buildings would have been demolished to make room for the construction of an entirely new structure. However, some buildings have great historical and societal value which leads the community to save them. If a building is still structurally sound, and the site is ecologically viable, then it may become a candidate for adaptive reuse. The buildings that are typically treated in this manner are industrial buildings like factories and power plants, political buildings like palaces and courthouses, and community buildings like churches and schools.

노트 정리

Integrated Task

Q3

▶ **Question: What is adaptive reuse?**

Appeasement Behavior

Appeasement behavior is actions animals take to reduce the possibility of a fight occurring with another member of their species. When an animal does this, it will usually make itself look smaller, act like a young animal, or share the food it has instead of having it taken by force. Essentially, they show that they are inferior to the other animal in order to escape without injury. Animals that live in social groups typically have a strict hierarchy, and any challenge to the leader may result in a serious fight. So, the other group members automatically seek a peaceful resolution.

노트 정리

▶ **Question: What is appeasement behavior?**

Agonistic Buffering

When animals live in large social groups, the larger and stronger animals typically dominate the others. They usually have a strict hierarchy, and any defiance of a leader is a cause for physical conflict. Therefore, many animals have developed what is referred to as agonistic behavior. These types of behavior are used by subordinate animals to keep the dominant animal from attacking them. They can be used to gain access to food, shelter, and other resources. For many animals, this means acting like a child, but for some, it means bringing an actual child with them, which is called agonistic buffering.

노트 정리

Integrated Task   Q3

▶ **Question: What is agonistic buffering?**

Information Overload

The term "information overload" refers to a person's inability to understand or deal with a situation due to receiving too much information. There is a limit to the amount of current information that the human brain can store in its memory. This means that when a large amount of information is quickly received, we cannot cope with the input. When this happens, our brains typically react in one of two ways. The first is to accept and process only a portion of the data received, which can lead to poor decision making. The second is that the brain simply stops processing information altogether.

노트 정리

▶ **Question: What is information overload?**

Prototype Matching

Prototype matching is a type of pattern recognition that people use for choosing the best option when they make decisions. Humans are very good at matching new information that our senses give us with information that we already have. When we see, hear, smell, taste, feel, or read something that we have no information about, our minds compare it to the closest model that we possess. This basic model is called a prototype. We use this type of pattern recognition to help us make decisions when we are faced with a new situation. Prototype matching is not unique to humans, but we rely on it heavily.

노트 정리

▶ Question: **What is prototype matching?**

Environmental Scenting

Environmental scenting is used to make customers feel comfortable, stay longer, and spend more in stores. Scent is a powerful sensory trigger, and using particular scents in certain parts of a retail environment can trigger desired responses. Scents may be used to attract customers into a store, to attract them to special items on display, or to calm them when they are waiting to check out. These are all subtle effects that customers are not usually aware of while they are experiencing them. There are companies that specialize in making customized scent patterns for stores by installing machines that pump out scented air.

노트 정리

▶ **Question: What is environmental scenting?**

Lesson
03 듣기 정리

문제 듣기

예시 답변

듣기 정리 전략

듣기에서는 교수의 강의를 들으며 읽기 지문과 강의 내용이 어떻게 연관되는지에 집중한다. 대부분의 경우 교수는 주제와 관련한 예시를 들고 세부 설명을 한다. 강의 초반에 주제를 간단하게 다시 정리해 주기도 한다.

⊙ Tip

듣기가 끝난 후 주어지는 질문에서는 교수가 강의에서 언급한 예시 등 주요 사항에 대해 필수적으로 물어보므로, 핵심어 위주로 빠르게 노트 필기를 하는 연습을 해야 한다. 일반적으로 강의는 다음과 같은 구조로 진행된다.

읽기 지문에 관련된 주제 언급 → 주요 사항 → 구체적 설명 (→ 주요 사항 2 → 구체적 설명)

노트 정리 예시

듣기 지문

W: Yesterday, we were talking about the carrying capacity of habitats. Some species cause their own population crashes due to overpopulation and overconsumption. One species that typifies this pattern is the cinnabar moth. The cinnabar moth has very few natural predators in its native forest habitat because it is poisonous. You see these bright red markings on the moth's black wings? Those markings signify that the moth is dangerous to eat. You see, as caterpillars, these insects feed on a plant called ragwort. This plant produces toxins that the caterpillars take into their bodies, making them poisonous. So, the only thing that limits their population is their habitat's carrying capacity. One year, there was less rain than usual, so there were fewer ragwort plants for them to eat. With fewer plants to eat, many caterpillars died before they became adults. This meant that only a few moths could mate and lay eggs, which led to a population crash. Then, the rainfall returned to normal levels the following year, so the ragwort plant population quickly returned to its former size. Since there were many plants, the surviving cinnabar moth caterpillars had plenty of food. And within just a few years, their population had once again reached its former size. This process often repeats with cinnabar moths.

노트 정리

주제   **the carrying capacity of habitats** 서식지의 수용력
예시   the example of the cinnabar moth 진홍나방의 예
       - caterpillars: feed on a ragwort plant → make them toxic 유충: 금방망이 식물 섭취 → 독성을 갖게 함
       - fewer ragwort → population crash 더 적은 금방망이 → 개체군 파괴
       - plant population returns → allows many larvae to survive 식물 개체 수 복구 → 많은 유충들이 생존하게 함

Integrated Task

Q3

>> 다음 강의를 듣고 먼저 아래에 노트 정리를 한 후, 주어진 질문에 답해 보시오.

01

문제 듣기
🎧 Q3_19

예시 답변
🎧 Q3_20

▶ Question: What does the principle of allocation say about certain animals?

02

문제 듣기
🎧 Q3_21

예시 답변
🎧 Q3_22

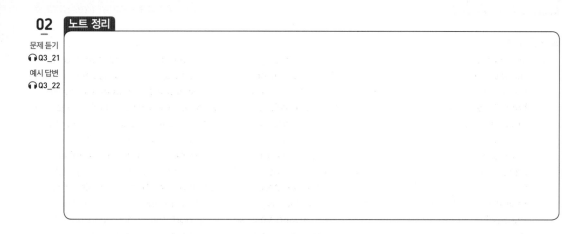

▶ Question: What is the example of synomones?

03 노트 정리

문제 듣기
🎧 Q3_23

예시 답변
🎧 Q3_24

▶ **Question: What is the example of adaptive reuse?**

04 노트 정리

문제 듣기
🎧 Q3_25

예시 답변
🎧 Q3_26

▶ **Question: What is the example of appeasement behavior?**

Q3 Integrated Task

05

노트 정리

▶ **Question: What is the example of agonistic buffering?**

노트 정리

▶ **Question: How does the professor explain the concept of information overload?**

07

문제 듣기
🎧 Q3_31

예시 답변
🎧 Q3_32

▶ **Question: How does the professor explain the use of prototype matching?**

08

문제 듣기
🎧 Q3_33

예시 답변
🎧 Q3_34

▶ **Question: How does the professor explain the concept of environmental scenting?**

04 정리해서 말하기

문제 듣기

예시 답변

말하기 전략

앞서 연습한 것을 토대로, 이제 읽기와 듣기의 내용을 연결하여 정리한 뒤 말하는 연습을 해 보자.

◉ 1. 읽기

일반적이고 이론적인 전문 용어나 개념, 특정 현상과 이에 대한 부연 설명이 주어지는데, 뒤에 이어질 강의 내용에 대한 사전 설명이라고 생각하고 읽는다.

◉ 2. 듣기

읽기 지문의 주제에 대한 구체적인 부연 설명, 예시, 반증, 또는 그 개념을 적용, 응용한 예가 주어지는데, 뒤에 나올 질문에서는 강의 내용을 중점적으로 물어보므로 집중해서 들으며 필기한다.

◉ 3. 읽기&듣기 정리해서 말하기

30초의 준비 시간 동안에는 노트 필기를 참고해서 '읽기 지문의 주제 → 강의에 언급된 예시와 세부 설명' 순으로 말할 내용의 구성을 정리한다. 마지막에 시간이 남는 경우 강의 주제를 다시 한 번 요약해주면 좀 더 논리 정연한 인상을 줄 수 있다.

- **읽기 지문의 주제**

  The reading passage explains what a habitat's carrying capacity is. The carrying capacity of a habitat is the number of organisms that it can support.

  읽기 지문은 서식지의 수용력이 무엇인지 설명한다. 서식지의 수용력은 서식지가 지탱할 수 있는 생물의 숫자이다.

- **강의에 언급된 예시**

  To illustrate this concept more clearly, the professor gives the example of the cinnabar moth.

  이 개념을 더 명확히 설명하기 위해 교수는 진홍나방을 예로 든다.

- **예시 세부 설명**

  The moth feeds on a plant called ragwort, which makes the moth toxic. Since it is poisonous, the only factor that limits its population is carrying capacity. Sometimes there are fewer ragwort plants for the caterpillars to eat, which leads to a population crash of moth. Then, when the plant population returns to normal, the large supply of food allows many larvae to survive. Then the cycle repeats itself.

  이 나방은 금방망이라는 식물을 먹으며 이는 나방이 독성을 갖게 한다. 독성을 가졌으므로 나방의 개체 수를 제한하는 것은 수용력뿐이다. 때로는 애벌레가 먹을 금방망이가 더 적어서 나방 개체군 파괴로 이어진다. 그 뒤 그 식물의 개체 수가 정상으로 돌아오면, 많은 먹이 공급이 많은 유충들이 생존하게 해준다. 그리고 이 주기는 되풀이된다.

Practice 1

>> 다음 지문을 읽고 강의를 들으며 각각의 노트 정리를 완성해 보시오.

01

문제 듣기
🎧 Q3_35

Reading Time: 50 seconds

The Peak-End Rule

When people are asked to describe certain events that have happened in their lives, a psychological phenomenon termed as the peak-end rule often comes into play. The peak-end rule states that a person is most likely to focus on the highlights or the last parts of his or her experience and discard virtually all other information when describing the event as a whole. The main reason is that people have a tendency to recall their experiences with ease when strong, either negative or positive, emotions are attached to them. Minor emotions and information are often disregarded in the process of remembering and describing the overall experience of the event.

읽기 – 노트 정리

주제   The Peak-End Rule

-

-

▶ **Now listen to part of a lecture on this topic in a psychology class.**

듣기 – 노트 정리

예시   1. family trip

-

2. movie

-

Reading Time: 50 seconds

Fixed Action Patterns

In the animal kingdom, there are some species that show fixed action patterns, which are complex instinctive behavior produced in response to specific stimuli. One important aspect is that the response is normally elicited by a set of perceptions, such as shapes, color combinations, or specific smells, rather than by specific objects in the environment. Another important feature is that, once started, a fixed action pattern does not stop until the entire action sequence is completed. Even if the stimulus is no longer present, the organism would still show the same behavioral pattern since it is a kind of reflex response.

읽기 – 노트 정리

주제 Fixed Action Patterns

- specific stimuli → show fixed action pattern

-

-

▶ **Now listen to part of a lecture on this topic in a biology class.**

듣기 – 노트 정리

예시 1. stickleback fish

-

2. graylag goose

-

Integrated Task

Q3

Reading Time: 50 seconds

Sweeping Generalizations

A sweeping generalization is a type of logical fallacy that people often commit. In this logical error, a general rule or statement is used too broadly. In other words, a plausible or seemingly valid statement that is generally accepted to be correct or true may be proven inaccurate, particularly when there turns out to be an exception to that statement. Thus, even though there seems to be sufficient evidence to draw a conclusion in a particular situation based on a general norm, people should be aware that their decision might end up being a logical fallacy.

읽기 – 노트 정리

주제

    -

    -

▶ **Now listen to part of a lecture on this topic in a logic class.**

듣기 – 노트 정리

예시   1. kids: don't talk to strangers

      -

     2.

      -

Reading Time: 50 seconds

Impression Management

Impression management is the process through which people either consciously or unconsciously try to control the impressions that others form of them. In all social situations, people exhibit behaviors that highlight traits perceived as advantageous qualities to help make a favorable impression. Those who try to manipulate how others perceive them are highly motivated by a specific goal they want to achieve. They may also be driven by a desire to establish a distinct identity through self-presentation. Therefore, impression management, in general, is largely based on what a person believes others expect in a particular context, so it will naturally change depending on the situation.

읽기 – 노트 정리

주제

    -

    -

▶ **Now listen to part of a lecture on this topic in a sociology class.**

듣기 – 노트 정리

예시   1.

      -

   2.

      -

Integrated Task

Q3

>> 다음 지문을 읽고 강의를 들으며 각각 노트 정리를 한 후, 주어진 질문에 답해 보시오.

01

문제 듣기
🎧 Q3_39

예시 답변
🎧 Q3_40

TOEFL Speaking

Question 3 of 4

VOLUME

Reading Time: 45 seconds

Polygamy

In the animal kingdom, different types of mating patterns have evolved in order to maximize the chance of increasing the number of young. The most common type among animals is called polygamy, where one male or female mates with two or more other partners at the same time. Within this multiple-partner mating system, the fittest animals have more partners than those with relatively less power or dominance. In a general zoological sense, polygamy can be categorized as either polygyny or polyandry. In polygyny, a male mates with more than one female; whereas in polyandry, one female partners with several males.

TOEFL Speaking

Question 3 of 4

VOLUME

TOEFL Speaking

Question 3 of 4

VOLUME

The professor talks about polygamy in the animal kingdom. Use the examples from the lecture to explain what the types of polygamy are and how they benefit organisms that practice them.

PREPARATION TIME
00 : 00 : 30

RESPONSE TIME
00 : 00 : 60

읽기 - 노트 정리

주제

듣기 - 노트 정리

예시   1.

2.

읽기&듣기 정리해서 말하기

TOEFL Speaking

Question 3 of 4

Reading Time: 50 seconds

Film Techniques

In filmmaking, various camera shots are used to give viewers a better comprehension of the film's story. One of the shots often used is called an "establishing shot." Usually shown at the beginning of the movie, it gives viewers general ideas about the whole movie, so it provides the basic context or background information. There is another type called a "bridging shot," which makes a smooth transition between two different scenes. If there is a jump or a break in the flow of a story, perhaps in time or place, a bridging shot can be inserted to cover the gaps between those disconnected scenes, helping viewers to avoid any confusion.

TOEFL Speaking

Question 3 of 4

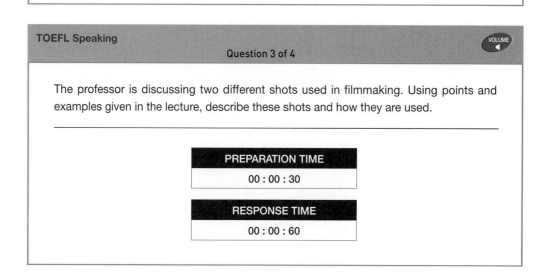

TOEFL Speaking

Question 3 of 4

The professor is discussing two different shots used in filmmaking. Using points and examples given in the lecture, describe these shots and how they are used.

PREPARATION TIME
00 : 00 : 30

RESPONSE TIME
00 : 00 : 60

주제

예시   1.

2.

Q3
Integrated Task

Reading Time: 50 seconds

Animal Adaptations

For most organisms, survival is a constant battle. They must avoid predators and at the same time, compete for limited resources. Through the process of evolution, however, organisms have developed adaptations that give them slight advantages in their fight for survival. These may include avoidance of predators, acquisition of food, or attraction of mates. These types of animal adaptations can be broadly categorized as either physical adaptations, those that affect the shape and structure of an organism, or behavioral adaptations, those related to how an organism acts. Some adaptations are more complex, with features that are both physical and behavioral.

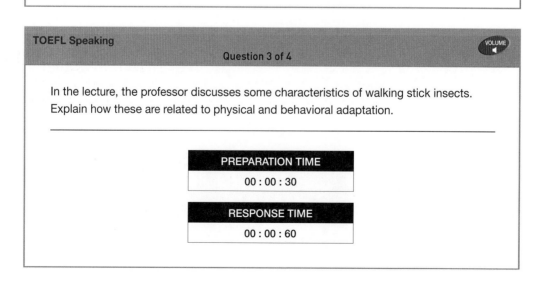

In the lecture, the professor discusses some characteristics of walking stick insects. Explain how these are related to physical and behavioral adaptation.

PREPARATION TIME
00 : 00 : 30

RESPONSE TIME
00 : 00 : 60

읽기 – 노트 정리

주제

듣기 – 노트 정리

예시   1.

2.

읽기&듣기 정리해서 말하기

Q3
Integrated Task

Reading Time: 50 seconds

Group Think

Group think is a psychological phenomenon in which people fall into irrational decision-making because of the tendency of individuals to conform their ideas to the general agreement among group members. This is usually caused by an individual's emotional desire to be liked and accepted as a group member, or by fear of potential loss that comes from disagreement with the group, such as getting fired or not being able to get promoted. Therefore, the individual members of a group are often reluctant to cause any delay in group decision-making and rarely withstand the high conformity pressure from the group.

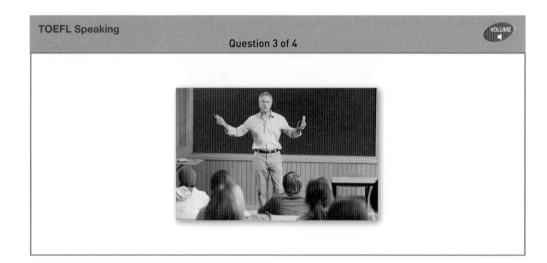

Using points and examples given in the lecture, describe the concept called group think. And describe how the professor's experience relates to the concept of group think.

PREPARATION TIME
00 : 00 : 30

RESPONSE TIME
00 : 00 : 60

주제

예시

읽기&듣기 정리해서 말하기

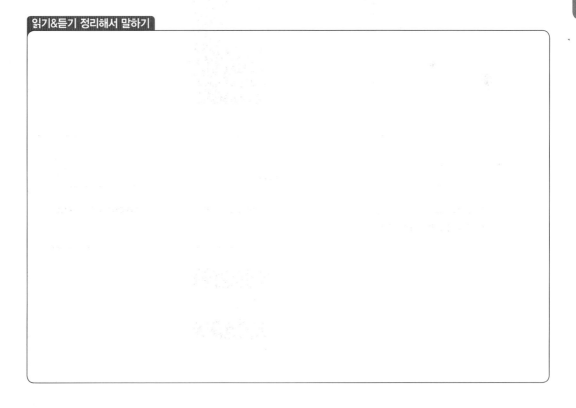

Q3
Integrated Task

문제 듣기　　예시 답변

01

문제 듣기
 Q3_47

예시 답변
Q3_48

TOEFL Speaking

Question 3 of 4

VOLUME

Reading Time: 50 seconds

Revealing Coloration

Animals use many different strategies to protect themselves and increase their chance of survival against predators. One strategy is a manipulation of colors called revealing coloration. Animals that use revealing coloration have an area or a part of their bodies where its coloration can change very quickly. The color of this specific area or part of the animal's body blends in with the rest of the body in the absence of threats. In the presence of imminent danger from predators, however, the bright color of the special body part is suddenly revealed. Such dramatic changes of colors usually surprise the predators enough to create an opportunity for the animal to escape from its predators.

TOEFL Speaking

Question 3 of 4

VOLUME

TOEFL Speaking

Question 3 of 4

VOLUME

Using points and examples from the lecture, describe what revealing coloration is and how it helps animals survive.

PREPARATION TIME
00 : 00 : 30

RESPONSE TIME
00 : 00 : 60

읽기 – 노트 정리

듣기 – 노트 정리

Q3

Integrated Task

Reading Time: 50 seconds

Credence Goods

Credence goods are products or services that it is difficult to see the usefulness of for the people who purchase them. Such goods have little to no immediate result, but their use or misuse can have important long-term effects. These include medical treatments, car repairs, and education. The nature of these goods means that the seller is fully aware of their qualities, while the customer may find them impossible to appreciate. Therefore, one of the only ways that customers may evaluate such goods is by their price, which gives a great advantage to the seller who may manipulate the prices.

The professor talks about nutritional supplements. Describe how they relate to credence goods.

PREPARATION TIME
00 : 00 : 30

RESPONSE TIME
00 : 00 : 60

읽기 – 노트 정리

듣기 – 노트 정리

Integrated Task

Q3

Reading Time: 45 seconds

Planning Fallacy

When asked to predict how long it will take to complete a task, people tend to overestimate their own capabilities. This behavior is called planning fallacy, and studies have been carried out examining it with a variety of tasks. Many experts regard planning fallacy as a form of wishful thinking, meaning that the person focuses on the most optimistic result, ignoring their own experience. Others have suggested that they are not ignoring the past; rather, they are viewing it in a way that serves their ego. They assume credit for successes, but place blame for delays and mistakes on others.

Using points and examples from the lecture, describe what planning fallacy is.

PREPARATION TIME
00 : 00 : 30

RESPONSE TIME
00 : 00 : 60

읽기 – 노트 정리

듣기 – 노트 정리

Q4 듣고 말하기: 대학 강의

Introduction

4번 문제는 대학 강의에 관련된 내용을 들은 뒤 질문에 답하는 문제다. 교수가 수업 내용의 일부를 설명하며, 보통 수업의 주제와 그 주제를 뒷받침하는 예시에 관해 자세히 말한다. 질문은 강의의 주제가 무엇이며 그 주제의 예시로는 무엇이 있는지, 또는 예시가 주제를 어떻게 뒷받침하는지 등을 묻는다.

◐ 화면 구성

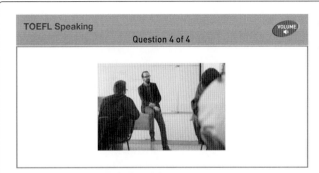

- 안내: 4번 문제에 관한 설명을 들려준다.
- 듣기: 사진과 함께 강의를 들려준다. (60~90초 길이)

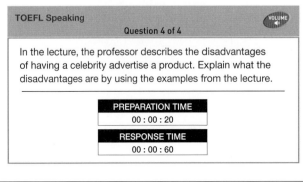

- 문제: 4번 문제가 화면에 글로 제시되는 동시에 음성으로 문제를 읽어준다.
- 답변: 준비 시간 20초, 대답 시간 60초가 주어진다.

Learning Strategies

Step 1 교수의 강의를 들으며 교수가 논의하는 주제가 무엇인지 찾는다.

- 그 주제를 간략히 설명할 방법을 찾는다.

- 그 주제에 관해 어떤 예시나 하위 분류가 등장하는지 파악한다.

- 예시나 하위 분류가 주제와 어떻게 연결되는지 정리한다.

Step 2 주어진 20초를 활용하여 정리한 내용을 바탕으로 연습해 본다.

- '강의 주제 요약 → 주제 관련 분류·예시' 순서로 답한다.

| Example

Q. In the lecture, the professor describes the disadvantages of having a celebrity advertise a product. Explain what the disadvantages are by using the examples from the lecture.

강의에서 교수는 유명인이 제품을 광고하게 하는 것의 단점들을 묘사하고 있다. 강의의 예들을 사용하여 그러한 단점들이 무엇인지 설명하시오.

❶ 강의 주제 정리하기

In the lecture, the professor talks about a common advertising method: hiring a celebrity to endorse a company's product. However, having celebrities promote a company's product can sometimes backfire for the following two reasons.

강의에서 교수는 흔한 광고 방법에 대해 이야기하는데 그것은 기업의 제품을 홍보하기 위해 유명인을 고용하는 것이다. 그러나 유명인으로 하여금 기업의 제품을 홍보하게 하는 것은 때때로 다음의 두 가지 이유로 인해 역효과를 낳을 수 있다.

❷ 주제와 관련해 제시된 세부 내용 설명하기

The first one is overshadowing. An example of overshadowing is when a beverage company hires a singer to promote their drink. After some time, the company finds out that their sales did not increase much, but the singer's music sales did. This is called overshadowing. The second problem is compromising behavior by a celebrity. For instance, when an athlete does not wear the company's shoes that he has been promoting, people will lose confidence in the shoes. Also, a celebrity could do something that results in legal problems. This can seriously harm the company's image, so the company severs its ties with the celebrity after the incident.

첫 번째는 뒤덮기다. 뒤덮기의 한 예는 음료 생산 기업이 자사의 음료를 홍보하기 위해 가수를 고용하는 경우다. 얼마간의 시간이 지난 후, 기업은 매출이 그다지 증가하지 않았지만, 그 가수의 음반 매출은 증가했음을 알게 된다. 이것을 뒤덮기라고 부른다. 두 번째 문제는 유명인의 위태로운 행동이다. 예를 들면, 어떤 운동선수가 자신이 홍보하는 기업의 신발을 신지 않을 때, 사람들은 그 신발에 대한 신뢰를 잃을 것이다. 또한 유명인이 법적인 문제로 귀결될 수 있는 어떤 일을 할 수도 있다. 이것은 기업의 이미지를 심각하게 손상할 수 있기 때문에, 기업은 그 사건 이후 그 유명인과의 관계를 끊는다.

표현 듣기

관련 표현

Q4_01

---

01. the lecture is about
강의는 ~에 관한 것이다

The lecture is about how the interaction between cultures influences people.

강의는 문화들 사이의 교류가 어떻게 사람들에게 영향을 주는지에 관한 것이다.

02. the lecture's main idea is
강의의 주제는 ~이다

The lecture's main idea is the experiments about recalling newly learned information.

강의의 주제는 새로 배운 정보 기억하기에 관한 실험들이다.

03. the professor explains
교수는 ~를 설명한다

The professor explains the factors that influence population size.

교수는 인구 크기에 영향을 주는 요인들을 설명한다.

04. the professor talks about
교수는 ~에 관해 말한다

The professor talks about the population of deer in a certain area.

교수는 특정 지역의 사슴 개체 수에 관해 말한다.

05. according to the lecture / professor
강의/교수에 따르면

According to the professor, the space is too limited to accommodate all the organisms.

교수에 따르면, 그 공간은 모든 생물을 수용하기엔 너무 좁다.

06. the professor gives an example of
교수는 ~의 예시를 든다

The professor gives an example of monkeys to explain this emotional attachment.

교수는 이 감정적 애착을 설명하기 위해 원숭이의 예시를 든다.

07. the first / second example is
첫 번째 / 두 번째 예시는 ~이다

The second example is the way frogs lay their eggs.

두 번째 예시는 개구리가 알을 낳는 방식이다.

08. for example, instance
예를 들어

For example, it can significantly reduce the air pollution level.

예를 들어, 그것은 공기 오염 수치를 크게 줄일 수 있다.

09. for these reasons
이러한 이유로

For these reasons, many researchers are observing the newly discovered trend.

이러한 이유로 많은 연구원들이 새로 발견된 트렌드를 관찰하고 있다.

10. there are two types of
~에 두 종류가 있다

There are two types of these birds, and they both occupy a small region.

이 새에는 두 종류가 있으며, 둘 다 작은 지역에 산다.

Integrated Task

Q4

11. one of *A* is / was

*A*의 하나는 ~이다/였다

One of the experiments was conducted in a controlled laboratory.

그 실험들 중 하나는 통제된 실험실에서 진행되었다.

12. in this case

이 경우에는

In this case, problems can arise in these organisms' habitats.

이 경우에는 이 생물들의 서식지에서 문제들이 발생할 수 있다.

13. there are two subcategories of

~의 두 가지 하위 분류가 있다

There are two subcategories of this theory and understanding them is very important.

이 이론에는 두 가지 하위 분류가 있으며 이것들을 이해하는 것은 아주 중요하다.

14. the example the professor gives is

교수가 드는 예시는 ~이다

The example the professor gives is the way chimpanzees act when in groups.

교수가 드는 예시는 침팬지가 무리에 있을 때 행동하는 방식이다.

15. this is illustrated with

이것은 ~로 설명된다

This is illustrated with not being able to recall past information because of new information.

이것은 새 정보 때문에 과거의 정보를 기억하지 못하는 것으로 설명된다.

▶▶ 주어진 우리말 표현과 같은 뜻이 되도록 빈칸을 채워 보시오.

01. _____ an experiment, which showed how a frog lays its eggs in water.

이것은 한 실험으로 설명되었는데, 이 실험은 개구리가 어떻게 물에 알을 낳는지 보여주었다.

02. _____ similar to the first one, but _____

_____.

두 번째 예시는 첫 번째와 비슷하지만 더 많은 투자를 필요로 한다.

03. _____, this species of bird is _____

well in water.

이러한 이유로 이 종의 새는 물속에서 균형을 잘 유지할 수 있다.

04. _____ how a given area can only support _____.

강의는 주어진 한 지역이 어떻게 특정한 개체 수만 지탱할 수 있는지에 관한 것이다.

05. _____ fish that could be classified with _____.

뼈 구조로 분류될 수 있는 두 종류의 물고기가 있다.

06. _____ mating behavior of bowerbirds.

교수는 바우어새의 짝짓기 행동의 예시를 든다.

07. _____ population fluctuation of _____.

강의의 주제는 특정 지역의 사슴 개체 수 변동이다.

08. _____ many ways to protect wildlife, _____.

교수는 자원 봉사 활동을 포함하여 야생 동물을 보호하는 많은 방법을 설명한다.

09. _____, some people heavily focus on _____.

교수에 따르면, 어떤 사람들은 제품의 디자인에 크게 중점을 둔다.

10. _____ warning coloration's benefits _____ that it _____

of getting attacked by predators.

경고색 이점의 한 가지는 포식자에게 공격 당할 확률을 낮춘다는 것이다.

Integrated Task

Q4

문제 듣기　　　　예시 답변

듣기 정리 전략

교수의 강의를 들으며 주제가 무엇인지, 어떤 예시나 설명이 제시되는지 집중한다. 보통 두 개로 제시되는 예시나 설명을 찾아 짧게 요약하는 연습을 하는 것이 중요하다.

▶ Tip

일반적으로 강의는 주제 유형에 따라 다음과 같이 구성된다.

① 개념 ― 개념에 대한 구체적인 설명

⋮

② 현상 ― 현상의 원인과 결과의 예시

⋮

③ 과정 ― 과정의 기능을 설명

⋮

④ 이론 ― 이론을 응용 또는 적용한 예시

듣기 지문

M: One of the most common methods is to hire a celebrity to endorse their products. However, many companies have recently severed endorsement contracts with celebrities and chosen to focus on their products' selling points instead. This trend is due to two phenomena that can severely affect their profit margin: overshadowing and compromising behavior.

The first problem arises when a celebrity is so popular that their fame distracts potential customers from the product that is actually being advertised. For example, many beverage companies hire singers to promote their drinks. However, many companies have come to realize that their sales do not increase enough to justify paying the celebrity. In addition, the singers often see sales of their music increase.

An even more serious situation can arise when a celebrity endorses a product, but their own actions outside of the advertising campaign compromise public perception of the product. Sometimes celebrities publically endorse a product, but they then prove that they do not like or use the product themselves. For example, an athlete may endorse a shoe company, but when he is playing in a game, he wears a different brand of shoes. This is embarrassing to the company, and it reduces people's confidence in their product. Even worse, a celebrity may become involved in an unrelated incident that results in legal problems. This reduces the public's opinion of the celebrity, and it can transfer to the products they endorse.

노트 정리

주제 **a common ad method: hiring a celebrity** 흔한 광고 방법: 유명인 고용하기

problem 1: overshadowing 문제 1: 뒤덮기
- a celebrity's fame distracts customers 유명인의 명성이 소비자들의 주의를 빼앗음
- ex: beverage companies hire singers → sales do not increase/sales of singers' music increase 예시: 음료 회사가 가수를 고용 → 매출 오르지 않음/가수의 음반 매출 상승

problem 2: compromising behavior 문제 2: 위태로운 행동
- a celebrity's own action → compromise public perception
  유명인의 행동 → 대중의 인식을 위태롭게 만듦
- ex: an athlete wearing different brand shoes 예시: 다른 브랜드 신발을 신는 운동선수
  a celebrity involved in serious incident 심각한 사건에 연루된 유명인

Integrated Task Q4

>> 다음 강의를 듣고 먼저 아래에 노트 정리를 한 후, 주어진 질문에 답해 보시오.

01

문제 듣기
🎧 Q4_03

예시 답변
🎧 Q4_04

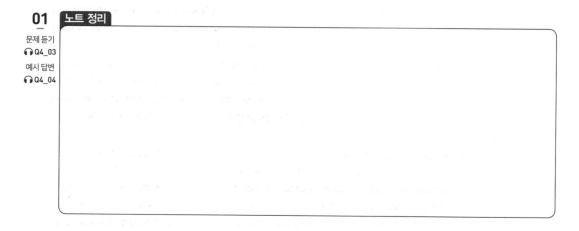

▶ **Question 1: What is the main idea of the lecture?**

▶ **Question 2: What example(s) does the professor give?**

02

문제 듣기
🎧 Q4_05

예시 답변
🎧 Q4_06

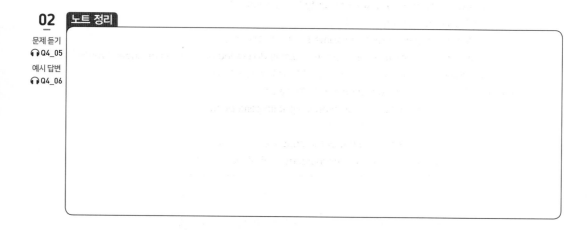

▶ **Question 1: What is the main idea of the lecture?**

▶ **Question 2: What example(s) does the professor give?**

03 노트 정리

문제 듣기
🎧 Q4_07

예시 답변
🎧 Q4_08

▶ Question 1: What is the main idea of the lecture?

▶ Question 2: What type of advertising does the professor mention?

04 노트 정리

문제 듣기
🎧 Q4_09

예시 답변
🎧 Q4_10

▶ Question 1: What is the main idea of the lecture?

▶ Question 2: What are the two ways of satisfying id through reality principle?

Integrated Task

Q4

05

문제 듣기
🎧 Q4_11
예시 답변
🎧 Q4_12

▶ **Question 1: What is the main idea of the lecture?**

▶ **Question 2: What are the two adaptations of wood storks?**

06

문제 듣기
🎧 Q4_13
예시 답변
🎧 Q4_14

▶ **Question 1: What is the main idea of the lecture?**

▶ **Question 2: What are the two things that companies focus on to sell their products?**

07

노트 정리

문제 듣기
🎧 Q4_15

예시 답변
🎧 Q4_16

▶ Question 1: What is the main idea of the lecture?

▶ Question 2: What are the two adaptations that insects in the Arctic area show?

08

노트 정리

문제 듣기
🎧 Q4_17

예시 답변
🎧 Q4_18

▶ Question 1: What is the main idea of the lecture?

▶ Question 2: What are the two ways that a bird sets a status within a group?

Integrated Task

Q4

03 정리해서 말하기

문제 듣기

예시 답변

말하기 전략

이제 듣기의 내용을 정리한 뒤 말하는 연습을 해 보자.

◎ 1. 듣기

강의에서 들리는 모든 것을 필기하려 하면 더 중요한 사항을 놓치게 된다. 핵심적인 사항을 파악하여 키워드 위주로 노트 필기를 하자.

◎ 2. 듣기 정리해서 말하기

질문은 보통 강의 내용의 예시를 사용해 설명하라고 지시한다. 20초의 준비 시간 동안에는 노트 필기의 키워드를 바탕으로 말할 내용의 구성과 순서를 정리한 후, 강의의 주제를 먼저 말하면서 시작한다. 마지막에 시간이 남는 경우 강의 주제를 다시 한 번 요약해주면 좀 더 논리 정연한 인상을 줄 수 있다.

- 강의의 주제 제시

In the lecture, the professor talks about a common advertising method: hiring a celebrity to endorse a company's product.

강의에서 교수는 흔한 광고 방법에 대해 이야기하는데 그것은 기업의 제품을 홍보하기 위해 유명인을 고용하는 것이다.

- 주요 사항 1 요약

However, having celebrities promote a company's product can sometimes backfire for the following two reasons. The first one is overshadowing.

그러나 유명인으로 하여금 기업의 제품을 홍보하게 하는 것은 때때로 다음의 두 가지 이유로 인해 역효과를 낳을 수 있다. 첫 번째는 뒤덮기다.

- 주요 사항 1 예시 요약

An example of overshadowing is when a beverage company hires a singer to promote their drink. After some time, the company finds out that their sales did not increase much, but the singer's music sales did. This is called overshadowing.

뒤덮기의 한 예는 음료 생산 기업이 자사의 음료를 홍보하기 위해 가수를 고용하는 경우다. 얼마간의 시간이 지난 후, 기업은 매출이 그다지 증가하지 않았지만, 그 가수의 음반 매출은 증가했음을 알게 된다. 이것을 뒤덮기라고 부른다.

- 주요 사항 2 요약

The second problem is compromising behavior by a celebrity.

두 번째 문제는 유명인의 위태로운 행동이다.

- 주요 사항 2 예시 요약

For instance, when an athlete does not wear the company's shoes that he has been promoting, people will lose confidence in the shoes. Also, a celebrity could do something that results in legal problems. This can seriously harm the company's image, so the company severs its ties with the celebrity after the incident.

예를 들면, 어떤 운동선수가 자신이 홍보하는 기업의 신발을 신지 않을 때, 사람들은 그 신발에 대한 신뢰를 잃을 것이다. 또한 유명인이 법적인 문제로 귀결될 수 있는 어떤 일을 할 수도 있다. 이것은 기업의 이미지를 심각하게 손상할 수 있기 때문에, 기업은 그 사건 이후 그 유명인과의 관계를 끊는다.

Integrated Task

Q4

>> 다음 대화를 들으며 노트 정리를 완성해 보시오.

01

문제 듣기
🎧 Q4_19

노트 정리

주제	cultural diffusion: adopt new culture → spread
예시	1. paper
	-
	2. acupuncture
	-

02

문제 듣기
🎧 Q4_20

노트 정리

주제	benefits of trees in cities
예시	1. absorb pollutants
	-
	2.
	-

03 노트 정리

문제 듣기
🎧 Q4_21

주제 purchasing a product → what influences the decision?

예시 1.

      -

    2.

      -

      -

04 노트 정리

문제 듣기
🎧 Q4_22

주제 tool use of animals

예시 1.

      -

    2.

      -

Integrated Task

Q4

>> 다음 대화를 들으며 노트 정리를 한 후, 주어진 질문에 답해 보시오.

01

문제 듣기
🎧 Q4_23

예시 답변
🎧 Q4_24

노트 정리

주제	emotional attachment

예시   experiment w. monkeys

　　　2 mothers:

　　　= conclusion:

TOEFL Speaking

Question 4 of 4

Using points and examples from the lecture, explain how warm touch is related to creating parent-child bonds based on the experiment.

PREPARATION TIME
00 : 00 : 20

RESPONSE TIME
00 : 00 : 60

말하기 정리

주제　The lecture deals with emotional attachment as illustrated by an experiment that was conducted using monkeys.

예시　Two groups of baby monkeys were

According to the professor, this shows that

Integrated Task

Q4

02
––
문제 듣기
🎧 Q4_25
예시 답변
🎧 Q4_26

TOEFL Speaking

Question 4 of 4

노트 정리

주제	babies' intellectual abilities

예시 show a doll → place a screen to hide it

show another doll →

baby expects 2 dolls →

= conclusion:

Using an experiment given in the lecture, explain how babies show their basic intellectual abilities.

PREPARATION TIME
00 : 00 : 20

RESPONSE TIME
00 : 00 : 60

말하기 정리

주제 The lecture is mainly about the intellectual abilities of babies. The professor explains this by giving one experiment as an example.

예시 In the experiment,

After the screen was removed,

Integrated Task

Q4

03

문제 듣기
🎧 Q4_27

예시 답변
🎧 Q4_28

TOEFL Speaking

Question 4 of 4

노트 정리

주제   animal adaptation:

예시   1. special layer of cells

   -

   2. pupil → vertical

   -

Using points and examples from the lecture, describe two special adaptations that foxes' eyes have.

PREPARATION TIME
00 : 00 : 20

RESPONSE TIME
00 : 00 : 60

말하기 정리

주제   Many species have developed adaptations that allow them to

예시   First, a special layer of cells

However, during daytime,

Integrated Task   Q4

04

문제 듣기
🎧 Q4_29

예시 답변
🎧 Q4_30

TOEFL Speaking

Question 4 of 4

VOLUME 🔊

노트 정리

주제

예시   1. materials

-

2. techniques

-

Using points and examples from the lecture, describe how tall buildings today are different from those built in the past.

PREPARATION TIME
00 : 00 : 20

RESPONSE TIME
00 : 00 : 60

말하기 정리

주제 The professor explains

예시

문제 듣기

예시 답변

01

문제 듣기
🎧 Q4_31

예시 답변
🎧 Q4_32

TOEFL Speaking

Question 4 of 4

VOLUME

TOEFL Speaking

Question 4 of 4

VOLUME

Using points and examples from the lecture, describe two ways of behavior modifications in children.

PREPARATION TIME
00 : 00 : 20

RESPONSE TIME
00 : 00 : 60

노트 정리

Q4
Integrated Task

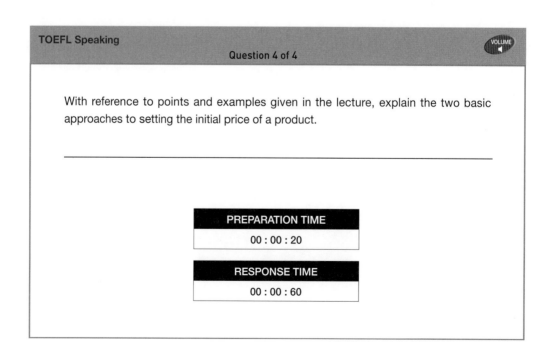

Q4
Integrated Task

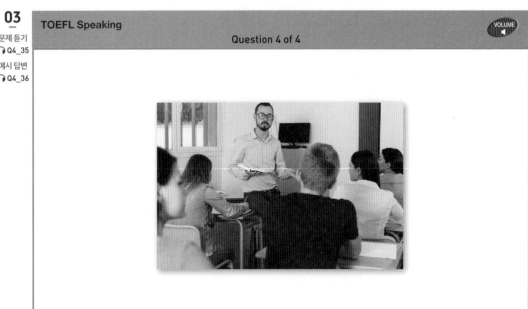

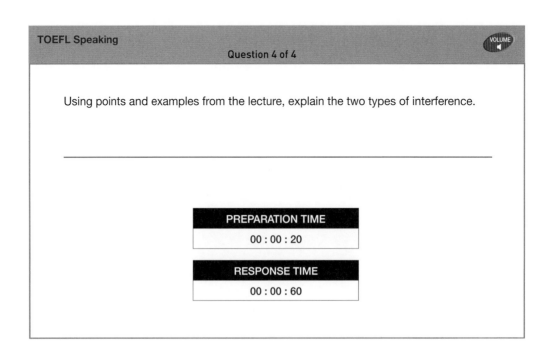

Using points and examples from the lecture, explain the two types of interference.

Q4
Integrated Task

Actual Test

Actual Test 1

Actual Test 2

Actual Test 1

문제 듣기   예시 답변

Speaking Section Directions

In this section of the test, you will be able to demonstrate your ability to speak about a variety of topics. You will answer four questions by speaking into the microphone. Answer each of the questions as completely as possible.

In question one, you will speak about your personal opinion and preference. Your response will be scored on your ability to speak clearly and coherently about the topic.

In questions two and three, you will first read a short text. The text will go away and you will then hear a talk on the same topic. You will then be asked a question about what you read and heard. You will need to combine appropriate information from the text and the talk to provide a complete answer to the question. Your response will be scored on your ability to speak clearly and coherently and to accurately convey information about what you read and heard.

In question four, you will hear part of a lecture. You will then be asked a question about what you heard. Your response will be scored on your ability to speak clearly and coherently and to accurately convey information about what you heard.

You may take notes while you read and listen to the conversation and lectures. You may use your notes to help prepare your response.

Listen carefully to the directions for each question. The directions will not be written on the screen.

For each question, you will be given a short time to prepare your response. A clock will show how much preparation time is remaining. When the preparation time is up, you will be told to begin your response. A clock will show how much response time is remaining. A message will appear on the screen when the response time has ended.

TOEFL Speaking

Question 1 of 4

If you have a question about an assignment that a professor has given you, would you prefer to speak to the professor via e-mail or in person? Explain.

PREPARATION TIME
00 : 00 : 15

RESPONSE TIME
00 : 00 : 45

Actual Test 1

TOEFL Speaking

VOLUME

Question 2 of 4

Reading Time: 45 seconds

Closing Poetry Writing Courses

Beginning in the fall semester, Regis University will no longer offer poetry writing courses. This is due to the fact that registration numbers are consistently low, and the grading system is too subjective. This has led many students to dispute the scores that they have received in the courses. Students who still wish to take poetry writing classes may take them at Foothills Art Institute. The credits for those classes will be fully transferable and count towards your overall degree.

TOEFL Speaking

VOLUME

Question 2 of 4

TOEFL Speaking

VOLUME

Question 2 of 4

The woman expresses her opinion about the removal of poetry writing courses. State her opinion and explain the reasons she gives for holding that opinion.

PREPARATION TIME
00 : 00 : 30

RESPONSE TIME
00 : 00 : 60

TOEFL Speaking

Question 3 of 4

Reading Time: 50 seconds

Plant Communication

In the early 1980s, research showed that various trees might communicate with each other. When insects feed upon trees, they begin producing chemicals to deter them. The scientists observed that trees in the vicinity that were not infested also began to produce the same compounds. They thought that the plants were communicating that they were under attack, which was unprecedented for organisms that lack central nervous systems and are not in physical contact with each other. Their findings met immediate scrutiny and were discounted by much of the scientific community. However, recent research has provided data that supports their assertions.

TOEFL Speaking

Question 3 of 4

TOEFL Speaking

Question 3 of 4

The professor explains how plants communicate with each other by giving some examples. Explain how the examples demonstrate the topic in the reading passage.

PREPARATION TIME
00 : 00 : 30

RESPONSE TIME
00 : 00 : 60

Actual Test 1

TOEFL Speaking

Question 4 of 4

TOEFL Speaking

Question 4 of 4

Using points and examples from the lecture, describe how deer and honeybees practice
social cooperation in their feeding habits.

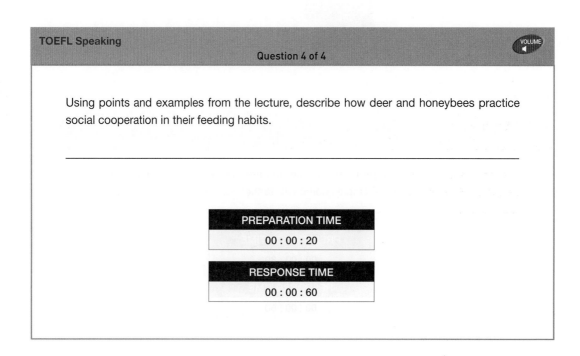

PAGODA TOEFL 80+ Speaking

Actual Test 2

문제 듣기   예시 답변

Speaking Section Directions

In this section of the test, you will be able to demonstrate your ability to speak about a variety of topics. You will answer four questions by speaking into the microphone. Answer each of the questions as completely as possible.

In question one, you will speak about your personal opinion and preference. Your response will be scored on your ability to speak clearly and coherently about the topic.

In questions two and three, you will first read a short text. The text will go away and you will then hear a talk on the same topic. You will then be asked a question about what you read and heard. You will need to combine appropriate information from the text and the talk to provide a complete answer to the question. Your response will be scored on your ability to speak clearly and coherently and to accurately convey information about what you read and heard.

In question four, you will hear part of a lecture. You will then be asked a question about what you heard. Your response will be scored on your ability to speak clearly and coherently and to accurately convey information about what you heard.

You may take notes while you read and listen to the conversation and lectures. You may use your notes to help prepare your response.

Listen carefully to the directions for each question. The directions will not be written on the screen.

For each question, you will be given a short time to prepare your response. A clock will show how much preparation time is remaining. When the preparation time is up, you will be told to begin your response. A clock will show how much response time is remaining. A message will appear on the screen when the response time has ended.

TOEFL Speaking

VOLUME

Question 1 of 4

When traveling, many people like to keep a record of their voyage. Others prefer to engage in activities rather than using their time to document the trip. Which do you prefer and why?

PREPARATION TIME

00 : 00 : 15

RESPONSE TIME

00 : 00 : 45

Actual Test 2

TOEFL Speaking

Question 2 of 4

VOLUME

Reading Time: 45 seconds

Greetings students,

As I informed you earlier, I will go to a conference next week, so I will be unable to teach your class. Instead, two of my colleagues have agreed to be guest instructors in my absence. Both are biology professors and active field researchers that spent last summer observing wildlife in two very different climates. You will be able to learn new information from their actual experiences, which should be a nice change of pace from your normal course material. I hope that you enjoy their visits and that you take advantage of this rare opportunity to ask questions of active field researchers.

Sincerely,

Professor Lee

TOEFL Speaking

Question 2 of 4

VOLUME

TOEFL Speaking

Question 2 of 4

VOLUME

The woman expresses her opinion about the change in one of her school classes. State her opinion and explain the reasons she gives for that opinion.

PREPARATION TIME
00 : 00 : 30

RESPONSE TIME
00 : 00 : 60

TOEFL Speaking

Question 3 of 4

Reading Time: 50 seconds

Convergent Evolution

Organisms evolve in response to pressures from their environment, and this often results in unique characteristics. However, some adaptations are so useful that unrelated species in different parts of the world develop them in a process called convergent evolution. A prime example of this is flight, an ability which birds, insects, and mammals all have. These animals are unrelated, and they did not learn to fly from one another. They have developed similar body parts that serve the same purpose. The wings of birds, insects, and bats look radically different, but they have evolved to have the same function.

TOEFL Speaking

Question 3 of 4

TOEFL Speaking

Question 3 of 4

The professor explains convergent evolution by giving examples of aardvarks and echidnas. Explain how they demonstrate the topic in the reading passage.

PREPARATION TIME
00 : 00 : 30

RESPONSE TIME
00 : 00 : 60

TOEFL Speaking

Question 4 of 4

VOLUME

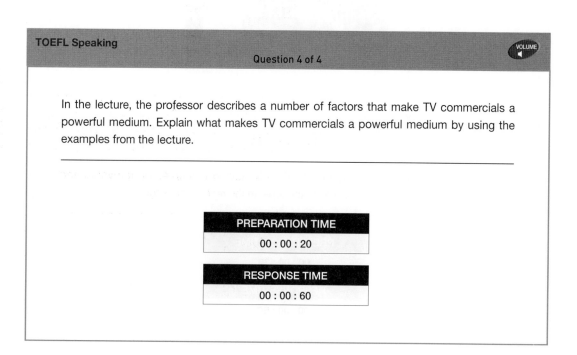

TOEFL Speaking

Question 4 of 4

In the lecture, the professor describes a number of factors that make TV commercials a powerful medium. Explain what makes TV commercials a powerful medium by using the examples from the lecture.

PREPARATION TIME
00 : 00 : 20

RESPONSE TIME
00 : 00 : 60

PAGODA TOEFL 80+ Speaking

PAGODA TOEFL 80+ Speaking

PAGODA TOEFL 80+ Speaking

PAGODA TOEFL 80+ Speaking

PAGODA TOEFL

3rd Edition

파고다교육그룹 언어교육연구소 l 저

80+ Speaking

해설서

PAGODA Books

PAGODA TOEFL

3rd Edition

80+ Speaking

해설서

파고다교육그룹 언어교육연구소 l 저

PAGODA Books

Question 1

Do you agree or disagree with the following statement? It is more difficult to eat healthy food today than it was 50 years ago. Please include specific details in your explanation.

당신은 다음 진술에 동의하는가 아니면 동의하지 않는가? 오늘날 건강한 식품을 먹는 것은 50년 전보다 더 어렵다. 설명에 구체적인 세부 사항을 포함하시오.

예시 답변

I disagree with the idea that it is more difficult to eat healthy food today than it was 50 years ago. I have two reasons to support my opinion. First, more and more people are looking for organic food and are careful about their health. To meet this demand, farmers produce more organic food ingredients, and those are easier to see in markets these days. Secondly, the rapid development of science, medicine, and technology has revealed many valuable facts regarding food. With this information, we can search for what is good for us and eat it. For these reasons, I disagree with the given statement.

나는 오늘날 건강한 식품을 먹는 것이 50년 전보다 더 어렵다는 생각에 동의하지 않는다. 내 의견을 뒷받침할 두 가지 이유가 있다. 첫째, 점점 더 많은 사람들이 유기농 식품을 찾고 있고 건강에 신경을 쓴다. 이러한 수요에 부응하기 위해 농부들은 더 많은 유기농 식품 재료들을 생산하고, 오늘날 그러한 것들을 시장에서 더 쉽게 볼 수 있다. 둘째, 과학, 의학, 그리고 기술의 빠른 발전은 식품에 관해 많은 귀중한 사실을 밝혀냈다. 이 정보를 가지고 우리는 우리에게 좋은 것이 무엇인지 찾을 수 있고 섭취할 수 있다. 이러한 이유들로 인해 나는 주어진 진술에 동의하지 않는다.

어휘 organic food 유기농 식품 I demand **n** 수요, 요구 I ingredient **n** 재료 I valuable **adj** 귀중한 I regarding **prep** ~에 관하여

Question 2

The university has applied a new campus library policy. Read the letter in the campus newspaper about the new policy. You will have 45 seconds to read. Begin reading now.

대학교는 새로운 교내 도서관 정책을 시행했다. 대학 신문에 실린 새로운 정책에 대한 편지를 읽으시오. 읽는 데 45초가 주어진다. 이제 읽기 시작하시오.

읽기 지문&해석

The university banned cellular phones in the campus library at the beginning of this semester to provide a better atmosphere for studying. I believe that this has had some unforeseen repercussions. Firstly, there is increased competition for the computers there. Students need those computers to locate books in the library, but most people are using them to access the Internet. If students could use their smartphones in the library, this would be less of a problem. In addition, many students miss important calls from their classmates, family members, and employers, which can cause serious problems.

- Michio Wada

학교가 더 나은 면학 분위기를 제공하기 위해 이번 학기 초에 교내 도서관에서 휴대전화를 금지하였습니다. 저는 이것이 예치기 못한 영향을 미쳤다고 생각합니다. 첫째, 도서관에 있는 컴퓨터에 대한 경쟁이 증가했습니다. 학생들은 도서관에 있는 책을 찾기 위해 컴퓨터를 필요로 하는데, 대부분의 사람들은 인터넷 접속을 위해 컴퓨터를 사용하고 있습니다. 만약 학생들이 도서관에서 스마트폰을 사용할 수 있다면, 이러한 문제는 더 적어질 것입니다. 게다가 많은 학생들은 친구들, 가족들, 그리고 고용주들에게서 오는 중요한 전화를 놓치는데, 이것은 심각한 문제를 야기할 수 있습니다.

– 미치오 와다

어휘 ban **v** 금지하다 I unforeseen **adj** 예측하지 못한 I repercussion **n** 영향 I locate **v** 위치를 찾아내다 I employer **n** 고용주

Now listen to two students as they discuss the letter and the new library policy.

이제 편지와 새로운 도서관 정책에 대해 논의하는 두 학생의 대화를 들으시오.

Ⓜ Did you see this letter in the campus newspaper about the library?

Ⓦ I don't know. Let me see it… oh, yes, that one. I read it.

Ⓜ What do you think? I think that Michio makes some very good points.

Ⓦ I can see the logic behind what he said, but I don't agree.

Ⓜ Really? Why not?

Ⓦ Well, I can see how the use of library computers has increased since people cannot even use smartphones in the library. But I don't think that relaxing the rule is the correct solution. Every dormitory and hall and the university center has computer labs in them where people can use computers to access the Internet.

Ⓜ That is true. I just came from the one in Michener Hall. Although, it was pretty busy in there, too.

Ⓦ That is unavoidable. So, I think it would be easier just to block the Internet on the library computers. Only allow them to access academic websites, and fewer people will want to use them.

Ⓜ Okay, but what about missing calls?

Ⓦ If they are expecting an important call, they can call them back outside. If it is really important, I am sure the person who is calling them will understand.

Ⓜ I guess, but couldn't people just talk quietly in the library? People have conversations when they do research or study together there.

Ⓦ Sure, they could. But, what if the person on the other end of the line is in a noisy location? Then they would have to talk loudly to be heard by them. It is just easier to ban them completely.

Ⓜ I think you're right.

Ⓗ 대학 신문에 실린 도서관에 관한 이 편지 봤어?

Ⓘ 몰라. 어디 보자… 아, 그래, 그거. 읽었어.

Ⓗ 넌 어떻게 생각해? 내 생각에는 미치오가 몇 가지 요점을 잘 지적한 것 같아.

Ⓘ 그 사람이 말하는 것의 논리는 이해할 수 있지만, 난 동의하지 않아.

Ⓗ 정말? 왜 동의하지 않는데?

Ⓘ 음. 사람들이 도서관에서 스마트폰조차 쓸 수가 없어서 도서관 컴퓨터 사용이 증가한 건 나도 알겠어. 하지만 그 규칙을 완화하는 것이 옳은 해결책이라고는 생각하지 않아. 모든 기숙사와 홀, 그리고 대학 센터에는 사람들이 컴퓨터를 사용하여 인터넷에 접속할 수 있는 컴퓨터실이 있어.

Ⓗ 그건 맞아. 난 지금 막 미치너홀에 있는 컴퓨터실에서 오는 길이야. 그렇지만 그곳도 사람들이 꽤 많았어.

Ⓘ 그건 어쩔 수 없어. 그래서 나는 도서관 컴퓨터에서 그냥 인터넷을 막는 것이 더 쉬울 거라고 생각해. 학술 웹사이트에 대한 접속만 허용하면, 더 적은 수의 사람들이 컴퓨터를 사용하려 할 거야.

Ⓗ 좋아. 하지만 부재중 전화는 어쩌지?

Ⓘ 만약 중요한 전화를 기다리고 있으면, 밖에서 다시 걸면 되지. 정말로 중요하다면, 전화를 거는 사람도 이해할 거라고 확신해.

Ⓗ 그럴 테지. 하지만 사람들이 도서관에서 그냥 조용히 이야기할 수는 없을까? 도서관에서 자료 조사를 하거나 같이 공부를 할 때 사람들은 대화를 하잖아.

Ⓘ 물론. 그럴 수 있지. 하지만 만약 통화하는 상대방이 시끄러운 장소에 있으면 어떻게 하지? 그러면 그 사람에게 들리게 하기 위해서는 크게 이야기를 해야 해. 그냥 완전히 금지하는 것이 더 쉬워.

Ⓗ 네 말이 옳은 것 같아.

어휘 make good points 요점을 잘 잡다 I relax Ⓥ (법·규칙 등을) 완화하다 I unavoidable ⓐⓓⓙ 피할 수 없는

Now get ready to answer the question.

The woman expresses her opinion about the new library policy. State her opinion and explain the reasons she gives for holding that opinion.

이제 질문에 답하시오.

여자는 새로운 도서관 정책에 대한 자신의 의견을 표현하고 있다. 그녀의 의견에 대해 서술하고 그렇게 생각하는 이유가 무엇인지 설명하시오.

예시 답변

The letter in the campus newspaper states that the university is banning cellular phones in the campus library to provide a better atmosphere for studying. The woman agrees with this new policy. First, she thinks that there are many places around campus where students can use computers to access the Internet instead of using their mobile phones. Secondly,

대학 신문에 실린 편지는 학교가 더 나은 면학 분위기를 제공하기 위해 교내 도서관에서 휴대전화를 금지한다고 말한다. 여자는 이러한 새로운 정책에 동의한다. 첫째, 그녀는 학생들이 휴대전화를 사용하는 대신 인터넷에 접속하기 위해 컴퓨터를 사용할 수 있는 장소가 교내에 많이 있다고 생각한다. 둘째, 만약 학생

if students are expecting an important call, they can call them back outside, where they will not be bothering other students. No matter how quietly people answer their calls, if the person on the other end of the line is in a noisy location, the conversation will eventually get louder.

들이 중요한 전화를 기다린다면, 다른 학생들을 방해하지 않는 바깥에서 전화를 다시 걸 수도 있다. 아무리 조용히 전화를 받는다고 해도, 통화하는 상대방이 시끄러운 장소에 있으면 결과적으로 대화 소리가 더 커질 것이다.

Question 3

Now read the passage about the carrying capacity of habitats. You will have 45 seconds to read the passage. Begin reading now.

이제 서식지의 수용력에 관한 지문을 읽으시오. 지문을 읽는 데 45초가 주어진다. 이제 읽기 시작하시오.

읽기 지문&해석

Habitat's Carrying Capacity

In any given habitat, there are only a certain number of animals that can be supported indefinitely. This is called the habitat's carrying capacity for that organism. Normally, the population of an animal species fluctuates mildly without upsetting the balance, and it will not increase or decrease significantly over time. However, if the balance is disturbed, the population will fall drastically. This is usually due to outside factors, but some species simply reproduce too quickly. Due to such overpopulation, they consume too much of their available food source, which leads to a population crash. Sometimes this becomes a repeating cycle.

서식지의 수용력

주어진 어떤 서식지에서든, 무기한으로 서식 가능한 동물의 숫자는 정해져 있다. 이것을 그 생물체에 대한 서식지의 수용력이라고 한다. 보통, 어떤 동물 종의 개체 수는 그 균형을 깨지 않고 약간 변동하며, 시간이 흘러도 크게 증가하거나 감소하지 않는다. 그러나 만약 그 균형이 깨지면, 개체 수는 급격하게 감소할 것이다. 이는 보통 외부 요인들에 의한 것이지만, 어떤 종들은 단순히 너무 빨리 번식한다. 그러한 개체 수 과잉으로 인해, 그들은 이용 가능한 식량원을 너무 많이 소비하고, 그것은 개체군 파괴로 이어진다. 때로 이것은 반복되는 주기가 된다.

어휘　habitat ⓝ 서식지 | capacity ⓝ 용량, 수용력 | indefinitely adv 무기한으로 | fluctuate ⓥ 변동하다 | drastically adv 급격하게 | reproduce ⓥ 번식하다 | overpopulation ⓝ 개체수 과잉 | population crash 개체군 파괴

Now listen to part of a lecture in a biology class.

이제 생물학 강의의 일부를 들으시오.

듣기 지문&해석

W　Yesterday, we were talking about the carrying capacity of habitats. Some species cause their own population crashes due to overpopulation and overconsumption. One species that typifies this pattern is the cinnabar moth. The cinnabar moth has very few natural predators in its native forest habitat because it is poisonous. You see these bright red markings on the moth's black wings? Those markings signify that the moth is dangerous to eat. You see, as caterpillars, these insects feed on a plant called ragwort. This plant produces toxins that the caterpillars take into their bodies, making them poisonous. So, the only thing that limits their population is their habitat's carrying capacity. One year, there was less rain than usual, so there were fewer ragwort plants for them to eat. With fewer plants to eat, many caterpillars died before they became adults. This meant that only a few moths could mate and lay eggs, which led to a population crash. Then, the rainfall

M　어제 우리는 서식지의 수용력에 대해 이야기했습니다. 어떤 종들은 개체 수 과잉과 소비 과잉으로 인해 스스로의 개체군 파괴를 야기합니다. 이러한 패턴을 보이는 전형적인 종이 바로 진홍나방(cinnabar moth)입니다. 진홍나방은 독을 갖고 있기 때문에 이들이 자생하는 숲 서식지에는 천적이 아주 적습니다. 나방의 검은 날개에 있는 이 밝은 붉은색 무늬가 보이죠? 이 무늬들은 이 나방은 먹으면 위험하다는 뜻입니다. 보시다시피, 유충일 때 이 곤충은 금방망이(ragwort)라는 식물을 섭취합니다. 이 식물은 독소를 만들어내고, 유충은 이 화학 물질을 체내로 흡수하여 독성을 띄게 되죠. 그래서 이들의 개체 수를 제한하는 유일한 것은 서식지의 수용력입니다. 어떤 해에는 평소보다 비가 더 적어서 유충들이 먹을 금방망이가 더 적었습니다. 먹을 식물이 더 적었기 때문에 많은 수의 유충이 성충이 되기 전에 죽었습니

returned to normal levels the following year, so the ragwort plant population quickly returned to its former size. Since there were many plants, the surviving cinnabar moth caterpillars had plenty of food. And within just a few years, their population had once again reached its former size. This process often repeats with cinnabar moths.

다. 이 말은 소수의 나방들만 짝짓기를 하고 알을 낳을 수 있었다는 뜻이고, 이는 개체군 파괴로 이어졌습니다. 그 후, 다음 해에 강우량은 평소 수준으로 돌아왔고, 금방망이 식물 개체 수도 예전 수준으로 빠르게 돌아왔습니다. 식물이 많았기에 생존한 진홍나방 유충들에게는 먹이가 충분했죠. 그리고 이후 몇 년 내로 이들의 개체 수는 다시 한 번 이전 크기에 도달했습니다. 진홍나방의 경우 이 과정이 자주 반복됩니다.

어휘 typify ⓥ 전형적이다 | natural predator 천적

Now get ready to answer the question.

이제 질문에 답하시오.

The professor explains what a habitat's carrying capacity is by giving an example of the cinnabar moth. Explain how this example demonstrates the topic.

교수는 진홍나방의 예를 들어 서식지의 수용력이 무엇인지 설명하고 있다. 이 예가 주제를 어떻게 입증하는지 설명하시오.

예시 답변

The reading passage explains what a habitat's carrying capacity is. The carrying capacity of a habitat is the number of organisms that it can support. To illustrate this concept more clearly, the professor gives the example of the cinnabar moth. The moth feeds on a plant called ragwort, which makes the moth toxic. Since it is poisonous, the only factor that limits its population is carrying capacity. Sometimes there are fewer ragwort plants for the caterpillars to eat, which leads to a population crash of moth. Then, when the plant population returns to normal, the large supply of food allows many larvae to survive. Then the cycle repeats itself.

읽기 지문은 서식지의 수용력이 무엇인지 설명한다. 서식지의 수용력은 서식지가 지탱할 수 있는 생물의 숫자이다. 이 개념을 더 명확히 설명하기 위해 교수는 진홍나방을 예로 든다. 이 나방은 금방망이라는 식물을 먹으며 이는 나방이 독성을 갖게 한다. 독성을 가졌으므로 나방의 개체 수를 제한하는 것은 수용력뿐이다. 때로는 애벌레가 먹을 금방망이가 더 적어서 나방 개체군 파괴로 이어진다. 그 뒤 그 식물의 개체 수가 정상으로 돌아오면, 많은 먹이 공급이 많은 유충들이 생존하게 해준다. 그리고 이 주기는 되풀이된다.

Question 4

Now listen to part of a lecture in a business class.

이제 경영학 강의의 일부를 들으시오.

듣기 지문&해석

Ⓜ When companies wish to capture the public's attention, they have many advertising options available to them. One of the most common methods is to hire a celebrity to endorse their products. This type of advertising can take on many forms, but it usually ranges from providing a voice-over for a commercial or appearing on screen in a commercial to even creating a product line with the celebrity's name on it. However, many companies have recently severed endorsement contracts with celebrities and chosen to focus on their products' selling points instead. This trend is due to two phenomena that can severely affect their profit margin: overshadowing and compromising behavior.

The first problem arises when a celebrity is so popular that

기업들이 대중의 관심을 얻기 원할 때, 그들에게는 이용 가능한 많은 광고 옵션들이 있습니다. 가장 흔한 방법 중의 하나는 유명인을 고용하여 자사 제품을 홍보하는 것입니다. 이러한 종류의 광고는 다양한 형태를 띨 수 있지만, 그 범위는 보통 광고에서 모습은 나타내지 않고 목소리만으로 설명을 제공하거나 광고에서 화면에 모습을 나타내는 것에서부터 유명인의 이름을 가지고 제품 라인을 만들어내는 것까지 다양합니다. 그러나 많은 기업들은 최근 유명인들과의 홍보 계약을 해지하고 대신 자사 제품이 지닌 장점에 초점을 맞추는 것을 선택하였습니다. 이러한 경향은 기업의 이익에 심각한 영향을 미칠 수 있는 두 가지 현상에서 비롯된 것인데, 뒤덮기와 위태로운

their fame distracts potential customers from the product that is actually being advertised. For example, many beverage companies hire singers to promote their drinks. The commercials that they produce are essentially music videos using one of the singer's songs with prominent placement of their product. Ideally, such a commercial would increase their sales due to the celebrity's popularity. However, many companies have come to realize that their sales do not increase enough to justify paying the celebrity. In addition, the singers often see sales of their music increase. The singer effectively overshadows the product, and the company benefits very little from an expensive advertising campaign.

An even more serious situation can arise when a celebrity endorses a product, but their own actions outside of the advertising campaign compromise public perception of the product. Sometimes celebrities publically endorse a product, but they then prove that they do not like or use the product themselves. For example, an athlete may endorse a shoe company, but when he is playing in a game, he wears a different brand of shoes. This is embarrassing to the company, and it reduces people's confidence in their product. Even worse, a celebrity may become involved in an unrelated incident that results in legal problems. This reduces the public's opinion of the celebrity, and it can transfer to the products they endorse. In such a situation, the company is regarded as guilty by association. To prevent damage to its own reputation, the company will often publically sever its ties with the celebrity.

행동이 그것입니다.

첫 번째 문제는 어떤 유명인이 너무 인기가 많아서 그들의 명성이 실제 광고되고 있는 제품으로부터 잠재적인 소비자의 주의를 빼앗을 때 발생합니다. 예를 들면, 많은 음료 생산 기업들은 자사 음료를 홍보하기 위해 가수들을 고용합니다. 그들이 만드는 광고는 기본적으로 자사 제품을 눈에 잘 띄게 위치시키고 해당 가수의 노래 중 하나를 이용해서 만든 뮤직 비디오입니다. 이상적으로 말하면, 그러한 광고는 그 유명인의 인기로 인해 매출을 늘리게 되어 있습니다. 하지만 많은 기업들은 그 유명인에게 비용을 지불하는 것을 정당화할 만큼 충분히 매출이 증가하지 않는다는 것을 깨닫게 되었습니다. 게다가 가수들은 종종 자신들의 음반 매출이 증가하는 것을 보게 됩니다. 가수가 효과적으로 제품을 뒤덮어버려서, 기업은 비싼 광고 캠페인으로부터 거의 이득을 얻지 못합니다.

더욱 심각한 상황은 어떤 유명인이 제품을 홍보했지만 광고 캠페인 밖에서의 그들의 행동이 대중의 제품에 대한 인식을 위태롭게 할 때 생깁니다. 때때로 유명인들은 공개적으로 어떤 제품을 홍보하지만, 스스로 그 제품을 좋아하지 않거나 사용하지 않는 것을 보여줍니다. 예를 들면, 어떤 운동선수가 신발 회사를 홍보하는데, 정작 경기를 할 때는 다른 브랜드의 신발을 신습니다. 이것은 그 기업에게는 당혹스러운 일이며, 그 기업의 제품에 대한 사람들의 신뢰를 감소시킵니다. 더 나쁜 것은, 유명인이 법적인 문제로 귀결되는 기업과 관계 없는 사건에 연루될 수도 있습니다. 이것은 그 유명인에 대한 대중의 견해를 실추시키고, 그런 견해는 그 유명인이 홍보하는 제품으로 옮겨갈 수 있습니다. 그러한 경우에 기업은 연관이 있어서 유죄인 것으로 여겨집니다. 자사의 평판이 해를 입는 것을 막기 위해, 기업은 종종 공개적으로 그 유명인과의 연결을 끊습니다.

Now get ready to answer the question.

In the lecture, the professor describes the disadvantages of having a celebrity advertise a product. Explain what the disadvantages are by using the examples from the lecture.

이제 질문에 답하시오.

강의에서 교수는 유명인이 제품을 광고하게 하는 것의 단점들을 묘사하고 있다. 강의의 예들을 사용하여 그러한 단점들이 무엇인지 설명하시오.

예시 답변

In the lecture, the professor talks about a common advertising method: hiring a celebrity to endorse a company's product. However, having celebrities promote a company's product can sometimes backfire for the following two reasons.

강의에서 교수는 흔한 광고 방법에 대해 이야기하는데 그것은 기업의 제품을 홍보하기 위해 유명인을 고용하는 것이다. 그러나 유명인으로 하여금 기업의 제품을 홍보하게 하는 것은 때로 다음의 두 가지 이유

The first one is overshadowing. An example of overshadowing is when a beverage company hires a singer to promote their drink. After some time, the company finds out that their sales did not increase much, but the singer's music sales did. This is called overshadowing.

The second problem is compromising behavior by a celebrity. For instance, when an athlete does not wear the company's shoes that he has been promoting, people will lose confidence in the shoes. Also, a celebrity could do something that results in legal problems. This can seriously harm the company's image, so the company severs its ties with the celebrity after the incident.

로 인해 역효과를 낳을 수 있다.

첫 번째는 뒤덮기다. 뒤덮기의 한 예는 음료 생산 기업이 자사의 음료를 홍보하기 위해 가수를 고용하는 경우다. 얼마간의 시간이 지난 후, 기업은 매출이 그다지 증가하지 않았지만, 그 가수의 음반 매출은 증가했음을 알게 된다. 이것을 뒤덮기라고 부른다.

두 번째 문제는 유명인의 위태로운 행동이다. 예를 들면, 어떤 운동선수가 자신이 홍보하는 기업의 신발을 신지 않을 때, 사람들은 그 신발에 대한 신뢰를 잃을 것이다. 또한 유명인이 법적인 문제로 귀결될 수 있는 어떤 일을 할 수도 있다. 이것은 기업의 이미지를 심각하게 손상할 수 있기 때문에, 기업은 그 사건 이후 그 유명인과의 관계를 끊는다.

어휘   attention n 주의, 주목, 관심 | celebrity n 유명 인사 | endorse v 홍보하다 | range from *A* to *B* 범위가 A부터 B에 이르다 | voice-over n 보이스 오버 (화면에 나타나지 않는 인물이 들려주는 정보·해설) | commercial n (TV·라디오) 광고 | sever v 자르다, 끊다 | contract n 계약 | selling point (상품이 지닌) 장점 | severely adv 심하게 | profit margin 이윤, 수익 | overshadowing n 뒤덮기 | fame n 명성 | prominent adj 눈에 잘 띄는 | ideally adv 이상적으로, 이상적으로 말하면 | compromise v (특히 무분별한 행동으로) ~을 위태롭게 하다 | publically adv 공개적으로 | embarrassing adj 당혹스러운, 당황스러운 | confidence n 신뢰, 자신감 | association n 연계, 연관

I. Independent Task   Q1. 선택 말하기

Lesson 01 표현 익히기

Practice 1

본서 | P. 34

01. The old software ran very slowly whereas the new one seems to work at lightning speed.

02. I heard that the weather will be very different from today's weather.

03. Meanwhile, he decided to stop by a coffee shop while waiting for his friend to arrive.

04. I can still introduce him to you even though I don't know him as well as Bryan does.

05. Eventually, we decided to drop the project since we were short on materials.

06. In short, they need funding from the government to continue their research.

07. I could notice that he was sick since his face was unlike his usual one.

08. Despite having a difficult time, she tried to be patient with her new project.

09. After I ran into my old high school teacher, I thought the world is a small place after all.

10. In the meantime, we started to develop a new plan for the construction project.

11. Although it looks small, you will be able to see the kitchen area is in fact quite spacious.

12. At the bus station, I noticed that people waiting for the bus were dressed similarly.

13. After a 20-minute long pause, the match was able to begin at last.

14. The store clerk said that shops in the area do not accept credit cards unless otherwise noted.

15. However, it was announced that schools in the district will cancel classes for a snow day.

16. The meeting went on for an extra 30 minutes until both parties finally came to an agreement.

17. Since the road is currently under construction, everybody needs to make a detour.

18. I want to look at things on the positive side instead of just complaining about them.

Practice 2

본서 | P. 40

01. I don't mind going anywhere for my vacation as long as it is a quiet place.

02. Personally, I think the author's first book was more interesting than his most recent one.

03. I suppose I can spare some time to mow the lawn to help my parents.

04. I enjoy working out at the gym late at night because there is hardly anyone there.

05. I would rather choose a small bag than a big one since it is easy to carry around.

06. I'm more interested in astronomy since I liked watching stars when I was young.

07. After two weeks of practice, I was totally prepared for the public speech.

08. I agree with the idea partially because I have something better to suggest.

09. I prefer the second applicant because he is more experienced.

10. I like this house better than the first one because its backyard is much bigger.

11. I'm going to say I agree with the first statement because I grew up in a small city.

12. That is not necessarily true because enough evidence shows the result.

13. I need to know exactly when the performance starts to see if he is available.

14. What I mean is the company is going to spend more money on research and development.

Lesson 02 이유 제시하기

Practice

본서 | P. 43

01

Students at many high schools are required to take art classes like music or painting in addition to academic courses, while others are not. Which do you think is better and why? Give reasons and examples to support your opinion.

많은 고등학교에서 학생들이 필수적으로 학교 수업에 더해 음악이나 미술 같은 예능 수업을 들어야 하는 반면, 그렇지 않은 학생들도 있다. 어느 쪽이 더 낫다고 생각하며 그 이유는 무엇인가? 당신의 의견을 뒷받침할 수 있는 이유와 예시를 제시하시오.

노트 정리 예시

선택 should be required	필수가 되어야 함
이유 1. help them become creative thinkers	1. 창의적인 생각을 하는 사람이 되게 도와줌
예시·설명·근거	
- creativity is an essential skill	– 창의력은 필수적인 기술임
- can be applied to any subject	– 어떤 분야에도 적용될 수 있음
2. allow for self-expression	2. 자기 표현을 할 수 있게 해줌
예시·설명·근거	
- explore their mind	– 자신의 정신 세계를 탐구함
- gain self-esteem	– 자부심을 갖게 됨

어휘 require ⓥ 요구하다 | creative adj 창의성 있는 | creativity ⓝ 창의력 | essential adj 필수적인 | apply ⓥ 적용하다 | self-expression ⓝ 자기 표현 | explore ⓥ 탐구하다, 탐험하다 | self-esteem ⓝ 자부심, 자존감

02

Do you agree or disagree with the following statement? Video games can actually be beneficial to children. Please include specific examples in your explanation.

당신은 다음 진술에 동의하는가 아니면 동의하지 않는가? 비디오 게임은 사실 아이들에게 도움이 될 수 있다. 구체적인 예시를 포함해 설명하시오.

노트 정리 예시

선택 agree	동의함
이유 1. improve many skills 예시·설명·근거 - visual skill, problem solving, creativity - accomplish many different objectives	1. 여러 가지 기술을 향상시켜줌 – 시각적 기술, 문제 해결, 창의력 – 여러 가지 다른 목표들을 달성함
2. enjoy competition 예시·설명·근거 - world is a relay of competitions - experience winning and losing in games	2. 경쟁을 즐기게 해줌 – 세상은 경쟁의 연속 – 게임을 통해 이기고 지는 것을 경험함

어휘 beneficial adj 이익이 되는 | improve ⓥ 향상시키다 | visual adj 시각의 | problem solving 문제 해결 | creativity ⓝ 창의성, 창의력 | accomplish ⓥ 이루다, 성취하다 | objective ⓝ 목적, 목표 | competition ⓝ 경쟁 | relay ⓝ 릴레이

03

While attending university, some students only take classes that focus on the specific career path they have chosen, whereas others prefer to take a wide variety of courses that provide them with broader knowledge. Which do you think is better and why?

대학교를 다니는 동안, 어떤 학생들은 그들이 선택한 특정한 진로에 초점을 맞춘 강의만 수강하는 반면, 다른 학생들은 좀 더 폭넓은 지식을 제공하는 다양한 분야의 강의를 수강한다. 당신은 어느 쪽이 더 낫다고 생각하며 그 이유는 무엇인가?

노트 정리 예시

선택 wide variety of courses	다양한 분야의 강의
이유 1. people are not sure at first 예시·설명·근거 - chance to find out what they are passionate about	1. 처음엔 확신이 서지 않음 – 자기가 열정을 느끼는 분야를 찾아낼 기회
2. open up many opportunities 예시·설명·근거 - stay competitive → obtain knowledge in various fields - utilize many different skills	2. 많은 기회를 만들어 줌 – 경쟁력을 유지함 → 여러 분야에서 지식을 쌓음 – 여러 가지 다른 기술을 활용하게 됨

어휘 attend ⓥ (학교에) 다니다 | specific adj 특정한, 구체적인 | career path 진로 | variety ⓝ 다양함 | broad adj 폭넓은 | knowledge ⓝ 지식 | passionate adj 열정적인 | opportunity ⓝ 기회 | competitive adj 경쟁력 있는 | field ⓝ 분야 | utilize ⓥ 활용하다, 이용하다

04

Do you agree or disagree with the following statement? Students should gain some experience in a field before they can complete a degree in it.

당신은 다음 진술에 동의하는가 아니면 동의하지 않는가? 학생들은 한 분야에서 학위를 따기 전에 실제 현장에서 경험을 쌓아야 한다.

선택 agree	동의함
이유 1. better prepared in the workplace	1. 업무 현장에 대한 준비를 더 잘하게 됨
예시·설명·근거	
- already have experiences	– 이미 경험을 갖고 있음
- capable in dealing with different situations	– 다양한 상황에 대처할 수 있음
2. test whether to pursue the particular field	2. 특정 분야를 계속 밀고 나갈지 시험해볼 수 있음
예시·설명·근거	
- before it is too late	– 너무 늦기 전에
- save time and money → switch major	– 시간과 돈을 절약함 → 전공을 변경함

어휘 experience ⓝ 경험 | complete ⓥ 완수하다, 끝내다 | degree ⓝ 학위 | prepare ⓥ 준비하다 | situation ⓝ 상황 | pursue ⓥ 추구하다, 밀고 나가다 | particular ⓐⓙ 특정한 | field ⓝ 분야 | switch ⓥ 바꾸다 | major ⓝ 전공

Lesson 03 문장으로 말하기

Practice

본서 | P. 46

01

For academic success, some students like to take courses online. Others prefer to study in traditional courses on campus. Which do you prefer and why? Include details and examples to support your explanation.

학업적 성공을 위해 어떤 학생들은 온라인 수업을 듣는 것을 좋아한다. 다른 학생들은 학교에서 전통적인 방식의 수업을 듣는 것을 선호한다. 당신은 어느 쪽을 선호하며 그 이유는 무엇인가? 당신의 설명을 뒷받침할 수 있는 세부 사항과 예를 포함하시오.

예시 답변

I think I'd have to say that I prefer to take online courses.
The first reason is because it's very convenient. To be more specific, online courses provide me with easy access. If there's any computer device with an Internet connection, I can easily access my online lectures anywhere and anytime.
Another reason is that it's also economical. For example, a few years ago, I had a chance to take some online courses. Back then, I had to work and study at the same time, so I thought taking online courses would be pretty convenient. I realized that it was not only convenient but also more economical in terms of lower tuition fees and the time that I saved since I didn't physically have to go to school. So, for these reasons, I prefer to take online courses.

어휘 traditional ⓐⓙ 전통적인 | convenient ⓐⓙ 편리한 | access ⓝ 접근, 이용 | device ⓝ 장치 | connection ⓝ 연결 | lecture ⓝ 강의 | economical ⓐⓙ 경제적인 | realize ⓥ 깨닫다 | tuition fee 등록금 | physically ⓐⓓⓥ 물리적으로

02

Would you rather study in a large class or a small class? Explain your answer and include details and examples to support your explanation.

당신은 규모가 큰 수업에서 공부하는 것을 선호하는가 아니면 작은 수업에서 공부하는 것을 선호하는가? 당신의 설명을 뒷받침할 수 있는 세부 사항과 예를 포함해 답변하시오.

예시 답변

I would rather study in a small class.
That's because there is a lot more individual attention from the professor in a small class. I've taken large classes before, and the professor didn't even know my name. I think it makes a class a lot better when the

teachers know a little bit about the students.

Also, in a small class, students have more chances to participate in the class. For example, they can ask questions and get involved in class discussions, which can definitely help students to develop strong communication skills. This will eventually add to their whole learning experience at school.

어휘 individual **adj** 개인의 I attention **n** 관심, 집중 I participate **v** 참여하다 I discussion **n** 논의, 토론 I definitely **adv** 확실히, 분명히 I communication skill 의사소통 능력 I eventually **adv** 결국 I experience **n** 경험

03

Some universities require first-year students to live on campus in dormitories. Other universities allow first-year students to live off-campus. Which policy do you think is better for first-year students and why? Include details and examples to support your explanation.

어떤 대학교에서는 1학년 학생들이 교내 기숙사에서 살 것을 요구한다. 다른 대학교에서는 1학년 학생들이 학교 밖에서 사는 것을 허용한다. 당신은 어떤 정책이 1학년 학생들에게 더 낫다고 생각하며 그 이유는 무엇인가? 당신의 설명을 뒷받침할 수 있는 세부 사항과 예를 포함하시오.

예시 답변

I think that, for first-year students, it's much better to live on campus in a dorm.

The main reason is that it can help them fit in at the university. Since they're on campus, it's easier to make new friends. They can also get involved in clubs or group activities more easily.

Another good reason is that it is less stressful to live in a dorm because there are no chores to take care of. If it's their first time living alone, it could be really stressful as they would have to do the cooking and cleaning all by themselves. Living in a dorm, they wouldn't have as many domestic responsibilities.

어휘 dormitory(dorm) **n** 기숙사 I stressful **adj** 스트레스가 많은 I chore **n** 심부름, 해야 할 일 I domestic **adj** 집안의, 가정의 I responsibility **n** 책임

04

Would you rather organize a trip yourself or take a trip organized by a tour company and why? Include details and examples to support your explanation.

당신은 스스로 여행을 계획하겠는가 아니면 여행사에서 기획한 여행을 가겠는가, 그리고 그 이유는 무엇인가? 당신의 설명을 뒷받침할 수 있는 세부 사항과 예를 포함하시오.

예시 답변

I would rather organize a trip myself than take a trip organized by a tour company.

That is because I like to be spontaneous when on vacation, and I like to be able to change my plans if I hear of something new or better than my original plan. For example, if I visited a new city, and found out that there was a festival I had not expected, I would rather go there than stick to my original plans.

But if I were with a tour company, I would probably have to give up going to that festival and follow their plans. So, if I organize a trip myself, I don't have to be restricted by time, and I might enjoy my trip more.

어휘 organize **v** 계획하다, 조직하다 I spontaneous **adj** 즉흥적인 I original **adj** 원래의 I festival **n** 축제 I expect **v** 예상하다 I stick to 고수하다 I restrict **v** 제한하다

05

Some people like to frequently eat at restaurants. Others would rather eat at home. Which do you usually prefer to do and why? Include details and examples to support your explanation.

어떤 사람들은 식당에서 자주 식사하는 것을 좋아한다. 다른 사람들은 집에서 식사하는 것을 선택한다. 당신은 보통 어느 쪽을 선호하며 그 이유는 무엇인가? 당신의 설명을 뒷받침할 수 있는 세부 사항과 예를 포함하시오.

When it comes to cooking or eating out, my choice is very simple. I prefer to eat out.
I'm a terrible cook. Whatever I make always seems to turn out badly. Even when I follow the recipe exactly, it is never quite as good as when my mom makes the same thing. I just don't seem to have the magic touch in the kitchen.
Eating out is also less time-consuming. In the time it takes me to chop, cook, eat, and wash up afterwards, I could go to a restaurant and have a nice dinner. I don't want to waste my time doing something I'm really not good at. Therefore, by eating out, I can save time and frustration.

어휘 frequently **adv** 자주 I recipe **n** 레시피, 요리법 I exactly **adv** 정확히, 그대로 I time-consuming **adj** 시간이 걸리는, 시간을 소비하는 I chop **v** 썰다, 다지다 I afterwards **adv** 나중에, 그 뒤에

06

Physical education should not be part of the school curriculum. Do you agree or disagree with this statement and why? Include details and examples to support your explanation.

체육은 학교 교과 과정의 일부여서는 안 된다. 당신은 이 진술에 동의하는가 아니면 동의하지 않는가, 그리고 그 이유는 무엇인가? 당신의 설명을 뒷받침할 수 있는 세부 사항과 예를 포함하시오.

I really disagree with the idea that physical education shouldn't be part of the school curriculum.
That's because I think physical activity is really important for everyone's health, but especially for children because their bodies are growing. It's important for them to exercise to build muscles and bones as well as their coordination and endurance.
Playing sports also teaches them about important things such as teamwork and competition. These are valuable lessons that could be easily taught while doing physical activities. With all of this in mind, it should be part of the school curriculum.

어휘 physical education 체육 I curriculum **n** 교육 과정 I exercise **v** 운동하다 I muscle **n** 근육 I bone **n** 뼈 I coordination **n** 조직화, 편성 I endurance **n** 지구력, 인내, 참을성 I competition **n** 경쟁 I valuable **adj** 귀중한

 본서 / P. 52

01

Would you rather attend a university in a big city or one in a small city? Please include specific examples and details in your explanation.

당신은 대도시에 있는 대학을 다니겠는가 아니면 작은 도시의 대학을 다니겠는가? 구체적인 예시와 세부 사항을 포함해 설명하시오.

선택 university in a big city

이유 1. better facilities

예시·설명·근거
- better equipment
- closer ties to industry leaders
→ more opportunities

2. enjoy free time

예시·설명·근거
- going to theater, galleries, …
- convenience of food delivery, dry cleaning, etc.

대도시에 있는 대학

1. 더 나은 시설

– 더 나은 설비
– 업계 선두 주자들과 더 가까운 유대
→ 더 많은 기회

2. 여가 시간 즐기기

– 극장, 미술관 등에 가기
– 음식 배달, 드라이클리닝 등의 편리함

예시 답변

I would rather attend a university in a big city than a small one because big cities have better facilities and are more convenient places to live in. Most big city universities have access to more funding and have better equipment. They also have closer ties to industry leaders, so after graduating I would have more opportunities to get a good job than if I studied at a more remote school. In addition, I can enjoy my free time more in a big city where there are theatres, galleries, and a variety of activities. My daily life would also be easier because of the conveniences of food delivery, dry cleaning, larger libraries, and better printing services.

나는 작은 도시보다는 대도시에 있는 대학에 갈 것이다. 왜냐하면 큰 도시에는 더 나은 시설들이 있고 생활하기도 더 편리하기 때문이다. 대부분의 대도시 대학들은 더 많은 자금을 조달할 수 있고 더 나은 설비를 갖추고 있다. 또한 업계의 선두 주자들과 더 가까운 유대를 유지하고 있으므로 멀리 떨어져 있는 학교에서 공부하는 것보다 졸업 후에 좋은 직장을 얻을 기회가 더 많을 것이다. 또한 대도시에는 극장, 미술관, 그리고 다양한 활동이 있기 때문에 여가 시간을 더욱 즐길 수 있다. 대도시에서는 또한 음식 배달, 드라이클리닝, 더 큰 도서관, 더 좋은 인쇄 서비스의 편리함 때문에 나의 일상생활은 더 쉬워질 것이다.

어휘 attend ⓥ 참가하다, 다니다 | facility ⓝ 시설 | convenient ⓐⓓⓙ 편리한 | access ⓝ 접근, 이용 | funding ⓝ 자금 | equipment ⓝ 장비 | industry ⓝ 산업 | graduate ⓥ 졸업하다 | opportunity ⓝ 기회 | remote ⓐⓓⓙ 외딴, 외진 | variety ⓝ 다양함 | convenience ⓝ 편의, 편리, 편의 시설

02

Do you think your cities should spend a lot of money on parks and museums, or should they spend that money on poor people?

당신은 당신이 사는 도시가 공원과 박물관에 많은 돈을 써야 한다고 생각하는가, 아니면 도시가 가난한 사람들에게 그 돈을 써야 하는가?

노트 정리 예시

선택 spend money on parks and museums

이유 1. enough care for the poor

예시·설명·근거
- many non-profit organizations
- funded by citizens or corporations, and gov't

2. positive effect on society

예시·설명·근거
- people lack physical activities
- emotionally dry

공원과 박물관에 돈을 써야 함

1. 가난한 사람들에 대한 충분한 원조

– 많은 비영리 기관들
– 시민과 기업들, 정부로부터 자금 지원

2. 사회에 긍정적 영향

– 사람들은 신체 활동이 부족
– 감정적으로 메말라 있음

예시 답변

I think cities should spend money on parks and museums rather than on poor people because I believe there are many non-profit organizations already targeting the poor these days. Many of them are well funded by citizens or corporations, and some are supported by the government as well. So, I'd say that there is enough care for the poor. Also, I believe that parks and museums have a lot of positive effects on society. These days, thanks to the conveniences of technology, many people lack physical activities and they are emotionally dry as well. So, with the help of parks and museums, people can enjoy nature as well as art or artifacts and think about many things, which will eventually add to the building up of a healthy society.

나는 도시들이 가난한 사람들보다는 공원과 박물관에 돈을 써야 한다고 생각한다. 왜냐하면 요즘 이미 가난한 사람들을 위한 많은 비영리 기관들이 있다고 생각하기 때문이다. 그들 대부분은 시민과 기업들로부터 충분한 자금 후원을 받고 있으며, 몇몇은 정부에게서도 지원을 받는다. 그래서 가난한 사람들에 대한 원조는 충분하다고 본다. 또한 공원과 박물관이 사회에 많은 긍정적 영향을 미친다고 믿는다. 요즘 기술의 편리함 때문에 많은 사람들이 신체 활동이 부족하고, 감정적으로도 메말라 있다. 그러므로 공원과 박물관의 도움으로 사람들은 예술, 공예품(유물)뿐만 아니라 자연을 즐기고 많은 것을 생각할 수 있으며, 이는 결국 건강한 사회를 형성하는 데 도움이 될 것이다.

03

It is better for cities to destroy old buildings and construct new buildings. Do you agree or disagree? Please include specific examples and details in your explanation.

도시는 오래된 건물을 부수고 새로운 건물을 짓는 것이 더 좋다. 당신은 여기에 동의하는가 아니면 동의하지 않는가? 구체적인 예시와 세부 사항을 포함해 설명하시오.

노트 정리 예시

선택 agree	동의함
이유 1. new technologies	1. 새로운 기술들
＿예시·설명·근거＿	
- more advanced, stronger materials	― 좀 더 발전된, 더 강력한 자재들
- more energy-efficient equipment	― 좀 더 에너지 효율적인 장비
2. make the city look dirty & unattractive	2. 도시를 지저분하고 매력적이지 않게 보이게 함
＿예시·설명·근거＿	
- drive new visitors away	― 새로운 방문객들을 쫓아냄
- new building → new tourist attraction	― 새로운 건물 → 새로운 관광 명소

예시 답변

I believe that it's better for the city to destroy old buildings and construct new ones because so many new technologies have been developed in recent years. So, new buildings can be constructed with more advanced and stronger materials. And more energy-efficient equipment can be used as well. Another reason is that old buildings often make a city look dirty and unattractive, which can drive many new visitors away. With many new and beautiful buildings, the city can be a major tourist attraction and appeal to many visitors from around the world.	나는 도시가 오래된 건물을 부수고 새로운 것을 짓는 것이 더 좋다고 생각한다. 왜냐하면 최근에 정말 많은 새로운 기술들이 발달했기 때문이다. 그래서 새로운 건물들은 좀 더 발전되고 더 강력한 자재로 지어질 수 있다. 그리고 좀 더 에너지 효율적인 장비 또한 사용될 수 있다. 또 다른 이유는 낡은 건물들이 종종 도시를 지저분하고 매력적이지 않은 모습으로 보이게 하기 때문이다. 이는 많은 새로운 방문객들이 오고 싶지 않게 할 수 있다. 새롭고 아름다운 건축물이 많이 있다면 도시는 주요 관광 명소가 되어 전 세계의 많은 관광객들에게 매력적으로 다가갈 수 있다.

04

Nowadays people do not need to memorize historical events or facts such as dates and places because the Internet provides such information at any time. Do you agree or disagree with this opinion? Please include specific examples and details in your explanation.

요즘 사람들은 역사적인 사건이나 날짜, 장소 등의 역사적 사실을 인터넷에서 언제든지 찾아볼 수 있기 때문에 따로 외울 필요가 없다. 당신은 이 의견에 동의하는가 아니면 동의하지 않는가? 구체적인 예시와 세부 사항을 포함해 설명하시오.

노트 정리 예시

선택 agree	동의함
이유 visited the Forbidden City in Beijing, China	중국 베이징의 자금성을 방문했음
＿예시·설명·근거＿	
- didn't take notes, didn't do research	― 노트를 하거나 조사를 하지 않음

- used smartphone to know about the place	– 그 장소에 대해 알아보려고 스마트폰을 사용함
- didn't need help	– 도움이 필요 없었음
- no guide, no booklet, just used the Internet	– 가이드와 소책자가 필요 없었고, 인터넷만 사용함

예시 답변

I don't think people need to memorize any historical facts these days because they can find almost everything on the Internet. For example, when I visited the Forbidden City in Beijing, China recently, I didn't take any notes or do any research beforehand. But when I arrived at the place, I could simply use my smartphone to access all the information I wanted to know about each historical location. I didn't even have to ask for a guide or look at a booklet. Basically I was not in need of any help except for the Internet. So, I definitely think that memorizing historical facts is not necessary these days.

나는 요즘에는 사람들이 어떠한 역사적 사실도 외울 필요가 없다고 생각한다. 왜냐하면 인터넷에서 거의 모든 것을 다 찾을 수 있기 때문이다. 예를 들어, 최근 중국 베이징의 자금성을 방문했을 때 나는 사전에 노트나 조사를 하지 않았다. 하지만 그곳에 도착했을 때 나는 스마트폰을 사용해서 각 역사적 장소에 관한 모든 알고 싶은 정보를 이용할 수 있었다. 가이드를 요청하거나 소책자조차 볼 필요가 없었다. 기본적으로 나는 인터넷 외에는 어떠한 도움도 필요하지 않았다. 그래서 나는 요즘 역사적 사실들을 외우는 것이 필요하지 않다고 분명히 생각한다.

어휘 nowadays adv 요즘에는 Ⅰ memorize v 외우다 Ⅰ historical adj 역사적인 Ⅰ Forbidden City 자금성 Ⅰ recently adv 최근에 Ⅰ beforehand adv 사전에, 미리 Ⅰ access v 이용하다, 접근하다 Ⅰ location n 장소, 위치 Ⅰ booklet n 소책자 Ⅰ in need of ~가 필요한 Ⅰ except for ~를 제외하고 Ⅰ definitely adv 확실히, 분명히

II. Integrated Task　　**Q2. 읽고 듣고 말하기: 대학 생활**

Lesson 01 표현 익히기

Practice

본서 Ⅰ P. 63

01. One reason is that the funding should be used to purchase new equipment.

02. I believe that student tutors will be able to help other students well.

03. I have to do some additional research at the library in order to finish my essay.

04. According to the announcement, the school festival will feature some local musicians.

05. It is beneficial to the freshmen students who are not familiar with the university yet.

06. He suggests that cutting the budget will be a bad move for the university.

07. She disagrees with the idea that students need more equipment at the gym.

08. Therefore, as of May 1st, renovations of parking lot A will begin.

09. He thinks the change is a good idea because it will provide cleaner air.

10. It is unnecessary to require everyone to attend the seminar.

Lesson 02 읽기 정리

Practice
본서 | P. 65

01

읽기 지문&해석

Dear Editor,

The center of our campus is currently taken up by a large parking lot, which detracts from the university as a whole. I propose that this parking lot be removed and replaced with a park. Since all of the administration buildings have their own small parking lots, and large parking lots have been built both north and south of campus for student use, I think that the central lot has become unnecessary. Replacing the asphalt with grass and trees would not only make the area more aesthetically pleasing, it would also make the air cleaner.

- Clara Bowes

편집자님께,

우리 학교 중앙은 현재 커다란 주차장이 차지하고 있는데, 이는 전체적인 대학교의 모습에서 동떨어져 있습니다. 저는 이 주차장을 없애고 공원으로 대체하는 것을 제안합니다. 모든 행정 건물에는 각기 작은 주차장이 있고, 학생들이 사용하도록 교정 북쪽과 남쪽에 모두 커다란 주차장들이 지어져 있으므로 중앙 주차장은 불필요해졌다고 생각합니다. 아스팔트를 풀과 나무로 바꾸는 것은 이 구역을 더 미학적으로 만족스럽게 만들어 줄 뿐만 아니라 공기도 더 깨끗하게 해 줄 것입니다.

– 클라라 보우스

노트 정리 예시

주제 remove central parking lot → change to park
- central one = unnecessary
- park = clean air

중앙 주차장 없애기 → 공원으로 바꾸기
– 중앙 주차장 = 필요 없음
– 공원 = 깨끗한 공기

▶ Question: **What does the student propose?** | 학생은 무엇을 제안하는가?

예시 답변

The student proposes the university remove the central parking lot and change it to a park because the central parking lot is unnecessary. In addition, the park will provide cleaner air.

학생은 대학이 중앙 주차장을 없애고 공원으로 바꿀 것을 제안하는데, 그것은 중앙 주차장이 필요 없기 때문이다. 게다가 공원은 더 깨끗한 공기를 제공할 것이다.

어휘 currently **adv** 현재 ǀ detract **v** 가치가 떨어지다, 주의를 딴 데로 돌리다 ǀ remove **v** 없애다 ǀ replace **v** 대체하다 ǀ administration **n** 행정 ǀ aesthetically **adv** 미학적으로 ǀ pleasing **adj** 만족스러운, 즐거운

02

읽기 지문&해석

Dormitories and Classrooms Renovation

Due to the recent increase in complaints regarding cold dormitory rooms and classrooms, the university's board of directors has decided to renovate many buildings on campus. As heating costs have risen, we will be replacing the windows in some buildings and upgrading the climate control systems in others. To take full advantage of warm weather, this process will begin in April and continue through the summer. Classes in affected buildings will have to be relocated, and a list of

---

기숙사와 교실 보수 공사

추운 기숙사 방과 교실에 관한 불만 사항이 최근 늘었기 때문에 대학교 이사회에서는 교내 많은 건물들을 보수 공사하기로 결정했습니다. 난방비가 상승했기 때문에 일부 건물에 있는 창문을 교체하고, 다른 건물에는 실내 온도 조절 시스템을 업그레이드할 것입니다. 따뜻한 날씨를 충분히 이용하기 위해 이 과정은 4월에 시작되어 여름 내내 계속될 예정입니다. 영향을 받는 건물에서 진행되는 수업들은 장소를 옮길 것이

affected courses can be found on the university website. The dormitory improvements will not begin until June, so student accommodations will be unaffected.

며, 영향을 받는 수업들의 목록은 대학교 웹사이트에서 볼 수 있습니다. 기숙사 개선 작업은 6월까지는 시작되지 않을 것이므로 학생들 숙소는 영향을 받지 않을 것입니다.

노트 정리 예시

주제 dorm/classroom renov.
  - heating cost: replace windows/upgrade climate control system
  - class: relocate/dorm: students won't be affected

기숙사/교실 보수 공사
  - 난방비: 창문 교체/실내 온도 조절 시스템 업그레이드
  - 수업: 이동/기숙사: 학생들 영향 없음

▶ Question: **What has the university's board of directors decided to do?**

대학교 이사회는 무엇을 시행하기로 결정했는가?

예시 답변

The university is going to renovate dormitories and classrooms. They are going to replace windows and upgrade climate control systems. Therefore, classes will have to relocate. However, since dormitory improvements start later, students living in the dormitory will not be affected.

대학은 기숙사와 교실의 보수 공사를 할 것이다. 창문을 교체하고 실내 온도 조절 시스템을 업그레이드할 것이다. 따라서 수업들은 장소를 옮겨야 한다. 하지만 기숙사 개선 작업은 나중에 시작하므로 기숙사에 사는 학생들은 영향을 받지 않을 것이다.

어휘 dormitory ⓝ 기숙사 | renovation ⓝ 보수 공사, 수리 | recent adj 최근의 | increase ⓝ 증가 | complaint ⓝ 불평, 불만 사항 | board of directors 이사회 | replace ⓥ 대체하다 | climate ⓝ 기후 | affect ⓥ 영향을 주다 | relocate ⓥ 장소를 옮기다 | improvement ⓝ 개선 (작업), 개량, 향상 | accommodation ⓝ 숙소, 시설, 거처

03

읽기 지문&해석

Providing Breakfast at the Monthly Meeting

Beginning March 2, the philosophy department will provide breakfast at its Saturday meetings. The philosophy department has been hosting monthly meetings where our noted professors lead discussions for the last five years. All students who have a major or minor in philosophy are invited to attend these meetings. Students who wish to attend these meetings must reserve their seats one week before the meeting. There is no fee to attend, and a menu will be made available online prior to registration.

월례 모임에서 아침 식사 제공

3월 2일부터 철학과에서는 토요일 모임 때마다 아침 식사를 제공할 것입니다. 철학과에서는 지난 5년간 유명한 교수님들이 토론을 이끄는 월례 모임을 주최해 왔습니다. 철학을 전공하거나 부전공하는 모든 학생들을 이 모임에 초대합니다. 이 모임에 참석하고 싶은 학생들은 모임 1주일 전에 자리를 예약해야 합니다. 참석 비용은 없으며 메뉴는 등록 전에 온라인에서 볼 수 있을 것입니다.

노트 정리 예시

주제 philosophy dept. → provide breakfast at monthly meeting
  - discussion with professors → philosophy major/minor invited
  - students must reserve seats

철학과 → 월례 모임에서 아침 식사 제공
  - 교수들과 토론 → 철학 전공/부전공자들 초대
  - 학생들은 자리를 예약해야 함

▶ Question: **What has the philosophy department decided to do?**

철학과는 무엇을 시행하기로 결정했는가?

The philosophy department is going to provide breakfast for its monthly meeting. Professors lead discussions, and philosophy majors and minors are invited. However, students must reserve their seats if they want to attend.

철학과에서는 월간 모임 때 아침을 제공할 예정이다. 교수들이 토론을 이끌며 철학 전공자들과 부전공자들을 초대한다. 그러나 학생들은 참석하고 싶으면 자리를 예약해야 한다.

어휘 provide **v** 제공하다 | monthly **adj** 한 달에 한 번의, 월례의 | philosophy **n** 철학 | host **v** 주최하다 | noted **adj** 유명한, 잘 알려진 | lead **v** 이끌다, 인도하다 | discussion **n** 토론 | major **n** 전공 | minor **n** 부전공 | attend **v** 참석하다 | reserve **v** 예약하다 | available **adj** 이용 가능한 | prior to ~ 전에 | registration **n** 등록

04

읽기 지문&해석

To the Editor:

This year's graduation ceremony is scheduled to be held indoors, but I think it would be better to have it outdoors. Instead of arranging chairs in the gymnasium again, I think we should have the ceremony in the field in front of Merchant Hall. The audience would be able to see the beautiful architecture of the university. Moreover, the gymnasium cannot hold enough people. At last year's graduation, many people were unable to sit as their friends and relatives received their diplomas. Therefore, I think that the area in front of Merchant Hall would make a much better venue for this special occasion.

- Carl Spencer

편집자님께,

올해 졸업식은 실내에서 하기로 예정되어 있지만 저는 졸업식을 야외에서 하는 것이 더 좋을 거라고 생각합니다. 체육관에 다시 의자를 배치하는 대신 머천트 홀 앞의 광장에서 행사를 해야 한다고 생각합니다. 관중은 대학교의 아름다운 건축물을 볼 수 있을 것입니다. 게다가 체육관은 충분한 인원을 수용할 수 없습니다. 작년 졸업식 때 많은 사람들이 친구와 친척이 졸업장을 받을 때 자리에 앉지 못했습니다. 그래서 저는 머천트홀 앞의 구역이 이 특별한 행사를 위해 훨씬 더 나은 장소라고 생각합니다.

– 칼 스펜서

노트 정리 예시

주제 hold graduation outdoors instead of indoors
- outdoor: beautiful view
- indoor: can't hold enough ppl

졸업식을 실내가 아닌 실외에서 하자
– 실외: 아름다운 전경
– 실내: 사람들을 충분히 수용하지 못함

▶ Question: What does the student suggest?

학생은 무엇을 제안하는가?

예시 답변

The student states that holding the graduation ceremony outdoors will be better than doing it indoors. People will be able to see the beautiful architecture of the university outdoors. Plus, an indoor ceremony can't hold enough people.

학생은 졸업식을 야외에서 하는 것이 실내에서 하는 것보다 더 좋을 것이라고 주장한다. 사람들은 야외에서 학교의 아름다운 건축물을 볼 수 있을 것이다. 게다가 실내 행사는 사람들을 충분히 수용하지 못한다.

어휘 editor **n** 편집자 | graduation ceremony 졸업식 | indoors **adv** 실내에서 | outdoors **adv** 야외에서, 실외에서 | arrange **v** 배열하다 | architecture **n** 건축, 건축물, 건축학 | relative **n** 친척 | diploma **n** 졸업장 | venue **n** 행사장 | occasion **n** 행사, 의식

05

읽기 지문&해석

Car Rental Program on Campus

The president of the university announced today that the school has formed a partnership with the car rental agency

교내 자동차 대여 프로그램

대학교 총장이 오늘 학교 근처 8번가에 있는 자동차 대여점과 제휴를 체결했다고 발표했습니다. 학교가

near campus on 8th Street. Since the campus is located on the east side of town, it is a long way for students to go downtown for shopping or entertainment. It is also difficult to travel outside of the city for weekend trips. This new partnership will help students move around more easily. Students will still have to pass the customary requirements to rent a vehicle, but if they present their university ID, they will receive a 50% discount on any rental.

도시 동쪽에 자리 잡고 있기 때문에 학생들이 쇼핑이나 여흥을 위해 시내까지 가는 데 오래 걸립니다. 또한 주말 여행을 위해 도시 밖으로 나가는 것도 어렵습니다. 이 새로운 제휴는 학생들이 좀 더 쉽게 돌아다닐 수 있도록 도와줄 것입니다. 학생들은 차량을 빌리기 위해서 관례적인 필수 요건을 만족시켜야 하지만, 학생증을 제시할 경우 모든 대여에서 50퍼센트 할인을 받게 될 것입니다.

노트 정리 예시

주제 univ. partnership with car rental agency
- easy to go to downtown & travel outside of city
- univ. ID = 50% discount

대학교와 자동차 대여점의 제휴
– 시내 나가기 & 도시 밖으로 여행하기 쉬움
– 학생증 = 50퍼센트 할인

▶ **Question: What has the university announced?**

대학교 측은 무엇을 발표했는가?

예시 답변

The university has announced that they have formed a partnership with a car rental agency. This will make going to downtown and traveling outside of the city easier. Students need to present their school ID to get a 50 percent discount.

대학교 측은 자동차 대여점과 제휴를 맺었다고 발표했다. 이는 시내로 가는 것과 도시 밖으로 나가는 것을 더 쉽게 해줄 것이다. 학생들은 50퍼센트 할인을 받으려면 학생증을 제시해야 한다.

어휘 rental **n** 대여 l announce **v** 발표하다 l partnership **n** 제휴, 협력, 파트너십 l entertainment **n** 여흥, 놀이 l customary **adj** 관례적인 l requirement **n** 필수 요건 l vehicle **n** 차량 l discount **n** 할인

06

읽기 지문&해석

To the Editor:

It is currently prohibited to drink beverages in the campus library, but I think that this policy is unfair. I propose that this rule should be changed for two reasons. First, students need to have something to drink because they get thirsty when they study for a long time. In addition, some beverages like coffee and tea help students to stay awake and to concentrate while they are studying. Second, the students here are all responsible adults, who can be trusted to carry their beverages in secure containers and keep them safe around books, other important materials, and electronic devices in the library.

- Alexia Rodriguez

편집자님께,

지금은 학교 도서관에서 음료를 마시는 것이 금지되어 있지만 저는 이 방침이 불공정하다고 생각합니다. 저는 두 가지 이유에서 이 규정이 바뀌어야 한다고 제안합니다. 먼저, 학생들은 오랜 시간 공부하면 목이 마르기 때문에 마실 것이 필요합니다. 게다가 커피와 차 같은 음료는 학생들이 깨어서 공부에 집중하는 것을 도와줍니다. 두 번째로, 이 학교 학생들은 책임감 있는 성인들로, 책과 그 외의 중요한 자료, 전자 기기들이 있는 도서관에서 안전한 용기에 음료를 담아 갖고 다니고 안전하게 보관할 수 있으리라고 믿어도 됩니다.

– 알레시아 로드리게즈

노트 정리 예시

주제 beverages in library prohibited → change the policy
- students need to drink something while studying
- students are all responsible adults

도서관 내 음료 금지 → 방침을 바꾸어야 함
– 학생들은 공부하며 마실 것이 필요함
– 학생들은 전부 책임감 있는 성인임

► Question: What does the student propose?

학생은 무엇을 제안하는가?

The student proposes that the policy regarding the prohibition of beverages in the library needs to be changed. First, students need beverages when studying. Second, students are all responsible adults, so they can keep their beverages safe.

학생은 도서관 내 음료 금지에 관한 방침이 바뀌어야 한다고 제안한다. 첫 번째로, 학생들은 공부할 때 음료가 필요하다. 두 번째로, 학생들은 모두 책임감 있는 성인이므로 음료를 안전하게 보관할 수 있다.

어휘　currently **adv** 현재 | prohibit **v** 금지하다 | beverage **n** 음료 | policy **n** 정책, 방침 | unfair **adj** 불공정한 | thirsty **adj** 목이 마른 | concentrate **v** 집중하다 | responsible **adj** 책임감이 있는 | secure **adj** 안전한 | container **n** 통, 용기 | material **n** 자료 | electronic device 전자 기기

07

읽기 지문&해석

To the school,

Many students live too far away from the campus to return to their homes during breaks, so they must commute. This means that they have to carry around their textbooks for the whole day, which can be exhausting. So, I think there should be a lounge area in the University Center with lockers for textbooks and comfortable seating for students to rest on between their classes. Few of these students have cars for their commute, so I think it would also be a good idea to provide an interactive computer display for public transportation schedules.

- Mary K.

학교 측에,

많은 학생들이 학교로부터 너무 먼 곳에 살고 있어서 쉬는 시간에 집에 돌아올 수가 없고, 따라서 통학을 해야만 합니다. 이것은 하루 종일 교과서를 들고 돌아다녀야 한다는 의미인데, 무척 힘들 수 있습니다. 그래서 저는 대학 센터에 교과서를 수납할 수 있는 사물함이 있고 학생들이 수업 중간에 쉴 수 있도록 편안한 좌석을 갖춘 휴게실 공간이 있어야 한다고 생각합니다. 이런 학생들 중 소수만 통학을 위한 자동차를 가지고 있으므로, 저는 대중 교통 시간표를 위한 쌍방향 컴퓨터 디스플레이를 제공하는 것도 좋은 아이디어라고 생각합니다.

– 메리 K.

노트 정리 예시

주제　make a student lounge
- for students who commute: can't go back home to rest, exhausted
- provide lockers and seating area

학생 휴게실을 만들자
- 통학을 해야 하는 학생들: 집에 쉬러 갈 수 없음, 지침
- 사물함과 좌석 공간 제공

► Question: What does the student propose?

학생은 무엇을 제안하는가?

The student proposes the university to make a student lounge to provide comfortable seating and lockers for textbooks for students who commute. Students get really tired since they have to carry their textbooks everywhere.

학생은 대학이 통학을 하는 학생들에게 편안한 의자와 교과서를 넣을 사물함을 제공하기 위해 학생 휴게실을 만들 것을 제안한다. 학생들은 어딜 가든지 교과서를 들고 다녀야 하기 때문에 무척 피곤함을 느낀다.

어휘　break **n** 쉬는 시간 | commute **v** 통학하다, 통근하다 | exhausting **adj** 진이 빠지는, 몹시 피곤한 | locker **n** 사물함 | comfortable **adj** 편안한 | interactive **adj** 쌍방향의, 상호작용하는 | public transportation 대중 교통

08

Dear Editor,

I propose that the central campus be turned into a bike-free zone. I understand that many students come to campus on their bicycles, so I am not saying that bikes should be banned entirely on campus. However, the network of concrete paths that connect the academic buildings is not a good place for people to ride their bikes. The paths are too narrow, and they are often packed with students who are walking between classes. When people try to ride their bikes, they cause accidents. In order to enforce this rule, students that break it should have to pay a fine.

- Tara Grant

편집자님께,

저는 중앙 교정을 자전거 없는 구역으로 바꿀 것을 제안합니다. 많은 학생들이 자전거를 타고 학교에 오는 것을 이해하므로 자전거가 교내에서 전면 금지되어야 한다고 말하는 것은 아닙니다. 하지만 학교 건물들을 연결하는 콘크리트 길들은 자전거를 타기에 좋은 공간이 아닙니다. 길이 너무 좁고, 수업 사이에 이동하는 학생들로 가득할 때가 많습니다. 사람들이 자전거를 타려고 하면 사고가 일어납니다. 이 규정을 시행하기 위해. 규정을 위반하는 학생들은 벌금을 내야만 합니다.

– 타라 그랜트

노트 정리 예시

주제 make central campus → bike free zone
- concrete path, not good for riding bikes
- packed, cause accidents

중앙 교정 → 자전거 금지 구역으로 만들자
– 콘크리트 길, 자전거 타기 좋지 않음
– 붐빔, 사고가 남

▶ Question: **What does the student propose?**

학생은 무엇을 제안하는가?

예시 답변

The student suggests the university make the central campus a bike-free zone. Since the roads are concrete paths, they are not good for riding bikes. In addition, since the paths are often packed with students, accidents occur.

학생은 대학이 중앙 교정을 자전거 없는 구역으로 만들어야 한다고 제안한다. 길은 콘크리트 길이라서 자전거를 타기에 좋지 않다. 게다가 길이 학생들로 자주 붐벼서 사고가 일어난다.

어휘 ban ☑ 금지하다 I entirely adv 완전히 I connect ☑ 연결하다 I narrow adj 좁은 I packed with ~로 가득한 I accident ⓝ 사고 I enforce ☑ 시행하다, 실시하다 I fine ⓝ 벌금

Lesson 03 듣기 정리

Practice

본서 I P. 74

01

Ⓜ So, this young woman thinks that the central parking lot should be replaced with green space. Do you think this is a good idea? Many people park there, you know.

Ⓦ As she pointed out, there are plenty of other places to park. The lecture halls and other school facilities are within walking distance whether you park north or south of campus.

Ⓜ That's true. It's pretty unnecessary.

냄 그래서 이 젊은 여성은 중앙 주차장이 녹지로 대체되어야 한다고 생각하는 거네. 넌 이게 좋은 생각이라고 생각하니? 많은 사람들이 그곳에 주차를 하잖아.

여 그녀가 지적했듯이 주차할 다른 곳들이 많아. 교정 북쪽에 주차를 하든 남쪽에 하든 강의실과 다른 학교 시설은 모두 걸어갈 수 있는 거리에 있어.

냄 그건 맞아. 상당히 불필요해.

W Yes, there would be less traffic in the central area of the campus, so the air would be cleaner.	예 그래, 학교 중심부의 교통량이 더 적어질 테니까 공기가 더 깨끗해질 거야.

주제 central parking lot → replace with green space woman: agree - buildings are in walking distance from n/s parking lots - less traffic in central campus area = clean air	중앙 주차장 → 녹지로 대체 여자: 동의함 – 건물들이 북쪽/남쪽 주차장에서 걸어갈 수 있는 거리에 있음 – 학교 중심부의 교통량이 적어짐 = 깨끗한 공기

▶ Question: **What does the woman think? Why does she think that way?**　여자는 뭐라고 생각하는가? 왜 그렇게 생각하는가?

The woman agrees with the idea that the central parking lot needs to be replaced with green space. First, people can use north and south parking lots as campus buildings are all within walking distance. Second, this will reduce the traffic in the central area, which will make the air cleaner.	여자는 중앙 주차장이 녹지로 대체되어야 한다는 의견에 동의한다. 먼저, 사람들은 학교 건물들이 모두 걸어갈 수 있는 거리에 있으므로 북쪽과 남쪽 주차장을 이용할 수 있다. 두 번째로, 이는 중심부의 교통량을 줄여 공기를 더 깨끗하게 해줄 것이다.

어휘 replace v 대체하다 | point out 가리키다, 지적하다 | facility n 시설

02

M Did you see the announcement regarding the renovations?	남 보수 공사에 관한 공지 봤니?
W I think it's a great idea and long overdue.	여 내가 보기엔 참 좋은 생각이고, 진작 했어야 하는 일인 것 같아.
M Really? It sounds like a big inconvenience to me. Dormitories and classrooms will be closed, and classes will be relocated…	남 그래? 나는 크게 불편할 것 같은데. 기숙사와 강의실이 폐쇄될 거고 수업은 다른 곳으로 옮겨질 거고…
W You need to read this more carefully. It says that the dormitory renovations will not begin until after the semester is over. That means that the students will be gone. We will be back at home.	여 이걸 좀 더 자세히 읽어봐. 기숙사 보수 공사는 학기가 끝나기 전까지는 시작하지 않는다고 되어 있어. 그건 학생들이 이미 떠난 후라는 뜻이야. 우리는 집에 돌아가 있을 거라고.
M Oh, I guess so. But, the lecture hall renovations will begin in April.	남 아, 그러네. 그래도 강의실 보수 공사는 4월에 시작되잖아.
W That will inconvenience some people, but it will help them in the long run. Some of those classrooms are frigid in the winter. I have to keep my coat on when I am inside!	여 그건 어떤 사람들에게는 불편이 될 수 있겠지만 장기적으로 보면 도움이 될 거야. 일부 강의실은 겨울에 정말 추워. 안에 있을 때도 코트를 입고 있어야 한다고!

주제 renovation → dorms & classrooms close woman: good idea! - dorm renovations will begin after semester is over, does not affect students	보수 공사 → 기숙사 & 강의실 폐쇄 여자: 좋은 생각! – 기숙사 보수 공사는 학기가 끝난 뒤 시작됨, 학생들에게 영향 안 줌

- classrooms are so cold, renovation is good for the long run

－ 교실이 너무 추움, 보수 공사는 장기적으로 좋음

▶ Question: What does the woman think? Why does she think that way?

여자는 뭐라고 생각하는가? 왜 그렇게 생각하는가?

예시 답변

The woman thinks the renovations of dormitories and classrooms are a good idea. First, dormitory renovations will start only after the semester is over, so students are not going to be affected. Second, this will help students in the long run since the classrooms are indeed really cold.

여자는 기숙사와 교실 보수 공사가 좋은 생각이라고 생각한다. 먼저, 기숙사 보수 공사는 학기가 끝난 뒤에야 시작해서 학생들은 영향을 받지 않을 것이다. 두 번째로, 교실이 실제로 정말 춥기 때문에 이는 학생들에게 장기적으로 도움이 될 것이다.

어휘 overdue **adj** 진작 했어야 할, 이미 늦어진 I inconvenience **v** 불편하게 하다 **n** 불편함 I relocate **v** 장소를 옮기다, 이전하다 I carefully **adv** 주의 깊게 I frigid **adj** 몹시 추운

03

듣기 지문&해석

M According to the notice, the philosophy department is going to start providing breakfast for the students for their monthly meetings. It is at 9 A.M., so I usually don't have time for breakfast.

W Well, I often skip breakfast. The food they offer at the cafeteria on Saturday morning is terrible.

M True, but the food at the meeting should be good. They are going to get local restaurants to cater the events starting next month.

W That sounds nice, but wouldn't that be expensive?

M No, not really. The notice says that there will be no fee to attend. I guess they worked out some kind of deal with the restaurants.

남 공지에 따르면, 철학과에서 월례 모임에 참석한 학생들에게 아침 식사 제공을 시작할 거래. 오전 9시라서 난 보통 아침 식사를 할 시간이 없거든.

여 음, 나는 자주 아침을 걸러. 토요일 아침에 구내 식당에서 제공하는 음식은 정말 끔찍하거든.

남 맞아. 그렇지만 모임의 음식은 괜찮을 거야. 다음 달부터 행사의 음식을 제공하기 위해 지역 레스토랑들이 케이터링을 하게 할 거거든.

여 그거 괜찮은데. 하지만 비싸지 않을까?

남 그렇지는 않아. 공지에서 참석비가 없을 거라고 했으니까. 내 생각에는 학부에서 레스토랑들과 뭔가 협의를 했을 것 같아.

노트 정리 예시

주제 philosophy dept. → provide breakfast for monthly meeting
man: good idea
- food will be good
- no fee to pay

철학과 → 월례 모임에 아침 식사 제공
남자: 좋은 생각
－ 음식이 맛있을 것이다
－ 돈을 내지 않아도 된다

▶ Question: What does the man think? Why does he think that way?

남자는 뭐라고 생각하는가? 왜 그렇게 생각하는가?

예시 답변

The man thinks the philosophy department's decision to provide breakfast at their monthly meetings is a good idea. First, the food will be good since it will be from local restaurants. Second, students do not need to pay a fee to attend the meeting.

남자는 월례 모임에서 아침 식사를 제공한다는 철학과의 결정이 좋은 생각이라고 생각한다. 먼저, 음식은 지역 레스토랑에서 오는 것이므로 맛있을 것이다. 두 번째로, 학생들은 모임에 참가하기 위해 돈을 낼 필요가 없다.

Integrated Task

어휘 notice **n** 공지 I philosophy **n** 철학 I provide **v** 제공하다 I monthly **adj** 매월의 I offer **v** 제공하다 I terrible **adj** 끔찍한 I cater **v** (사업으로 행사에) 음식을 공급하다 I fee **n** 비용 I attend **v** 참석하다 I deal **n** 거래, 협정

04

듣기 지문&해석

M This student is suggesting that we have this year's graduation ceremony outdoors. He suggested that we have the ceremony in front of Merchant Hall.	**남** 이 학생은 올해 졸업식을 야외에서 하자고 제안하고 있어. 졸업식을 머천트홀 앞에서 해야 한다고 제안했어.
W Oh? Does he give any reasons?	**여** 오? 그가 이유를 말했니?
M Yes, he says that the campus's beautiful buildings will be nice for the ceremony. He also mentioned that the gymnasium it is usually held in isn't big enough.	**남** 응, 학교의 아름다운 건물들이 졸업식에 좋을 거라고 했어. 또한 보통 졸업식이 열리는 체육관이 충분히 크지 않다고 언급했어.
W I see. But, you don't seem to think that sounds like a good idea.	**여** 그렇구나. 하지만 너는 이게 좋은 생각이라고 보지 않는 것 같네.
M No, not really. I don't think that the people in the audience will pay any attention to their surroundings once the event gets started. They will be focused on the speeches and the students. Besides, this year's graduating class is smaller than last year's. So, there won't be as many people there to watch the ceremony.	**남** 맞아, 그렇게 생각하지 않아. 나는 객석에 있는 사람들이 행사가 시작되면 주변에 관심을 두지 않을 거라고 생각해. 연설과 학생들에게 집중할 거야. 게다가 올해 졸업하는 학생 수는 작년보다 더 적어. 그래서 졸업식을 볼 사람들이 그만큼 많지 않을 거야.
W Oh, I didn't realize that this year's class was that much smaller.	**여** 아, 난 올해 졸업하는 학생들이 훨씬 더 적다는 건 몰랐어.

노트 정리 예시

주제 graduation ceremony → outdoors
    man: not a good idea
    - people will not care about the buildings
    - this year's graduation class is smaller
	졸업식 → 야외
	남자: 좋은 생각 아님
	– 사람들은 건물에 신경 쓰지 않을 것임
	– 올해의 졸업생 수는 더 적음

▶ **Question: What does the man think? Why does he think that way?** 남자는 뭐라고 생각하는가? 왜 그렇게 생각하는가?

예시 답변

The man thinks having a graduation ceremony outdoors is not a good idea. This is because people will not care about the buildings once the ceremony starts, and this year's graduation class is smaller than last year's.	남자는 야외에서 졸업식을 하는 것이 좋은 생각이 아니라고 생각한다. 왜냐하면 사람들은 졸업식이 시작되면 건물에 신경을 쓰지 않을 것이고, 올해의 졸업생 수는 작년보다 더 적기 때문이다.

어휘 graduation ceremony 졸업식 I mention **v** 언급하다 I pay attention to ~에 주의를 기울이다 I surroundings **n** 주변, 환경 I focus on ~에 집중하다 I speech **n** 연설 I realize **v** 깨닫다

05

듣기 지문&해석

W Hey, you know that car rental agency over on 8th Street? Have you ever rented a car there? According to this article in the school newspaper, they are going to offer discounts to university students. They started a partnership with our	**여** 저기, 8번가에 있는 자동차 대여점 알지? 거기서 차 빌려본 적 있어? 학교 신문 기사에 따르면, 그 회사가 학교 학생들에게 할인을 제공할 거야. 우리 대학교랑 그 회사가 제휴를 시작했어.

university.

ⓜ That sounds like yet another way for the university to get more money out of us.

ⓦ That's not the impression that I got. This says that the agency will give a 50 percent discount to any student who presents their student ID. They still have to qualify as a safe renter just like anyone else, though.

ⓜ Really? That's a big discount!

ⓦ Yes, and I think it's a really good idea. Think about when we want to go downtown to run errands or watch a movie. We always have to ride the bus. That takes so long that we only have enough time to go to 2 or 3 shops.

ⓝ 학교가 우리한테서 돈을 더 뜯어내려는 또 다른 방법처럼 들리는데.

ⓔ 내가 받은 느낌은 그렇지 않아. 기사에 따르면 학생증을 제시하는 학생 누구에게나 50퍼센트 할인을 해준다고 되어 있어. 다른 사람들처럼 안전한 운전자 자격을 지녀야겠지만.

ⓝ 정말? 그건 진짜 큰 할인인데!

ⓔ 맞아, 그리고 나는 이게 정말 좋은 아이디어라고 생각해. 볼일이 있거나 영화를 보기 위해 시내에 나가야 할 때를 생각해 봐. 항상 버스를 타야 하지. 너무 오래 걸려서 상점 두세 군데밖에 갈 시간이 없어.

노트 정리 예시

주제 car rental agency → partnership with univ.
  woman: good idea!
  - 50% discount
  - going to downtown: bus takes so long

자동차 대여점 → 대학교와 제휴
여자: 좋은 생각!
  – 50퍼센트 할인
  – 시내 가기: 버스는 너무 오래 걸림

▶ Question: **What does the woman think? Why does she think that way?**

여자는 뭐라고 생각하는가? 왜 그렇게 생각하는가?

예시 답변

The woman thinks the idea of the university, forming a partnership with a car rental agency, is a good idea. Because this will offer students a 50 percent discount, and going to downtown by bus takes a long time.

여자는 대학이 자동차 대여점과 제휴를 맺은 것이 좋은 생각이라고 생각한다. 왜냐하면 이는 학생들에게 50퍼센트 할인을 제공할 것이며, 버스로 시내에 가는 것은 너무 오래 걸리기 때문이다.

어휘 rent ⓥ 대여하다 I article ⓝ 기사 I discount ⓝ 할인 I impression ⓝ 인상 I present ⓥ 제시하다, 보이다 I qualify ⓥ 자격을 얻다, 유적격자가 되다 I errand ⓝ 할 일, 심부름

06

듣기 지문&해석

ⓜ Did you read the school newspaper today? A student is against the rule prohibiting beverages in the campus library. I think she is right. There are no water fountains in the library, and I often feel thirsty when I study there. Not only that, but she also points out that having coffee, tea, or some other drinks with caffeine is helpful when studying.

ⓦ I agree with that as well, but the student union building is next to the library. You can go to the cafeteria in that building. It's right there. And let's not forget the real reason why drinks are banned from the library. If a drink gets spilled, it could ruin a book, and some of the books in the library are very rare.

ⓜ Yes, but we aren't children, are we? The letter also points that out. The students are responsible adults.

ⓝ 오늘 학교 신문 읽었니? 어떤 학생이 학교 도서관에서 음료수를 금지하는 것에 반대하고 있어. 나는 그녀가 옳다고 생각해. 도서관에 식수대가 없고, 나는 거기서 공부할 때 자주 목이 말라. 그뿐 아니라, 그 학생은 커피나 차, 아니면 카페인이 들어 있는 다른 음료를 마시는 것은 공부할 때 도움이 된다는 점을 지적하고 있어.

ⓔ 나도 그 점에 동의해. 하지만 학생 회관이 도서관 옆에 있잖아. 그 건물에 있는 구내식당에 가면 돼. 바로 옆이니까. 그리고 도서관에서 음료가 금지된 진짜 이유를 잊으면 안 돼. 만약 음료를 엎지르면 책을 망가뜨릴 수도 있는데, 도서관에 있는 책 일부는 매우 진귀한 것들이야.

ⓝ 그래, 그렇지만 우리는 애들이 아니잖아? 편지도

<table>
<tr>
<td>

🔵 You cannot guarantee that. Accidents happen to everyone, no matter how mature they are. I still support the library's rule. If you need a drink, go outside.

</td>
<td>

그 점을 지적하고 있어. 학생들은 책임감 있는 성인들이야.

🔵 그건 보장할 수 없어. 사람들이 아무리 성숙해도 사고는 누구에게나 일어나니까. 나는 여전히 도서관의 규정을 지지해. 만약 마실 것이 필요하면 밖에 나가면 돼.

</td>
</tr>
</table>

노트 정리 예시

<table>
<tr>
<td>

주제 beverage in the campus library
woman: not a good idea
- cafeteria right outside
- accidents happen to everyone

</td>
<td>

학교 도서관 내의 음료
여자: 좋은 생각이 아님
- 구내식당이 바로 밖에 있음
- 사고는 누구에게나 일어남

</td>
</tr>
</table>

▶ **Question: What does the woman think? Why does she think that way?**

여자는 뭐라고 생각하는가? 왜 그렇게 생각하는가?

예시 답변

<table>
<tr>
<td>

The woman does not think being able to drink beverages in the library is a good idea. First, there is a cafeteria right next to the library. Second, spilling a drink could ruin a book and accidents can happen to anyone.

</td>
<td>

여자는 도서관 안에서 음료를 마실 수 있는 것은 좋은 생각이 아니라고 생각한다. 먼저, 도서관 바로 옆에 구내식당이 있다. 두 번째로, 음료를 쏟으면 책을 망가뜨릴 수 있고 사고는 누구에게나 일어날 수 있다.

</td>
</tr>
</table>

어휘 prohibit ☑ 금지하다 | beverage ⋒ 음료 | water fountain 식수대 | point out 지적하다 | caffeine ⋒ 카페인 | spill ☑ 쏟다 | ruin ☑ 망가뜨리다 | rare adj 진귀한, 보기 힘든 | guarantee ☑ 보장하다 | mature adj 성숙한 | support ☑ 지지하다

07

듣기 지문&해석

<table>
<tr>
<td>

🔵 Did you see this letter in the school paper today? This student thinks that there should be a special lounge for commuting students. Okay, it sounds pretty reasonable to me.

🔵 Does it? I think it sounds really unnecessary. She mentions that students who commute cannot go home and must carry their books around all day. But, that is also true for students that live in the dormitories, too. Most of the dorms are on the opposite side of campus from the classroom halls, so they have the same burden. Besides, there are already lockers in the library basement that they can use.

🔵 You have a good point there. But, she doesn't mean that it should be exclusively for commuting students, does she?

🔵 No, it doesn't specifically say, but I don't think so. I'm sure they would allow other students to use it. But I still don't think we need a new lounge.

</td>
<td>

🔵 오늘 학교 신문에 실린 이 편지 봤니? 이 학생은 통학하는 학생들을 위한 특별 휴게실이 있어야 한다고 생각해. 좋아, 나한테는 꽤 합리적으로 들리는데.

🔵 그래? 나는 정말 불필요한 것 같은데. 그녀는 통학하는 학생들이 집에 갈 수 없고 하루 종일 책을 들고 다녀야 한다고 말하고 있어. 하지만 그건 기숙사에 사는 학생들도 마찬가지야. 대부분의 기숙사는 강의실 반대편에 있어. 그래서 그들은 같은 부담을 가지고 있다고. 게다가 이미 도서관 지하에 학생들이 사용할 수 있는 사물함이 있잖아.

🔵 네 말은 일리가 있어. 하지만 그녀는 통학하는 학생들만 사용할 수 있다고는 말하지 않았어, 그렇지 않아?

🔵 응, 명확히 말하지는 않았지만 그럴 것 같진 않아. 다른 학생들도 사용할 수 있게 할 거라고 생각해. 하지만 난 여전히 우리에게 새 휴게실이 필요하다고 생각하지 않아.

</td>
</tr>
</table>

주제 special lounge for commuting students	통학하는 학생들을 위한 특별 휴게실
man: not a good idea	남자: 좋은 생각 아님
- everyone must carry their books all day	– 모두 하루 종일 책을 갖고 다녀야 함
- lockers are in the library basement	– 사물함이 도서관 지하에 있음

▶ Question: What does the man think? Why does he think that way?

남자는 뭐라고 생각하는가? 왜 그렇게 생각하는가?

예시 답변

The man does not think having a special lounge for commuting students is a good idea. First, he says everybody else also carries their books around all day. Second, there are lockers in the library basement to use.

남자는 통학하는 학생들을 위한 특별 휴게실을 만드는 것이 좋은 생각이라고 생각하지 않는다. 먼저, 그는 다른 모든 학생들도 하루 종일 책을 갖고 다닌다고 말한다. 두 번째로, 도서관 지하에 사용할 수 있는 사물함이 있다.

어휘 commute ⓥ 통학하다, 통근하다 l reasonable adj 합리적인 l unnecessary adj 불필요한 l opposite adj 반대의 l burden ⓝ 짐, 부담 l basement ⓝ 지하실 l exclusively adv 독점적으로 l specifically adv 명확하게, 분명히, 특별히

08

듣기 지문&해석

Ⓜ Nadia, did you see this letter in today's school newspaper?

Ⓦ The one suggesting that they ban bikes on central campus? That doesn't sound like a very good solution to me. I agree that people riding bikes quickly on those paths would be dangerous. But how often have you seen that happen? Most people already walk their bikes on those paths. They are far too crowded between classes for anyone to actually ride a bike.

Ⓜ So you don't see any problem with the current situation?

Ⓦ No, I don't. I guess they could post some signs reminding people to walk their bikes. But banning bikes from the area would be excessive.

Ⓜ Yeah, I guess so.

Ⓦ This would also be very difficult to enforce. If you really think about it, people would need to be there to enforce the rules. Campus security has a small staff, and they have more important things to do with their time.

Ⓜ Yeah, I agree with you. This would not be a good plan.

남 나디아, 오늘 학교 신문의 이 편지 봤어?

여 중앙 교정에 자전거를 금지해야 한다고 제안하는 것 말이야? 나한테는 별로 좋은 해결책 같지 않아. 나도 그 길에서 자전거를 빨리 타는 사람들이 위험할 수 있다는 건 동의해. 하지만 그런 일이 일어나는 걸 얼마나 자주 봤니? 대부분의 사람들이 이미 그 길에서 자전거를 끌고 걸어가. 수업 사이에는 그 길이 너무 붐벼서 실제로 자전거를 탈 수 있는 사람이 없어.

남 그래서 너는 현재 상황에 아무 문제도 없다고 보는 거야?

여 응, 맞아. 사람들에게 자전거를 타지 말고 끌고 갈 것을 다시 한 번 알려주는 표지판만 붙이면 될 거라고 생각해. 하지만 그 구역에서 자전거를 금지하는 건 너무 과한 것 같아.

남 응, 그런 것 같네.

여 이걸 시행하는 것도 매우 어려울 거야. 생각해 보면 그 규칙을 실시하려면 사람들이 거길 지키고 있어야 해. 교내 경비대는 직원이 많지 않고 그 시간에 해야 하는 다른 중요한 일들이 더 많아.

남 그래, 네 의견에 동의해. 이건 별로 좋은 계획은 아닌 것 같다.

노트 정리 예시

| 주제 ban bikes on central campus | 중앙 교정에서 자전거 금지 |
| woman: not a good idea | 여자: 좋은 생각 아님 |

- ppl can't ride bikes anyway since it's too crowded
- campus security has better things to do

— 너무 붐벼서 어차피 자전거 못 탐
— 교내 경비대는 더 중요한 일이 있음

▶ Question: **What does the woman think? Why does she think that way?**

여자는 뭐라고 생각하는가? 왜 그렇게 생각하는가?

The woman does not think banning bikes on central campus would be a good idea. First, since the paths are too crowded between classes, people can't even ride bikes anyway. Second, campus security has better things to do.

여자는 중앙 교정에서 자전거를 금지하는 것이 좋은 생각이라고 생각하지 않는다. 먼저, 수업 사이에 그 길이 너무 붐벼서 사람들은 어차피 자전거를 탈 수 없다. 두 번째로, 교내 경비대는 더 중요한 할 일이 있다.

어휘 ban **v** 금지하다 I solution **n** 해결책 I dangerous **adj** 위험한 I crowded **adj** 붐비는, 사람이 많은 I current **adj** 지금의, 현재의 I post **v** (벽보 등을) 벽에 붙이다 I sign **n** 표지판 I remind **v** 상기시키다 I excessive **adj** 과한 I enforce **v** 시행하다, 실시하다 I security **n** 경비 담당 부서, 보안, 경비

Lesson 04 정리해서 말하기

Practice 1   본서 I P. 80

01

Recreation Center Renovations

We are sorry to announce that the Recreation Center will be closed for the summer session, from June 1st to September 15th, for renovations. It has been more than ten years since the facility was built, and since then, the student population has expanded. The current Recreation Center is no longer able to accommodate the increasing number of students on campus, so the plans will include the expansion of the pool, gym, and weight room as well as the purchase of new weight and cardio machines. We apologize for any inconvenience this may cause you, and we hope to see you all in September!

레크리에이션 센터 보수 공사

보수 공사 때문에 6월 1일부터 9월 15일까지 여름 학기 동안 레크리에이션 센터가 폐쇄된다는 사실을 알려드리게 되어 유감스럽게 생각합니다. 이 시설이 건설된 지 10년이 넘었고, 그 이후로 학생 수가 늘어났습니다. 현재의 레크리에이션 센터는 학교의 증가하는 학생 수를 더 이상 수용할 수가 없으므로, 새 중량 운동 기구 및 심근 강화 운동 기구의 구입뿐만 아니라, 수영장, 체육관 및 체력 단련실의 확장 계획이 있습니다. 불편을 끼쳐드리는 점 죄송하게 생각하며, 9월에 모두 뵙기를 희망합니다!

어휘 renovation **n** 보수 공사, 수리 I expand **v** 확장되다 I no longer 더 이상 ~ 않는 I accommodate **v** 수용하다 I increase **v** 증가하다, 늘어나다 I weight room 체력 단련실 I weight **n** 역기 등의 중량 운동 기구 I cardio **n** 심장 강화 운동 I apologize **v** 사과하다

주제 recreation center renovations
- close Jun 1~ Sep 15 for renovations
- expansion: pool, gym, etc.

레크리에이션 센터 보수 공사
– 6월 1일~9월 15일까지 보수 공사를 위해 폐쇄
– 확장: 수영장, 체육관 등

Now listen to two students talking about the announcement.

이제 공지에 대해 이야기하는 두 학생의 대화를 들으시오.

M They've got to be joking! The gym is going to be closed all summer?

W Yeah, they're expanding the pool and gymnasium. They said the facilities have gotten too small and there isn't enough equipment for the number of students.

M What? That doesn't make any sense. I use the gym all the time, and there are hardly any people there. And I've never had to wait in line for any of the equipment… even in the morning when it's the busiest. It doesn't need to be expanded at all!

W Hmm, I see your point, but still, they are buying new equipment. The facilities are getting a little old. Aren't they?

M No, they are not that old. In fact, there's nothing wrong with the current facilities at all. The equipment in the weight room is still in good shape. And there's nothing really wrong with the gym or the pool.

W Well, but I guess the school wants to do something about it, though.

M All they need to do is clean them up a bit and repaint them. I think it's a waste of money to make those renovations and buy new equipment.

남 농담이겠지! 여름 내내 체육관을 닫는다고?

여 그래, 수영장과 체육관을 확장한대. 학생 수에 비해 시설이 너무 작아졌고, 운동 기구도 충분하지 않다는 거야.

남 뭐라고? 말도 안 돼. 나는 체육관을 항상 이용하는데 사람들이 거의 없어. 어떤 기구도 줄 서서 기다린 적이 없어… 심지어 가장 붐비는 아침에도 말이야. 확장할 필요가 전혀 없어!

여 흠, 무슨 말인지는 알겠지만, 그래도 새로운 기구를 구입하려고 하던데. 시설이 좀 낡았잖아. 안 그래?

남 아니, 그렇게 낡지 않았어. 사실, 현재 시설에는 전혀 문제가 없어. 체력 단련실의 운동 기구들은 아직 상태가 좋아. 그리고 체육관과 수영장도 전혀 잘못된 것이 없고 말이야.

여 음, 그래도 학교가 뭘 좀 해보고 싶나 보네.

남 청소 좀 하고 페인트칠만 다시 하면 돼. 보수 공사를 하고 새 기구를 사는 건 돈 낭비 같아.

어휘 gymnasium n 체육관 l facility n 시설 l make sense 이치에 맞다, 말이 되다 l hardly adv 거의 ~ 않다 l wait in line 줄 서서 기다리다 l in good shape 상태가 좋은 l there's nothing wrong with ~에 아무 문제도 없다 l a waste of money 돈 낭비

의견 man: no	남자: 반대
이유 1. no need for expansion 　　　- always go to the gym, hardly anyone there 　　2. no need for new equipment 　　　- they are all quite new	1. 확장할 필요 없음 　– 항상 체육관에 감, 사람이 거의 없음 2. 새로운 기구 필요 없음 　– 전부 상당히 새 것임

02

Announcement on the Removal of TV in the Cafeteria

Please be advised that the large LCD TV in the main cafeteria at Raleigh House will be moved to the Recreation Center at the end of this month. The first reason brought up was that quite a few students have meetings and study in the cafeteria, and the noise from the television disturbs them. Also, the cafeteria is an important place to talk and get to know one another. Having the LCD TV in the cafeteria interferes with this. Therefore, to help build relationships among students, we have decided to move the TV to the Recreation Center on the third floor. For further information, please contact the Housing Committee.

구내식당 TV 제거 공지

롤리 기숙사 메인 구내식당의 대형 LCD TV가 이달 말에 레크레이션 센터로 옮겨진다는 것을 알려드립니다. 제기된 첫 번째 이유는 꽤 많은 학생들이 구내식당에서 모임을 가지거나 공부를 하는데 텔레비전 소리가 방해가 된다는 것입니다. 또한 구내식당은 대화를 하고 서로를 알아가기 위한 중요한 장소입니다. 구내식당에 LCD TV가 있으면 이런 것에 방해가 됩니다. 따라서 우리는 학생들 사이의 교류를 돕기 위해 TV를 3층의 레크리에이션 센터로 옮기기로 결정했습니다. 좀 더 상세한 정보를 얻으려면 기숙사 위원회로 연락 바랍니다.

어휘 　be advised that ~를 숙지하시오 | quite a few 상당수의 | disturb v 방해하다 | get to know 알게 되다 | interfere v 방해하다 | build relationships 관계를 쌓다 | contact v 연락하다 | committee n 위원회

주제 remove TV from cafeteria	구내식당에서 TV 제거
- TV noise = disturb students who meet & study	– TV 소음 = 모임 & 공부하는 학생들 방해
- students should talk & get to know	– 학생들은 서로 대화 & 알아가야 함

Now listen to two students talking about the announcement from the Housing Committee.

이제 기숙사 위원회 공지에 대해 이야기하는 두 학생의 대화를 들으시오.

M　Did you read that they're going to get rid of the TV in the cafeteria?

W　That's a good idea, I guess.

M　Come on, we need some place to just relax, don't we? We're all so busy with school work and studying. In the cafeteria, we should be able to just relax and watch TV if we want to.

W　Yeah, you've got a point. I suppose it's good to have a place to just relax.

M　Exactly! Since we're all adults here, we can make our own decisions about how to spend our time. If you want to talk, talk. If you want to watch TV and relax, you should be able to do that, too.

W　But people who want to study would definitely have a hard time concentrating because of the TV noise.

M　People who want to study should go to the library or the study hall. That's what those places are for.

W　Okay, but what about the point about the TV interfering with people getting to know one another?

M　I think that point makes no sense at all. In fact, I believe TV can be a really helpful tool to make friends with others or break the ice. When students meet other people for the first time and don't have common things to talk about, they can make conversation by talking about what's being shown on the TV.

W　Hmm, I guess I've never thought of it from that perspective.

남　구내식당에서 TV를 없앨 거라는 공지 읽었니?

여　그건 좋은 생각 같아.

남　저기, 우린 그냥 휴식을 취할 장소가 필요해. 그렇지 않아? 모두들 학교 과제와 공부로 굉장히 바빠. 구내식당에선 원할 때 그냥 좀 쉬면서 TV를 볼 수 있어야 해.

여　그래, 네 말도 일리가 있어. 내 생각에도 단순히 쉴 수 있는 공간이 필요한 것 같아.

남　내 말이! 우린 모두 성인이기 때문에 시간을 어떻게 쓸지에 대해 스스로 결정할 수 있어. 대화를 하고 싶으면 대화를 해. TV를 보며 쉬고 싶으면 그렇게 할 수도 있어야 해.

여　하지만 공부하고 싶어하는 사람들은 분명 TV 소음 때문에 집중하기가 힘들 거야.

남　공부하고 싶은 사람들은 도서관이나 자습실에 가면 되지. 거기가 공부를 하기 위한 장소잖아.

여　그래, 하지만 TV가 사람들이 서로 알아가는 데 방해가 된다는 거에 대해선 어떻게 생각해?

남　내 생각에 그건 전혀 말이 안 되는 것 같아. 사실, TV는 친구를 사귀고 서먹한 분위기를 깨뜨리는 데 정말 유용한 도구라고 생각해. 학생들이 다른 사람들을 처음 만나서 이야기할 공통된 화제가 없을 때 TV에서 방송되는 것을 보며 대화를 할 수 있거든.

여　음, 그런 관점으로 생각해 본 적은 없었네.

어휘 　get rid of 없애다, 제거하다 | be busy with ~하느라 바쁘다 | make one's decision 결정을 내리다 | have a hard time -ing ~하는 데 어려움을 겪다 | that's what A is for 그걸 위해서 A가 있다 | make friends with others 다른 이들을 사귀다, 친해지다 | break the ice 서먹한 분위기를 깨다 | common adj 공통의 | make conversation 대화하다, 잡담하다 | perspective n 관점, 시각

의견 man: no	남자: 반대
이유 1. ppl just want to relax	1. 사람들은 그저 휴식을 취하고자 함
- meet & study ppl should go somewhere quiet	– 모임 & 공부하는 사람들은 조용한 곳으로 가야 함
2. TV is useful	2. TV는 유용함
- ppl can talk about what's on TV: break ice	– 사람들은 TV에서 방송되는 것에 대해 이야기할 수 있음: 서먹한 분위기 깨기

읽기 지문&해석

Library Lockers Available

We are pleased to announce that a limited number of lockers are now available in Elpis Library for fourth-year students who need a place to store library materials for research papers and graduation theses. All fourth-year JSM University students are eligible for lockers except students who have a study carrel space in the Main Library. Lockers are available at several locations on most stacks floors. Lockers are allocated in the order of application and assigned at the beginning of each academic term. Only personal materials and checked-out library materials may be kept in the lockers. Non-circulating and uncharged materials are not to be stored in the lockers at any time.

도서관 사물함 이용 가능

연구 보고서와 졸업 논문에 필요한 도서관 자료를 보관하기 원하는 4학년 학생들은 엘피스 도서관에서 한정된 숫자의 사물함을 사용할 수 있음을 알려드리게 되어 기쁩니다. 중앙 도서관에 개인 열람실이 있는 학생을 제외한 모든 JSM 대학의 4학년 학생들은 누구나 사물함 신청 자격이 주어집니다. 사물함은 몇 곳에 비치되어 있고, 대부분 서고 층에 있습니다. 사물함은 신청 순서에 따라 매 학기 시작 때 배정됩니다. 오직 개인 물품과 대출된 도서만 사물함에 보관해야 합니다. 회람 가능하지 않거나 대출 절차를 거치지 않은 자료는 어느 때도 사물함에 보관되어서는 안 됩니다.

어휘 a limited number of 한정된 수의 | research paper 연구 보고서, 연구 논문 | graduation thesis 졸업 논문 | eligible for ~할 자격이 있는 | carrel **n** (도서관 내의) 개인 열람실 | stacks **n** (도서관의) 서가, 서고 | allocate **v** 할당하다 | assign **v** 배정하다 | checked-out **adj** (도서관에서) 대출된 | in the order of application 신청 순으로

읽기 – 노트 정리 예시

주제 library lockers available
  - 4th yr students
  - lockers located on stacks floors

도서관 사물함 이용 가능
  – 4학년 학생들
  – 사물함은 서고 층에 있음

Now listen to two students talking about the announcement.

이제 공지에 대해 이야기하는 두 학생의 대화를 들으시오.

듣기 지문&해석

Ⓜ Wow, finally lockers are available to students at the library. Ooh… think about all the books that we've been carrying around… now I can apply for the locker and store all the books there.

Ⓦ Nope, I think you completely misread the announcement.

Ⓜ What do you mean?

Ⓦ Well, first of all, the lockers are not for everyone but only for fourth-year students. And since we are still second-year students, we gotta wait two more years to even apply for the lockers. And I think it's really unfair for us; we too, have a lot of books to carry around and a lot of papers to write just like any other student.

Ⓜ Oh, I clearly missed that part then. I thought we all were eligible for the lockers.

Ⓦ No, not at all. Anyway, not only that, the lockers are all located in the corner of the stacks floors. Have you seen them? I think that's a wrong place to put the lockers, don't you think?

Ⓜ Huh? Why?

Ⓦ Well, since the circulation desk is all the way on the opposite side, people might not check out books properly.

Ⓜ 와, 드디어 도서관에서 사물함 이용이 가능하군. 으… 우리가 들고 다녔던 책들을 전부 생각해 봐… 이제 사물함을 신청해서 거기에 책을 다 넣어둘 수 있어.

Ⓦ 아니, 너 공지를 완전히 잘못 읽은 것 같은데.

Ⓜ 무슨 소리야?

Ⓦ 음, 먼저 사물함은 모두를 위한 것이 아니라 4학년 학생들만을 위한 거야. 우린 아직 2학년이니까 2년을 더 기다려야 사물함 신청이라도 할 수 있어. 그리고 내 생각에 이건 너무 불공평해. 우리도 들고 다닐 책도 많고 다른 학생들과 마찬가지로 써야 되는 과제물도 많아.

Ⓜ 오, 그럼 내가 분명 그 부분을 놓쳤나 봐. 나는 모두가 사물함을 신청할 수 있는 줄 알았어.

Ⓦ 아니, 전혀 아냐. 어쨌든, 그것뿐만 아니라 사물함은 도서관 각 서고 층 구석에 있잖아. 본 적 있어? 내 생각에 사물함을 그곳에 두는 것도 잘못이야, 그렇게 생각하지 않니?

Ⓜ 응? 왜?

Ⓦ 음, 대출 데스크가 완전 반대편 쪽에 있으니까, 사람들이 책을 제대로 대출 안 할 수도 있을 거야.

Ⓠ2 / Integrated Task

M	What do you mean?	남	그게 무슨 말이야?
W	What I mean is, if the lockers are not located right near the circulation desk, many students will feel tempted to use books and keep them in the lockers without checking them out first.	여	내 말은, 만약 사물함이 대출 데스크 바로 옆에 있지 않으면, 많은 학생들이 책을 처음부터 제대로 대출하지 않고 그저 사용하거나 사물함에 그냥 놔두고 싶어할 거라는 거야.
M	I see. Then the library will lose track of those books which can cause serious problems for all of us!	남	알겠다. 그럼 도서관은 이 책들이 어디에 있는지 모르게 되고 그건 우리 모두에게 심각한 문제가 될 수 있을 거고!
W	Exactly!	여	바로 그거야!

어휘 carry around 가지고 다니다 | apply for 신청하다 | gotta[got to] 해야만 한다 | circulation desk 대출 데스크 | on the opposite side 반대편에 | check out (books) (도서를) 대출하다 | feel tempted to (유혹을 받아) ~하기 쉽다 | lose track of ~을 놓치다(잃어버리다) | cause serious problems 심각한 문제를 야기하다

듣기 – 노트 정리 예시

의견 woman: no	여자: 반대

이유 1. everybody needs lockers
  - 4th yr students are not the only ones
2. location of lockers — corner!
  - ppl will start keeping their books w/o checking out
	1. 모두가 사물함을 필요로 함
	  – 4학년 학생들뿐만이 아님
	2. 사물함 위치 — 구석!
	  – 사람들이 책을 대출하지 않고 보관하기 시작할 것임

04

읽기 지문&해석

New Library Loan Policy

Starting with the spring semester, Tuchman Library will institute new policies regarding book loans. Formerly, undergraduate students were limited to checking out 15 books at one time, and graduate students were limited to 30 books. However, with our growing student body, this means that many students are unable to access materials that they need for studying or composing papers. Therefore, as of February 1, all students will be restricted to ten books at any given time. This will help to ensure that the number and variety of books available will remain adequate. To facilitate this shift, we will be installing additional photocopiers on the 1st and 3rd floors of the library.

도서관의 신규 대출 정책

봄 학기부터 투크만 도서관은 도서 대출에 관한 새로운 정책을 시행할 것입니다. 이전에는 학부 학생들은 한 번에 15권까지만 도서를 대출할 수 있었고, 대학원 학생들은 30권까지 대출할 수 있었습니다. 그러나 전체 학생 수가 늘어남에 따라 이는 많은 학생들이 공부를 하거나 과제를 하기 위해 필요로 하는 자료를 이용할 수 없다는 의미가 됐습니다. 따라서 2월 1일자로 모든 학생들은 항상 10권만 대출할 수 있게 됩니다. 이는 대출 가능한 도서의 수와 다양한 책들이 적절히 유지되도록 하는 데 도움이 될 것입니다. 이러한 변화를 용이하게 하기 위해 도서관의 1층과 3층에 추가로 복사기를 설치할 것입니다.

어휘 institute ☑ 도입하다, 시행하다 | book loan 도서 대출 | formerly adv 이전에 | undergraduate ☑ 대학원생, 학생 adj 대학원생의, 학생의 | graduate ☑ 대학원생 adj 대학생의 | as of ~일자로 | restrict ☑ 제한하다 | ensure ☑ 반드시 ~하게 하다, 보장하다 | adequate adj 충분한, 적절한 | facilitate ☑ 용이하게 하다 | shift ☑ 변화 | install ☑ 설치하다 | additional adj 추가의 | photocopier ☑ 복사기

읽기 – 노트 정리 예시

| 주제 new library loan policy
  - undergrad: 15 books, grad: 30 books before
  → all: 10 books
  - ensure enough books in the library | 도서관의 신규 대출 정책
  – 예전에는 학부생: 15권, 대학원생: 30권
  → 모두: 10권
  – 도서관에 충분한 책을 유지하도록 함 |

Now listen to two students as they discuss the university library's new loan policy.

이제 대학 도서관의 신규 대출 정책에 대해 논의하는 두 학생의 대화를 들으시오.

Ⓦ Did you see the notice about Tuchman Library?

Ⓜ You mean the one about the changing loan policies? Do you disagree with their decision?

Ⓦ Well, I agree. It's just that I know all too well how scarce materials can become around midterms and final exams. In fact, I really had to struggle to complete one of my term papers this semester. I needed to write about George Washington's military career, but I couldn't find any books in the library. Other students had checked out every single one!

Ⓜ Yes, that is a big problem. I have had many similar experiences.

Ⓦ With the new policy, the chance of finding the books I need will definitely grow.

Ⓜ Yeah, I really hope so. But I guess the limit is going to be pretty low, especially compared to now.

Ⓦ That's true, but how many books do you really need to check out at the same time? I wouldn't want to try to carry much more than 10 at one time. And even if you make multiple trips to the library, you don't have to check out a book to use it. How often do you read an entire book for research?

Ⓜ Rarely. I usually only need a few chapters or a few pages.

Ⓦ Exactly, or you just need a paragraph or two. So, making photocopies is much easier than taking the books back to your dormitory.

Ⓜ You definitely have a point there. And, if I recall correctly, didn't the notice say that they would be installing more photocopiers for that purpose?

Ⓦ Yes, it did. They will be putting them on the first and third floors. So I'm not really worried.

Ⓜ Yeah, I guess it actually is a pretty good plan overall.

Ⓔ 투크만 도서관에 관한 공지 봤어?

Ⓗ 대출 정책 변경에 관한 것 말이야? 너는 그 결정에 반대하니?

Ⓔ 아, 동의해. 그저 중간고사와 기말고사 즈음에 자료가 얼마나 부족해지는지 너무 잘 알아서 그래. 사실, 난 이번 학기에 학기말 과제 중 하나를 완성하기가 정말 힘들었어. 조지 워싱턴의 군대 경력에 관해 써야 했는데 도서관에서 책을 하나도 찾을 수 없었거든. 다른 학생들이 전부 다 빌려갔던 거야!

Ⓗ 그래, 그건 큰 문제야. 나도 비슷한 경험을 많이 했어.

Ⓔ 새 정책이 시행되면, 필요한 책을 찾을 기회가 분명히 늘어날 거야.

Ⓗ 그래, 나도 그렇길 바라. 하지만 대출 가능 권수는 상당히 적을 거야, 특히 지금과 비교하면.

Ⓔ 그건 맞지만, 한 번에 얼마나 많은 책을 대출할 필요가 있는데? 나라면 한 번에 10권 이상 되는 책을 들고 다니고 싶지는 않을 거야. 그리고 도서관에 몇 번이나 온다 해도 책을 보기 위해 꼭 대출을 할 필요는 없지. 자료 조사할 때 책 한 권을 다 읽는 경우가 얼마나 되니?

Ⓗ 거의 없지. 보통 몇 개의 장이나 몇 페이지만 필요하니까.

Ⓔ 바로 그거야. 아니면 한 문단이나 두 문단만 필요하지. 그래서 책을 기숙사에 가지고 가는 것보다 복사를 하는 게 훨씬 더 쉬워.

Ⓗ 네 말이 일리가 있네. 그리고 내 기억이 맞는다면 공지에서 그 목적으로 더 많은 복사기를 설치한다고 하지 않았어?

Ⓔ 맞아, 그랬어. 1층과 3층에 복사기를 설치할 거야. 그래서 난 별로 걱정하지 않아.

Ⓗ 그래, 사실 전반적으로 꽤 괜찮은 계획 같다.

어휘 scarce [adj] 부족한, 드문 | term paper 기말 과제 | multiple [adj] 많은 | paragraph [n] 문단 | have a point 일리가 있다 | recall [v] 기억해 내다, 상기하다 | overall [adv] 전반적으로

의견 woman: yes

이유 1. will be easy to find books you want
    - had a hard time this semester
   2. don't need 10 books at a time
    - can also make photocopies

여자: 찬성

1. 원하는 책을 찾기 쉬워질 것임
   − 이번 학기에 매우 힘들었음
2. 한 번에 10권의 책이 필요하지 않음
   − 복사를 할 수도 있음

01

The university is making an announcement regarding construction work in one of its parking lots. You will have 50 seconds to read the announcement. Begin reading now.

대학교가 주차장 한 곳의 공사에 관한 공지를 하고 있다. 공지를 읽는 데 50초가 주어진다. 이제 읽기 시작하시오.

읽기 지문&해석

Parking Lot Under Construction

All parking permit holders should be aware that Lot C, located next to the Registrar's Office, will be closed for construction. With the increase in enrollment over the past five years, the number of people parking in the lot has also increased dramatically. To increase capacity, the university is planning to build a four-story parking garage on the site of Parking Lot C from the beginning of August until the end of October. While the parking lot is under construction, Lot C permit holders can park in any of the other parking lots on campus.

주차장 공사 중

모든 주차 허가증 소지자들에게 학적부 사무실 옆에 위치한 C주차장이 공사를 위해 폐쇄함을 알려드립니다. 지난 5년 동안 재학생 수가 증가하면서 그 주차장을 이용하는 사람 수 또한 급격히 증가했습니다. 수용량을 늘리기 위해 대학에서는 8월 초부터 10월 말까지 C주차장 자리에 4층짜리 주차장을 지을 계획입니다. 주차장이 공사 중인 동안 C주차장 허가증 소지자들은 캠퍼스의 다른 주차장 어느 곳에든 주차할 수 있습니다.

어휘 under construction 공사 중인 | be aware that (of) ~를 알다/인지하고 있다 | next to ~ 옆에 | enrollment ⋒ 등록 | over the past five years 지난 5년 동안 | the number of ~의 수 | dramatically adv 급격히 | four-story adj 4층의 | parking garage 주차장 | site ⋒ 위치, 장소, 현장

읽기 – 노트 정리 예시

주제 parking lot under construction (next to Registrar's office)	주차장 공사 중 (학적부 사무실 옆)
- 4-story parking garage	– 4층짜리 주차장
- construction Aug~Oct	– 8~10월에 공사

Now listen to two students talking about the announcement.

이제 공지에 대해 이야기하는 두 학생의 대화를 들으시오.

듣기 지문&해석

Ⓜ Oh, no way! They're not seriously going to close the parking lot, are they?

Ⓦ Yup, it looks like it… for three months starting next week.

Ⓜ What are they thinking?

Ⓦ Well, it'll be good to have a new parking garage, won't it? I don't know about you, but it takes me forever to find a spot. Sometimes, I'm even late for class.

Ⓜ For sure, we need more parking spaces, but come on! August and September? Those are the busiest months for registration. Everyone wants to park near the Registrar's Office. Why couldn't they have done it earlier in the summer when there is less traffic on campus?

Ⓦ I guess you've got a point. But we can park in the other lots, right? It won't be that bad.

Ⓜ No way! All of the other lots are already full all the time. With all of the extra cars from Lot C wanting to park in them, we'll never get a spot. I guess I'll just start riding my bike to school in the fall.

Ⓜ 오, 말도 안 돼! 정말로 주차장을 폐쇄하지는 않겠지, 그렇지?

Ⓦ 그럴 것 같은데… 다음 주부터 석 달 동안.

Ⓜ 대체 무슨 생각이지?

Ⓦ 음, 새 주차장이 생기면 좋을 거야, 안 그래? 네 경우는 모르겠지만 난 주차할 자리를 찾는 데 시간이 굉장히 오래 걸려. 가끔은 수업에 늦기도 해.

Ⓜ 물론 주차 공간이 더 필요하긴 해. 하지만 8월과 9월이라니! 등록 때문에 제일 바쁜 달이잖아. 모두들 학적부 사무실 가까이에 주차하기를 원해. 왜 학교가 덜 붐비는 초여름에 하지 않은 걸까?

Ⓦ 네 말이 일리가 있긴 해. 하지만 다른 주차장에 주차할 수 있잖아, 그렇지? 그리 나쁘지 않을 거야.

Ⓜ 그렇지 않아! 다른 주차장들은 이미 항상 붐벼. C주차장의 모든 차들까지 거기에 주차하려 들면, 우린 절대 자리를 찾지 못할 거야. 가을엔 학교에 그냥 자전거를 타고 다녀야겠네.

어휘   seriously **adv** 진지하게, 진심으로, 심각하게 | spot **n** 자리 | be late for ~에 늦다 | for sure 물론, 확실히 | parking space 주차 공간 |
registration **n** 등록 | all the time 항상 | ride a bike 자전거를 타다

듣기 – 노트 정리 예시

의견 man: not a good idea	남자: 좋은 생각이 아님
이유 1. Aug & Sep are the busiest months	1. 8월 & 9월은 가장 바쁜 달
2. other parking lots are already full	2. 다른 주차장은 이미 만원임

The man expresses his opinion about the announcement by the Facilities Management Department. State his opinion and explain the reasons he gives for holding his opinion.

남자는 시설 관리부 공지에 대한 자신의 의견을 표현하고 있다. 그의 의견에 대해 서술하고 그렇게 생각하는 이유가 무엇인지 설명하시오.

예시 답변

The man is opposed to the university's plan to close Lot C to build a new parking garage in the busiest months. For one thing, many students park in that lot during the registration period because it is right next to the Registrar's Office. But they won't be able to do that because it will be closed during that period. Also, he thinks that it will be very hard to park in the other parking lots. There are already very few spots, and with Lot C closed, there will be even fewer spots left. He thinks that he won't be able to get a spot during construction. That's why he is against the plan.

남자는 가장 바쁜 달에 새 주차장을 짓기 위해 C주차장을 폐쇄한다는 대학교 측의 계획에 반대한다. 우선, 그 주차장이 학적부 사무실 바로 옆에 있기 때문에 많은 학생들이 등록 기간 동안 그 주차장에 주차한다. 하지만 그 주차장이 그 기간 동안 폐쇄될 것이기 때문에 그렇게 할 수 없을 것이다. 또한 그는 다른 주차장에 주차하는 것이 매우 어려울 것이라고 생각한다. 이미 자리가 거의 없고, C주차장이 문을 닫은 상태에서는 남은 자리가 훨씬 더 적을 것이다. 그는 공사 중에 자리를 잡을 수 없을 것이라고 생각한다. 그래서 그는 그 계획에 반대한다.

02

The university is making an announcement regarding an annual orientation. You will have 45 seconds to read the announcement. Begin reading now.

대학교가 연례 오리엔테이션에 관한 공지를 하고 있다. 공지를 읽는 데 45초가 주어진다. 이제 읽기 시작하시오.

읽기 지문&해석

School of Engineering Orientation

Welcome back from the summer break! Once again, the faculty of the School of Engineering will be hosting its annual orientation activities; but this year, due to students' complaints, there will be a few changes. In previous years, the faculty hosted a barbeque and a hiking trip on the first weekend in September. This year, however, the events are scheduled for Wednesday, September 20th, between noon and 4 o'clock. Additionally, students can choose which of the planned events they wish to attend. Students may sign up for the preferred activity on the webpage of the School of Engineering by noon on the 19th.

공과 대학 오리엔테이션

여름 방학이 끝나고 돌아오신 것을 환영합니다! 다시 한 번 공과 대학에서 연례 오리엔테이션 행사를 주최합니다. 그러나 올해에는 학생들의 불만에 의해 몇 가지 변경 사항이 있습니다. 예년에는 9월 첫째 주말에 바비큐 파티와 하이킹 여행을 개최했습니다. 하지만 올해는 행사가 9월 20일 수요일 정오에서 4시 사이로 일정이 잡혔습니다. 또한 학생들은 계획된 행사 중 참석하고 싶은 행사를 선택할 수 있습니다. 학생들은 공과 대학 웹페이지에서 19일 정오까지 원하는 활동을 등록하면 됩니다.

어휘   engineering **n** 공학 | faculty **n** 학부, 학과 | due to ~ 때문에 | complaint **n** 불평, 불만 사항 | host **v** 주최하다 | additionally **adv** 또한, 게다가 | sign up for 등록하다

주제 school of engineering orientation	공과 대학 오리엔테이션
- change 1: time - noon to 4	– 변화 1: 시간 – 정오에서 4시
- change 2: students can choose the events they want	– 변화 2: 학생들은 원하는 행사를 선택할 수 있음

Now listen to two students talking about the announcement. 이제 공지에 대해 이야기하는 두 학생의 대화를 들으시오.

🅜 Hey, did you hear about orientation this year?	🅗 올해 오리엔테이션 얘기 들었어?
🅦 Yeah, it was a smart move switching it to a Wednesday.	🅔 응, 수요일로 바꾼 건 현명한 처사야.
🅜 Oh, you think so? I couldn't understand why they changed it. Don't most people have more free time on the weekend?	🅗 어, 그렇게 생각하니? 난 왜 바꿨는지 이해가 안 돼. 대부분의 사람들이 주말에 더 시간이 많지 않아?
🅦 Not at the beginning of term. We're all running around doing so many different things—buying books, registering for classes, getting set up with our housing. We really need the time on the weekend to do those things. If you lose your pace at the beginning, it kinda continues to the end. You remember? We actually talked about this last semester!	🅔 학기 초엔 그렇지 않아. 모두들 책 사고, 수강 신청하고, 숙소를 마련하는 등 많은 일을 하느라 바쁘게 돌아다녀. 그런 일들을 하려면 정말로 주말에 시간이 필요해. 만약 처음에 속도를 맞춰 가지 못하면, 끝까지 그렇게 되잖아. 기억나? 우리 지난 학기에 이거 이야기했잖아!
🅜 Yeah, I remember! And that's true. It was a bit of a hassle to go to orientation on the weekend last year.	🅗 응, 기억나! 맞아. 작년엔 주말에 오리엔테이션 가느라 정신이 없었어.
🅦 Not only that, I'm also really happy that students get to choose their activity. Last year, we had to go to the barbeque and go hiking. The hiking was so boring, but I didn't have any choice.	🅔 그뿐 아니라, 학생들이 활동을 선택할 수 있다는 것도 좋아. 작년엔 바비큐와 하이킹을 가야 했잖아. 하이킹은 정말 지루했지만 선택의 여지가 없었지.
🅜 Yeah. I remember that. I am happy that we have an option in the activities too. I'd probably want to go to the barbeque, but I can do without the hiking.	🅗 그래. 기억나. 나도 활동에 선택 사항이 있어서 좋아. 나는 아마 바비큐는 가고 싶을 것 같은데. 하이킹은 가지 않을 거야.
🅦 I'm with you! I don't want to waste time doing stuff I'm not interested in. Just have some food and take off.	🅔 나도 그래! 관심 없는 일을 하며 시간을 낭비하고 싶지 않아. 음식만 좀 먹고 자리를 뜨자.
🅜 Maybe we could do something together after the barbeque.	🅗 바비큐 끝나고 우리끼리 뭔가를 할 수도 있을 거야.
🅦 That sounds good.	🅔 그거 좋은 생각이다.

어휘 smart move 현명한 처사 I switch 🆅 바꾸다 I at the beginning of term 학기 초에 I run around 돌아다니다 I register for a class 수강 신청하다 I housing 🅽 숙소, 집 I lose pace 속도를 잃다(보조를 맞추지 못하다) I hassle 🅽 곤란한 일, 난국 I do not have any choice 선택의 여지가 없다 I probably 🆀🆅 아마 I do without ~없이 지내다/해내다 I waste 🆅 낭비하다 I stuff 🅽 일, 것 I take off 가버리다

의견 woman: a good idea	여자: 좋은 생각임
이유 1. everyone is really busy, good to change the time	1. 모두가 정말 바쁨, 시간을 바꾸기 잘했음
2. don't have to waste time on something you don't like	2. 하고 싶지 않은 일에 시간을 낭비할 필요 없음

The woman gives her opinion about the announcement. State her opinion and explain the reasons she gives for holding that opinion. 여자는 공지에 대한 자신의 의견을 말하고 있다. 그녀의 의견에 대해 서술하고 그렇게 생각하는 이유가 무엇인지 설명하시오.

예시 답변

According to the reading passage, the orientation schedule for the engineering department has been changed from the weekend to Wednesday, and students may choose their own activities. The woman in the dialogue thinks that this is a really good idea. She gives two reasons. First of all, she says that students are really busy on the weekend at the beginning of the semester because they have to do so many things, such as buying books and registering for classes. Secondly, she mentions that it's good that students now have a choice in their activities. They are not forced to do something they don't want. So, for these reasons, she thinks this whole change is a really great idea.

읽기 지문에 따르면, 공과 대학 오리엔테이션 일정이 주말에서 수요일로 변경되었으며, 학생들이 직접 활동을 선택할 수도 있다. 대화에서 여자는 이것이 정말 좋은 아이디어라고 생각한다. 그녀는 두 가지 이유를 제시한다. 우선, 그녀는 학생들이 책을 사고 수업에 등록하는 것과 같은 많은 것들을 해야 하기 때문에 학기 초에는 주말에 정말 바쁘다고 말한다. 둘째로, 그녀는 학생들이 이제 그들의 활동에 선택권을 가질 수 있는 것이 좋다고 언급한다. 그들은 원하지 않는 것을 강제로 하는 것이 아니다. 그래서 이런 이유로, 그녀는 이 모든 변화가 정말 좋은 아이디어라고 생각한다.

03

The university is making an announcement regarding the relocation of departments. You will have 50 seconds to read the announcement. Begin reading now.

대학교가 학부 이전에 관한 공지를 하고 있다. 공지를 읽는 데 50초가 주어진다. 이제 읽기 시작하시오.

읽기 지문&해석

Relocation of Departments

When the fall semester begins, some of the university's departments will have relocated. As a part of the extensive renovations that will occur over the summer, the Art Department will be relocated to Fletcher Hall. This hall will be vacated when the new science hall is opened. Not only will this provide the Art Department with much needed space, but it will also be able to take advantage of the facilities already present in the building. This will open up the first two floors of Carter Hall, allowing the Business Department to expand as well. Please keep these changes in mind when the new semester begins.

학부 이전

가을 학기가 시작될 때, 대학의 학부들 중 일부가 이전했을 것입니다. 여름 내내 진행될 광범위한 보수 공사의 일환으로써, 예술 학부는 플레쳐홀로 옮겨질 것입니다. 이 홀은 새로운 과학홀이 개관할 때 비워질 것입니다. 이렇게 되면 예술 학부에 필요한 공간을 제공할 뿐만 아니라, 그 건물 안에 이미 존재하는 시설들을 이용할 수 있을 것입니다. 이는 또한 카터홀의 1, 2층을 개방함으로써 경영 학부도 확장할 수 있게 할 것입니다. 새 학기가 시작될 때 이러한 변화를 명심하시기 바랍니다.

어휘 relocation **n** 장소를 옮김, 이전 | relocate **v** 이전하다 | extensive **adj** 광범위한, 폭넓은 | vacate **v** 비우다 | take advantage of ~를 이용하다 | expand **v** 확장하다

읽기 – 노트 정리 예시

주제 relocation of departments due to renovation - will give art dept. space - business dept. can also expand	보수 공사로 인한 학부 이전 – 예술 학부에 공간 제공함 – 경영 학부도 확장 가능함

Now listen to a conversation between two students who are discussing the announcement.

이제 공지에 대해 논의하는 두 학생의 대화를 들으시오.

듣기 지문&해석

W Hello, Trent, how are you doing today?

M Hi, Alexia, I was doing much better before I read this.

여 안녕, 트렌트, 잘 지내지?

남 안녕, 알렉시아, 이걸 읽기 전까지는 잘 지내고

W	Read what? Is there an upsetting article in the newspaper?
M	No, not an article, but there is a notice.
W	What is it about?
M	Here, read it for yourself.
W	Okay… So, the university is going to move the Art Department to a new location, how is that bad?
M	You seem to have missed some other important facts. The Science Department is getting a brand new building. The Business Department is being expanded. The Art Department is going to be moved into the Science Department's old building. Typical university behavior… they are always willing to spend more money on science and business, but not on the arts.
W	Well, the classrooms in Fletcher Hall are much larger than the ones that it currently has in Carter Hall. Since more students will be able to fit into the classrooms, they can increase the number of students allowed to register for some courses. In fact, aren't there full-size lecture halls there that could be used for introductory courses?
M	That is true. The classrooms are much larger. And yes, there are lecture halls that can seat over a hundred students.
W	In addition, those lecture halls have multimedia technology already installed in them. So, the professors can show us the artworks they are describing without us having to purchase their individual course books.
M	True, I don't like those books. They are poorly made, and the pictures are in black and white.
W	Right, and they are still expensive because they are reproducing the images.
M	Okay, maybe I was being a bit hasty.

여	있었지.
여	뭘 읽어? 신문에 화나는 기사라도 있니?
남	아니, 기사가 아니고 공지가 있어.
여	무엇에 대한 거야?
남	여기, 네가 직접 읽어봐.
여	그래… 그래서, 대학에서 예술 학부를 새로운 장소로 옮긴다는 건데. 그게 그렇게 안 좋은 거야?
남	너는 다른 중요한 사실들을 놓치고 있는 것 같아. 과학 학부는 새로운 건물을 갖게 돼. 경영 학부는 확장이 되고, 예술 학부는 과학 학부의 오래된 건물로 옮겨지는 거야. 전형적인 대학 정책이지… 항상 더 많은 돈을 과학과 경영에 기꺼이 투자하지만, 예술에는 투자하지 않아.
여	음. 플레처홀의 강의실들은 카터홀의 강의실들보다 훨씬 더 커. 강의실에 더 많은 학생들이 들어갈 수 있게 되면, 일부 수업에 대한 등록자 수를 늘릴 수 있을 거야. 사실 그곳에 입문 과정에 사용할 수 있는 대형 강의실들이 있지 않아?
남	그건 맞아. 강의실들이 훨씬 더 크지. 그리고 맞아, 백 명이 넘는 학생들이 앉을 수 있는 강의실들이 있어.
여	게다가 그 강의실들에는 멀티미디어 시설이 이미 설치되어 있어. 그래서 우리가 개별 수업 교재를 사지 않아도 교수님들은 그분들이 묘사하는 예술 작품들을 보여주실 수 있어.
남	맞아, 난 그 교재들이 마음에 안 들어. 그 책들은 조잡하게 만들어졌고, 사진들은 흑백이야.
여	그래. 그런데도 이미지가 복사되어 들어 있어서 책들은 가격이 비싸.
남	그렇구나, 내가 좀 성급했던 것 같아.

어휘   upsetting adj 속상하게 하는 I typical adj 전형적인 I willing to 기꺼이 ~하는 I introductory course 입문 과정, 기초 수업 I seat v 앉다 I purchase v 사다, 구입하다 I course book 교재 I reproduce v 복사하다, 복제하다 I hasty adj 성급한

듣기 – 노트 정리 예시

의견 woman: good idea	여자: 좋은 생각임
이유 1. space↑ → more students/class	1. 공간↑ → 강의 당 더 많은 학생
2. classrooms have multimedia facility → useful for class	2. 강의실에 멀티미디어 시설이 있음 → 수업에 유용함

The woman expresses her opinion about relocating some of the university's departments. State her opinion and explain the reasons she gives for holding that opinion.

여자는 일부 학부를 이전하는 것에 대한 자신의 의견을 표현하고 있다. 그녀의 의견에 대해 서술하고 그렇게 생각하는 이유가 무엇인지 설명하시오.

예시 답변

The school notice states that the Art Department will be moved into the Science Department's old building. The woman thinks this is a good idea. First, if the classrooms get

학교 공지에 의하면 예술 학부는 과학 학부의 오래된 건물로 이전할 것이다. 여자는 이것이 좋은 생각이라고 생각한다. 첫째, 교실이 더 커지면 일부 강좌에 등

bigger, this will also increase the number of students allowed to register for some courses. Since there are full-size lecture halls, these rooms can be used for introductory courses. Secondly, the lecture halls in the Science Department's old building have multimedia technology already installed in them. This will allow the professors to project the artworks they are describing and show them to the students. The students may not have to purchase books for all their individual courses and avoid spending large amounts of money on poorly made books.

록할 수 있는 학생 수도 증가할 것이다. 대형 강의실들이 있어서 입문 과정에 사용될 수 있다. 둘째로, 과학 학부의 옛 건물에 있는 강의실에는 멀티미디어 설비가 이미 설치되어 있다. 이 덕에 교수들은 그들이 묘사하는 예술품들을 화면에 띄워서 학생들에게 보여 줄 수 있을 것이다. 학생들은 모든 개별 강좌를 위해 책을 구입하지 않아도 되고, 형편없이 만들어진 책에 많은 돈을 쓰는 것을 피할 수도 있다.

04

The school newspaper has published a letter from a student regarding unpaved bicycle paths. You will have 45 seconds to read the letter. Begin reading now.

학교 신문에 포장되지 않은 자전거 도로에 대한 학생의 편지가 실렸다. 편지를 읽는 데 45초가 주어진다. 이제 읽기 시작하시오.

읽기 지문&해석

Dear Editor,

The university has about three miles of unpaved bicycle paths that pass through the small forest near campus. However, since these paths are not paved, there is a high risk of accidents. When it rains or snows, the dirt turns to mud or icy roads and become very slippery. So students might slip and fall, which might lead to serious accidents. Therefore, I suggest that the university pave those paths in order to increase safety. The pavement will smooth out all the bumps on the trails, and I believe this will encourage more students to exercise and enjoy riding bikes without worrying about accidents.

- David Ree

편집자님께,

우리 대학에는 교정 근처 작은 숲을 통과하는 3마일 정도의 비포장 자전거 도로가 있습니다. 하지만 그 길이 비포장이라서 사고의 위험이 높습니다. 비가 오거나 눈이 올 경우에는 흙이 진흙이 되거나 빙판길이 되어 매우 미끄러워집니다. 그래서 학생들이 미끄러지거나 넘어질 수 있으며, 이는 심각한 사고로 이어질 수도 있습니다. 따라서 안전성을 높이기 위해 저는 학교가 그 도로를 포장할 것을 제안합니다. 도로 포장은 길의 모든 튀어나온 부분들을 제거하여 더 많은 학생들이 사고 걱정 없이 운동하고 자전거 타기를 즐기도록 장려할 수 있을 것이라고 생각합니다.

– 데이비드 리

어휘 bicycle path 자전거 전용 도로 | pass through ~를 거쳐가다 | pave ⓥ 도로를 포장하다 | dirt ⓝ 흙, 먼지 | high risk 높은 위험 | turn to ~로 변하다 | mud ⓝ 진흙 | icy road 빙판길 | slippery adj 미끄러운 | slip ⓥ 미끄러지다 | lead to (결과를)초래하다 | safety ⓝ 안전 | smooth out (문제, 장애 등) ~을 없애다 | bump ⓝ 튀어나온 부분, 장애물 | trail ⓝ 길 | encourage somebody to ~가 …하도록 장려하다

읽기 – 노트 정리 예시

주제 3 miles of unpaved bicycle path
- high risk of accidents when gets slippery
- if paved, more students will exercise & enjoy riding bikes

3마일의 비포장 자전거 도로
– 미끄러워지면 사고 위험 높음
– 포장된다면 더 많은 학생들이 운동 & 자전거 타기를 즐길 수 있음

Now listen to two students discussing the letter recommending the university to pave the bicycle paths near campus.

이제 교정 근처 자전거 도로 포장을 대학교 측에 건의하는 편지에 대해 논의하는 두 학생의 대화를 들으시오.

듣기 지문&해석

Ⓦ Hey, Alex! You ride a bike, right? Did you see this letter in the paper?

Ⓕ 저기, 알렉스! 너도 자전거 타지? 신문에 실린 이 편지 봤어?

M Yeah, I did, and I've used those paths. And well, I'd have to say I agree with him. When it rains, it's pretty slippery like he said.

W Yeah, I guess you're right, but those tracks are not only for cyclists.

M What do you mean?

W As far as I know, these trails were originally made for runners in the past. I used to run on those trails, but due to an increased demand for more bicycle paths on campus, the school decided to allow students to ride bikes on them.

M So?

W So, I mean, if you think about the people who run there, it's much safer to run on dirt which puts less pressure on their knees. It's really hard to run on hard surfaces, and there might be long-term health consequences from running on hard surfaces, you know?

M I wasn't aware of that. He really hasn't thought it through then, I guess.

W No, not at all. And besides, I don't like the idea of paving the paths in the forest. They won't look natural if the trails are paved with cement or something artificial. I believe that they should be preserved intact in their natural state. You know, one of the main reasons people ride bikes or run outside is that it's a way of enjoying nature. But if the paths are all paved, they won't feel like they are out in nature.

M That's true. It wouldn't be as relaxing.

남 응, 봤어. 나도 그 길을 사용해 봤어. 그리고 음, 그 사람 의견에 동의한다고 말할 수 있어. 그가 말한 것처럼 비가 오면 정말 미끄럽더라고.

여 그래, 네 말이 맞긴 맞지만 그 길이 자전거 타는 사람들을 위한 것만은 아니잖아.

남 무슨 말이야?

여 내가 알기론 그 길이 원래 과거에는 조깅하는 사람들을 위해서 만들어졌어. 나도 자주 뛰곤 했었는데, 교정에 자전거 도로에 대한 요구가 많아지니까 학교가 자전거 타는 것도 허용을 해줬던 거지.

남 그런데?

여 그래서 내 말은, 거기서 조깅하는 사람들을 생각해보면 그들의 무릎에 압박을 덜 주는 흙에서 뛰는 것이 훨씬 더 안전해. 딱딱한 표면에서 달리는 건 정말 힘들고, 딱딱한 표면에서 달리면 장기적으로 건강에 여파가 있을지도 몰라.

남 그건 생각 못 했네. 그럼 그는 아마 생각을 깊이 해보지 않았나 봐.

여 전혀 생각해 보지 않은 듯해. 그리고 숲속의 길을 포장한다는 생각은 맘에 들지 않아. 시멘트나 뭔가 인공적인 것으로 길이 포장되면 자연스러워 보이지 않을 거야. 내 생각에 그 길들은 손대지 않은 본래의 상태로 보존되어야 해. 사람들이 실외에서 자전거를 타거나 조깅을 하는 주요 이유 중 하나가 자연을 즐기기 위한 거잖아. 그런데 만약 길이 전부 포장된다면 자연에 있다는 느낌은 못 받을 거야.

남 맞아. 전처럼 편안한 느낌이 없겠지.

어휘   cyclist n 자전거 타는 사람 l increased demand 증가한 수요/요구 l long-term consequence 장기적 결과 l think through 충분히 생각하다 l cement n 시멘트 l artificial adj 인공적인 l preserve v 보존하다 l intact adj 손대지 않은

듣기 – 노트 정리 예시

의견 woman: not a good idea	여자: 좋은 생각이 아님
이유 1. ppl who jog: not good for their knee	1. 조깅하는 사람들: 무릎에 좋지 않음
2. it's ruining nature	2. 자연을 훼손함

The woman expresses her opinion about the student's letter concerning the bicycle paths. State her opinion and explain the reasons she gives for holding that opinion.

여자는 자전거 도로에 관한 학생의 편지에 대해 자신의 의견을 표현하고 있다. 그녀의 의견에 대해 서술하고 그렇게 생각하는 이유가 무엇인지 설명하시오.

예시 답변

According to the proposal given in the reading passage, the university should pave the bicycle paths in the forest near campus for safety reasons. The woman in the dialogue disagrees with this idea. She gives two reasons. First of all, she says that the paths are not only for cyclists but for runners as well. Running on a hard surface may cause serious damage

읽기 지문에 제시된 제안에 따르면, 학교는 안전상의 이유로 교정 근처 숲에 있는 자전거 도로를 포장해야 한다. 대화 속 여자는 이 생각에 동의하지 않는다. 그녀는 두 가지 이유를 제시한다. 우선, 그녀는 그 길이 자전거를 타는 사람들뿐만 아니라 달리기를 하는 사람들을 위한 것이기도 하다고 말한다. 딱딱한 표면에

to the body since it puts a lot of pressure on students' knees. Secondly, she mentions that it's unnatural to build roads in the middle of the forest. She believes that nature should be preserved intact. So, for these reasons, she thinks this whole proposal is really a bad idea.

서 달리는 것은 학생들의 무릎에 많은 부담을 주기 때문에 신체에 심각한 손상을 줄 수 있다. 둘째로, 그녀는 숲 한가운데에 도로를 건설하는 것은 부자연스럽다고 언급한다. 그녀는 자연은 온전하게 보존되어야 한다고 믿는다. 그래서 이런 이유들로, 그녀는 이 제안이 전체적으로 정말 좋지 않다고 생각한다.

Test 본서 | P. 92

01

The university is planning to launch a new work experience program. Read the announcement about the new work experience requirement. You will have 50 seconds to read the announcement. Begin reading now.

대학교는 새로운 실무 경험 프로그램을 시작하려고 계획하고 있다. 새로운 실무 경험 요건에 대한 공지를 읽으시오. 공지를 읽는 데 50초가 주어진다. 이제 읽기 시작하시오.

읽기 지문&해석

Work Experience Requirement

This September, the university is introducing a new program for all undergraduate students. Students will now be required to enroll in a program to complete one semester of work experience in a local corporation or small business during their final academic year before graduation. Placements will be primarily with internship programs at local companies sponsored by the city to promote employment in the local area. This required work experience program will greatly benefit students by helping them develop leadership and organizational skills that would not normally be taught in a classroom setting. Students who are currently working towards their degree are affected by the new policy and are expected to report to the university's Career Development Center.

실무 경험 요건

이번 9월에 대학은 모든 학부생을 위한 새로운 프로그램을 도입할 예정입니다. 학생들은 이제 지역 회사나 작은 회사에서 졸업 전 마지막 학년에 한 학기 실무 경험을 쌓는 프로그램에 등록해야 합니다. 배치되는 곳은 주로 시에서 지역 사회 고용을 증진하기 위해 후원하는 지역 회사들의 인턴십 프로그램이 될 것입니다. 이 의무적인 실무 경험 프로그램은 보통 강의실 환경에서 배울 수 없는 리더십 및 조직 관리 기술을 개발할 수 있게 도와줌으로써 학생들에게 큰 도움이 될 것입니다. 현재 학위 과정을 밟고 있는 학생들은 이 새로운 정책의 영향을 받으며 대학의 경력 개발 센터에 보고해야 합니다.

어휘 launch **v** 시작하다, 개시하다 | enroll **v** 등록하다 | placement **n** 배치 | primarily **adv** 주로 | internship program 인턴십 프로그램 | sponsor **v** 후원하다 | promote **v** 증진하다, 촉진하다 | employment **n** 고용 | organizational **adj** 조직의 | work towards ~을 지향하며 노력하다 | degree **n** 학위 | report **v** 보고하다

읽기 – 노트 정리 예시

주제 work experience requirement	실무 경험 요건
- one semester of work at local company	– 지역 회사에서 한 학기 동안 근무
- develop leadership & organizational skills	– 리더십 & 조직 관리 기술 개발

Now listen to two students as they discuss the announcement.

이제 공지에 대해 논의하는 두 학생의 대화를 들으시오.

듣기 지문&해석

W Did you read the announcement about the work experience requirement?

여 실무 경험 요건에 관한 공지 봤어?
남 응, 좋은 생각인 것 같지 않아. 그게 어떻게 학생

Ⓜ Yeah, and I don't think it's a good idea. I don't see how it will actually help students. It will just be a waste of time and energy.

Ⓦ Why do you think so?

Ⓜ Well, they talked about leadership and organizational skills, but that's not really the kind of work you do. My older sister worked in a similar program, and she said typically what you do is just basic tasks like typing and filing, nothing very meaningful.

Ⓦ Ah, I see what you mean. But still, don't you think it might be helpful after we graduate? If we apply for the company that we worked at, we'll have a better chance of getting a job there than those who didn't participate in the program.

Ⓜ I don't agree with you on that.

Ⓦ How come?

Ⓜ Well, the problem is that there are lots of other universities in our area that have the same requirement, like my sister's school, so there are lots of other students who would have the same work experience like us.

Ⓦ I guess I hadn't thought of that.

Ⓜ So competition for jobs will be very severe, and as a result, there won't be enough full-time positions available for business graduates in the city.

Ⓦ Hmm, I see what you are saying.

들한테 도움이 될지 모르겠어. 시간과 에너지 낭비만 될 거야.

여 왜 그렇게 생각해?

남 음, 리더십이나 조직 관리 기술에 대해 이야기하는데, 진짜 하는 일들은 그런 게 아냐. 우리 누나가 비슷한 프로그램에서 일을 했는데, 누나 말에 따르면 그곳에서 전형적으로 하는 일들은 진짜 기본적인 것들이래. 문서 입력이나 파일 정리하는 일들, 별로 의미 없는 것들 있잖아.

여 아, 무슨 말인지 알겠어. 그래도 우리가 졸업하고 나면 도움이 되지 않겠어? 우리가 일했던 회사에 지원하면 그 프로그램에 참가하지 않았던 사람보다 취업할 가능성이 더 많을 거야.

남 난 그 말에 동의할 수 없어.

여 왜?

남 음, 문제는 우리 지역에 동일하게 필수 경력 프로그램들이 있는 대학교들이 많이 있어. 우리 누나 학교처럼. 그래서 우리처럼 그런 실무 경험을 가진 학생들이 많을 거라는 거지.

여 나는 그 부분은 생각해 보지 못한 것 같네.

남 취업 경쟁이 정말 심해서 결과적으로는 이 도시의 경영학과 졸업생들에게 충분한 정규직 일자리가 없을 거야.

여 흠, 무슨 말인지 알겠어.

어휘 typically **adv** 전형적으로 | meaningful **adj** 의미 있는 | apply for 지원하다 | have a better chance of ~할 가능성이 더 많다 | participate in ~에 참여하다 | competition **n** 경쟁 | severe **adj** 심한 | as a result 그 결과로 | full-time position 정규직 | available **adj** 구할 수 있는 | graduate **n** (대학) 졸업생

듣기 – 노트 정리 예시

의견 man: not a good idea	남자: 좋은 생각이 아님
이유 1. meaningless tasks 2. other schools have similar programs → job competition is still high	1. 의미 없는 업무들 2. 다른 학교들도 비슷한 프로그램이 있음 → 구직 경쟁은 여전히 치열함

Now get ready to answer the question.

The man gives his opinion about the university's new requirement. State his opinion and explain the reasons he gives for holding that opinion.

이제 질문에 답하시오.

남자는 학교 측의 새로운 요구 사항에 대한 자신의 의견을 말하고 있다. 그의 의견에 대해 서술하고 그렇게 생각하는 이유가 무엇인지 설명하시오.

예시 답변

The man is against the idea of implementing a new program which requires students to complete a semester of work experience in a local company before graduation. One reason is that the work students do at a company is not something that really helps them develop leadership or organizational skills. But rather, the tasks they do are pretty simple and basic. And secondly, he says it's not easy for students to get a full-	남자는 학생들이 졸업 전에 지역 회사에서 한 학기 동안 업무 경험을 쌓도록 요구하는 새로운 프로그램을 도입하려는 생각에 반대하고 있다. 한 가지 이유는 학생들이 회사에서 하는 일은 그들이 리더십이나 조직 관리 기술을 키우는 데 정말로 도움이 되는 것이 아니기 때문이다. 오히려 그들이 하는 일은 상당히 단순하고 기본적인 것들이다. 그리고 둘째로, 그는 학생들이

time job after graduation even though they have the required work experience through an internship program at a local company. Other schools have similar programs. Therefore, he believes this program itself doesn't guarantee anything to the students.

지역 회사에서 인턴십 프로그램을 통해 필요한 업무 경험을 쌓는다 해도 졸업 후에 정규직으로 취업하는 것은 쉽지 않다고 말한다. 다른 학교들도 비슷한 프로그램을 가지고 있다. 그러므로 그는 이 프로그램 자체가 학생들에게 어떤 것도 보장하지 않는다고 믿는다.

02

The administration of housing services has decided to launch a new online dorm contact information system. Read the announcement about the new contact info system. You will have 45 seconds to read the announcement. Begin reading now.

주거 관리과가 새로운 온라인 기숙사 연락처 시스템을 시작하기로 결정했다. 새로운 연락처 시스템에 대한 공지를 읽으시오. 공지를 읽는 데 45초가 주어진다. 이제 읽기 시작하시오.

읽기 지문&해석

New Dorm Contact Information System

The administration of housing services has decided to launch a new online system which provides first-year students with contact information of their dorm roommates. This new online system allows students to check their roommate's contact information a month before the start of a new academic year. Housing services has made this decision in consideration of the benefits the new system will bring. Making contact information accessible to residents' roommates will allow them to get to know about each other before their first meeting in the dorm room. Moreover, it will give them a chance to discuss living preferences and help them coordinate what to bring since there is limited space provided in the dormitories.

새로운 기숙사 연락처 시스템

주거 관리과는 1학년 학생들에게 기숙사 룸메이트의 연락처를 제공하는 새로운 온라인 시스템을 시작하기로 결정했습니다. 이 새로운 온라인 시스템에서 학생들은 룸메이트의 연락처를 새로운 학년이 시작되기 한 달 전에 확인할 수 있습니다. 주거 관리과는 새로운 시스템이 가져오게 될 혜택을 고려하여 이런 결정을 내리게 되었습니다. 룸메이트 연락처 교환은 거주자들이 기숙사 방에서 첫 대면을 하기 전에 서로에 관해 알 수 있게 해 줄 것입니다. 게다가 서로 선호하는 생활 방식에 관해 이야기할 수 있는 기회를 주고 기숙사 공간에 제약이 있기 때문에 서로가 무엇을 가져올지 조정하는 데 도움이 될 것입니다.

어휘 housing service 주거 서비스 | launch ⓥ 시작하다, 착수하다 | contact information 연락처 | make a decision 결정을 내리다 | consideration ⓝ 고려 | benefit ⓝ 혜택, 장점 | accessible adj 이용 가능한 | resident ⓝ 거주자 | get to know 알게 되다 | preference ⓝ 선호, 선호하는 것 | coordinate ⓥ 조정하다

읽기 - 노트 정리 예시

주제 new dorm contact information system
- provide students with their roommate's contact number
- get to know each other better, can discuss living preferences

새로운 기숙사 연락처 시스템
– 학생들에게 룸메이트의 연락처를 제공함
– 서로를 더 잘 알 수 있고, 선호하는 생활 방식에 대해 논의할 수 있음

Now listen to two students talking about the new dorm contact information system.

이제 새로운 기숙사 연락처 시스템에 대해 이야기하는 두 학생의 대화를 들으시오.

듣기 지문&해석

Ⓦ Hi, Daniel!
Ⓜ Hey, Louisa! How was your first day of class?
Ⓦ The classes seem more difficult than last year, but I think I can manage. Are you going back to your dorm now?

여 안녕, 다니엘!
남 안녕! 루이자! 수업 첫날 어땠어?
여 수업은 작년보다 어려운 느낌인데 그래도 할 만해. 기숙사로 돌아가는 거니?

M I might go get some food before heading for the dorm. I'm pretty hungry. Oh, by the way, have you heard about the new system for first year dorm residents? They can share contact information with their roommates a month before they move in.

W Oh, yes, I have heard of that!

M Do you think this is a good idea?

W Yes! I think it's an excellent idea, especially for first year students since they barely know anybody at first. Sometimes, they don't even know where their classrooms or important school buildings are. And I think things can be even more difficult for them if they don't know anybody around. But this system can give them a chance to get to know somebody before they start attending classes. It would be less awkward for the roommates since they will get to know about each other before meeting for the first time in the dorm room. They will be living together for at least a semester, so it's important to get off to a good start, don't you think?

M I agree. Sharing a room with another person is not easy, especially if it's someone you've just met.

W Right, and also, roommates will be able to pre-arrange things beforehand, such as what living supplies to bring. In my case, when I first moved into the dorm last year, both my roommate and I brought a mini-refrigerator to our room. And as a result, we had a lot of difficulty trying to arrange our furniture in our small dorm room. If we had been able to talk about this prior to moving into the dorm, we wouldn't have made this mistake.

M That is a good point.

남 기숙사 가기 전에 뭘 좀 먹으려고. 배가 좀 고프네. 아, 그런데, 1학년 기숙사생들을 위한 새로운 시스템에 대해 들었어? 기숙사에 들어오기 한 달 전에 룸메이트와 연락처를 교환할 수 있대.

여 아, 맞아. 들었어!

남 좋은 생각 같아?

여 응! 정말 좋은 생각 같아, 특히 1학년 학생들에게는. 처음에 거의 아무도 모르잖아. 어떨 땐 자기 강의실이나 중요한 학교 건물도 모르더라고. 그리고 아무도 모르면 기숙사에 사는 것이 훨씬 더 힘들 것 같아. 하지만 이 시스템은 수업 시작 전에 누군가를 알게 하는 기회를 줄 수 있지. 기숙사 방에서 첫 대면을 하기 전에 서로 알게 되니까 룸메이트끼리 좀 덜 어색하겠지. 최소 한 학기는 같이 살 건데, 순조롭게 출발하는 게 중요하지 않겠어?

남 동의해. 다른 사람과 방을 같이 쓴다는 것이 쉬운 일은 아니야. 특히 처음 만난 사람과 말이야.

여 맞아. 그리고 룸메이트끼리 미리 뭔가 계획을 짜볼 수도 있을 거야. 무슨 생활용품을 가져올지 하는 것들. 내 경우에는 작년에 처음 기숙사에 들어왔을 때 룸메이트랑 나랑 둘 다 미니 냉장고를 방에 가져왔어. 결과적으로 작은 기숙사 방에 가구를 배치하느라 정말 골치 아팠어. 이런 것을 기숙사로 이사하기 전에 이야기할 수 있었다면 이런 실수는 없었겠지.

남 좋은 지적이야.

어휘 head for ~로 향하다 | barely **adv** 거의 ~ 아닌 | awkward **adj** 어색한 | get off to a good start 출발이 좋다 | beforehand **adv** 미리 | living supplies 생활용품 | have difficulty -ing ~하는 데 어려움이 있다 | prior to ~ 이전에 | make a mistake 실수하다

듣기 – 노트 정리 예시

의견 woman: good idea

이유 1. can get to know someone
　　2. pre-arrange things before moving in

여자: 좋은 생각임

1. 누군가를 알게 될 수 있음
2. 이사 들어가기 전에 사전 논의를 할 수 있음

Now get ready to answer the question.

The woman gives her opinion of the announcement made by the housing services. State her opinion and explain the reasons she gives for holding that opinion.

이제 질문에 답하시오.

여자는 주거 관리과에서 한 공지에 대한 자신의 의견을 말하고 있다. 그녀의 의견에 대해 서술하고 그렇게 생각하는 이유가 무엇인지 설명하시오.

예시 답변

The woman thinks that sharing contact information with dorm roommates is a good idea because it offers students a chance to get to know each other before starting classes. She thinks

여자는 기숙사 룸메이트와 연락처를 공유하는 것이 학생들에게 수업을 시작하기 전에 서로 알 수 있는 기회를 주기 때문에 좋은 아이디어라고 생각한다. 그

this will help make their school life easier. Plus, she believes it benefits students by allowing them to make prearrangements before moving into their dorm room, so they can avoid making mistakes such as bringing the same furniture.

녀는 이것이 그들의 학교 생활을 더 쉽게 만드는 데 도움이 될 것이라고 생각한다. 게다가 그녀는 이것이 학생들이 기숙사 방으로 이사 들어오기 전에 미리 조율을 할 수 있게 해줌으로써 같은 가구를 가져오는 것과 같은 실수를 피할 수 있게 해준다고 믿는다.

03

The university is considering adopting the proposal to change the voting date for the Student Senate election. Read the letter in the campus newspaper that proposes the date change. You will have 45 seconds to read the letter. Begin reading now.

대학교는 학생 위원 선거 투표 날짜를 바꾸자는 제안을 받아들일지 고려하고 있다. 학교 신문에 실린 날짜 변경을 제안하는 편지를 읽으시오. 편지를 읽는 데 45초가 주어진다. 이제 읽기 시작하시오.

읽기 지문&해석

Dear Editor,

As this semester winds up, there will be a Student Senate election held soon. However, I'd like to express my concern over the election dates. Due to the student election having been long held in May, first-year students have always been excluded from voting. Student representatives in the Senate should represent the opinions of all students. Therefore, to provide everyone with a chance to elect their representatives, I suggest that the university set the election dates in September which is the beginning of the academic term. In addition, voter turnout was quite low last year as a result of final exams taking place at the same time as elections. By this change, overall voter turnout will increase.

- President Cindy Cho, Student Union

편집자님께,

이번 학기가 마무리되어 가면서 학생 위원 선거가 곧 열립니다. 하지만 선거 날짜에 관한 우려를 말씀드리고 싶습니다. 선거가 오랫동안 5월에 열렸기 때문에 1학년 학생들은 항상 투표에서 제외되어 왔습니다. 위원회의 학생 대표들은 모든 학생들의 의견을 대변해야 합니다. 그러므로 모두에게 대표를 뽑을 수 있는 기회를 제공하기 위해 저는 학교가 학기 초인 9월로 선거 날짜를 정할 것을 제안합니다. 게다가 작년에는 선거와 기말고사가 같은 시기에 진행된 결과 투표율이 매우 낮았습니다. 이런 변경을 통해 투표율이 증가할 것입니다.

– 학생회 회장, 신디 조

어휘 consider ☑ 고려하다 | adopt ☑ 채택하다 | proposal ⋒ 제안 | Student Senate election 학생 위원 선거 | wind up 마무리되어 가다 | express concern over ~에 대하여 우려를 표하다 | due to ~ 때문에 | exclude ☑ 배제하다 | student representative 학생 대표 | provide A with B A에게 B를 제공하다 | voter turnout 유권자 투표수 | Student Union 학생회

읽기 - 노트 정리 예시

주제 move Student Senate election date
- freshmen can't vote
- final exams period → voter turnout was low

학생 위원 선거 날짜 이동
– 1학년 학생은 투표할 수 없음
– 기말고사 기간 → 투표율이 낮았음

Now listen to two students as they discuss the letter.

이제 편지에 대해 논의하는 두 학생의 대화를 들으시오.

듣기 지문&해석

Ⓜ They're considering changing the election dates?

Ⓦ Yeah. Maybe I'll actually vote for once. I never got a chance because I was always too busy studying for exams. If they hold the elections at the beginning of the semester, I guess I can find some time to vote.

Ⓝ 선거 날짜 변경을 고려한다고?

Ⓞ 응. 아마 난 이번에는 투표를 하게 되겠어. 시험 공부로 항상 너무 바빠서 투표할 기회가 없었거든. 학기 초에 선거를 하면 투표할 시간이 좀 있을 것 같아.

Ⓜ Well, if you ask me, it doesn't make any sense to have them in September.

Ⓦ Really? Why?

Ⓜ Think about it. We're all much busier in September. We have to get moved in, register for classes, buy books, and get our IDs. When is anyone going to find the time to vote for Student Senate representatives?

Ⓦ Yeah, it is pretty hectic at the start of the semester, but at least freshmen can vote.

Ⓜ Well, that's another thing! For freshmen, it's even worse! Everything is new to them. They don't even know how to register for classes or find classrooms! They have so many other things to do… I doubt they're going to vote either.

Ⓦ You think so?

Ⓜ Yes, come on! They just don't know how things work in university, like what the Senate is, or the voting website, or the candidates. With all of the other things they need to learn, I doubt they'll vote. So it doesn't make sense to change the dates for them.

Ⓦ I see what you're trying to say now.

Ⓝ 글쎄, 내 경우엔 9월에 선거를 하는 게 아무 의미가 없어.

Ⓔ 정말이니? 왜?

Ⓝ 생각해 봐. 9월에는 모두 훨씬 더 바빠. 이사해야 하고, 수강 신청도 해야 하고 책도 사고 학생증도 발급받아야 해. 그렇게 바쁜 와중에 누가 학생 위원 투표를 할 시간이 있겠니?

Ⓔ 그래, 학기 초에는 몹시 바쁘지만 적어도 1학년들이 투표를 할 수 있잖아.

Ⓝ 글쎄, 그게 또 다른 이슈인데! 1학년한테는 그게 상황이 더 심각하지! 그들에게는 모든 것이 새로워. 수업에 어떻게 등록하는지, 교실을 어떻게 찾는지조차 모른다고! 그들은 그 외에도 할 일이 아주 많아… 1학년들도 투표를 할 수 있을지 모르겠어.

Ⓔ 그런 것 같아?

Ⓝ 그래, 생각해 봐! 1학년들은 대학 생활에 대해서 몰라. 학생 위원이 뭔지, 투표 웹사이트나 후보자가 누구인지 말이야. 배워야 할 것들이 많은데 투표를 할지 의문이야. 그러니 신입생들을 위해서 날짜를 바꾸는 건 말이 안 돼.

Ⓔ 그래 무슨 말 하는지 알겠다.

어휘 hold Ⓥ 주최하다 I hectic adj 정신 없이 바쁜 I register for class 수강 신청하다 I doubt Ⓥ 의심하다 I how things work 어떻게 일이 돌아가는지 I candidate ⓝ 후보자

듣기 – 노트 정리 예시

의견 man: not a good idea

이유 1. everyone is much busier in Sep. → no time to vote
      2. freshmen do not even know anything, how can they vote?

남자: 좋은 생각이 아님

1. 모두 9월에 훨씬 더 바쁨 → 투표할 시간 없음
2. 1학년들은 아무것도 모름, 어떻게 투표를 할 수 있을지?

Now get ready to answer the question.

The man gives his opinion about the proposal made by the Student Union President. State his opinion and explain the reasons he gives for holding that opinion.

이제 질문에 답하시오.

남자는 학생회 회장이 한 제안에 대해 자신의 의견을 말하고 있다. 그의 의견에 대해 서술하고 그렇게 생각하는 이유가 무엇인지 설명하시오.

예시 답변

According to the proposal given in the reading passage, the Student Senate election date should be changed from May to September to give freshmen a chance to vote and increase overall voter turnout. The man in the dialogue disagrees with this. First of all, he says that at the beginning of the school year, students are usually very busy because they have to register for classes, buy books, and move into their dorms. Second, he mentions that freshmen do not know much about the school, so he thinks it doesn't make sense to change the dates for them. They don't even understand how things work in university. And they might not even have any knowledge of

읽기 지문에서 제시된 제안에 따르면, 1학년들에게 투표 기회를 주고 전체 투표율을 높이기 위해 학생 위원 선거 날짜를 5월에서 9월로 변경해야 한다. 대화의 남자는 이것에 동의하지 않는다. 우선, 그는 학년 초에는 수강 신청을 하고, 책을 사고, 기숙사로 이사해야 하기 때문에 학생들이 대개 매우 바쁘다고 말한다. 둘째, 그는 1학년들이 학교에 대해 잘 모르기 때문에 그들을 위해 날짜를 바꾸는 것이 말이 되지 않는다고 언급한다. 그들은 대학에서 일이 어떻게 돌아가는지조차 이해하지 못한다. 그리고 그들은 어쨌든 후보자에 대해 전혀 모를 수도 있다. 따라서 그는 날짜

the candidates anyway. Therefore, he believes changing the dates to September is unnecessary.

를 9월로 바꾸는 것은 불필요하다고 믿는다.

Lesson 01 표현 익히기

Practice

본서 ı P. 103

01. There's another example of how two organisms benefit from each other.

02. The professor explains it is almost impossible to distinguish the insect from a tree branch.

03. We can observe how this theory works in a laboratory setting.

04. The professor gives an example of business forecasting in the lecture.

05. A common example is how this animal behaves when threatened by a predator.

06. According to the reading, a placebo effect can happen to anyone.

07. The lecture is mainly about psychological strategies called defense mechanisms.

08. The second example is the Notothenioidei fish, which inhabits the Antarctic.

09. Another type of cultural change is what we saw in the Philippines.

10. The professor talks about her personal experience to show the process of learning new information.

Lesson 02 읽기 정리

Practice

본서 ı P. 105

01

읽기 지문&해석

The Principle of Allocation

For all organisms, their ultimate purpose is to reproduce. However, many are unable to obey this most primal of directives. Their time and resources are limited, so they must allocate their energy to the most important task at that time. This is called the principle of allocation. Organisms have other basic needs, like finding food, locating shelter, and migrating. When food is scarce, they have less energy to put towards reproduction, which can consume much time and energy. This does not apply to many insects that only mate once during their brief lifetimes. However, species that can potentially mate many times must favor their own survival over potential offspring.

분배 원리

모든 생물에게 있어서 궁극적 목적은 번식하는 것이다. 그러나 많은 생물이 이러한 가장 원초적인 명령에 따를 수가 없다. 그들의 시간과 자원은 한정되어 있어서 그들은 당시에 가장 중요한 과업에 에너지를 분배해야만 한다. 이것은 분배 원리라고 불린다. 생물체들은 먹이를 찾고, 주거지를 찾고, 이주하는 것과 같은 다른 기본적인 욕구를 가지고 있다. 먹이가 적을 경우, 많은 시간과 에너지를 소모시킬 수 있는 번식 활동에 쏟을 에너지가 부족하다. 짧은 생 동안 오직 한 번만 짝짓기하는 많은 곤충들에게 이것은 적용되지 않는다. 하지만 잠재적으로 여러 번 짝짓기할 수 있는 종들은 잠재적인 자손보다는 자신의 생존을 우선해야 한다.

어휘 **principle** n 원리, 원칙 | **allocation** n 할당, 분배 | **ultimate** adj 궁극적인 | **reproduce** v 번식하다 | **primal** adj 태고의, 원초적인 | **directive** n 지시, 명령 | **allocate** v 분배하다, 할당하다 | **put towards** 주다 | **reproduction** n 번식 | **potentially** adv 잠재적으로 | **favor A over B** B보다 A를 선호하다 | **potential** adj 잠재적인 | **offspring** n 자식, 새끼

노트 정리 예시

주제 the principle of allocation	분배 원리
- how organisms allocate time & resource to the most important task	- 생물들이 시간 & 자원을 가장 중요한 일에 분배하는 방법
- e.g. finding food & mating	- 예) 먹이 찾기 & 짝짓기

▶ Question: What is the principle of allocation? | 분배 원리란 무엇인가?

예시 답변

| The principle of allocation is how organisms allocate their time and resources to the most important task at that time. The most important tasks include finding food and mating. | 분배 원리는 생물들이 자신의 시간과 자원을 그 시점에서 가장 중요한 일에 분배하는 방법이다. 가장 중요한 일들에는 먹이 찾기와 짝짓기가 포함된다. |

02

읽기 지문&해석

Synomones	시노몬
One means of communication utilized in nature is the use of scent compounds. These typically take two forms: pheromones, which are chemical signals used to communicate with other members of the same species, and allelochemicals, which are used for interspecies communication. One type of allelochemicals called synomones benefit both organisms, and they are an intense area of study. One example is when plants that are being eaten release scent compounds to attract predators like parasitic wasps that prey upon the insects attacking them.	자연에서 사용되는 의사소통 방법 중 하나는 향기 화합물을 사용하는 것이다. 이것은 보통 두 가지 형태를 띠는데, 같은 종의 다른 구성원과 소통하기 위해 사용되는 화학적 신호인 페로몬과 서로 다른 종 사이의 소통에 사용되는 이종감응물질이다. 이종감응물질의 한 종류인 시노몬은 두 생물 다에게 이익을 주며 열정적으로 연구되고 있다. 한 예시는 먹히게 된 식물이 자신을 공격하는 곤충을 먹이로 삼는 기생 말벌 같은 포식자를 끌어들이기 위해 향기 화합물을 내보내는 것이다.

어휘 **utilize** v 이용하다 | **scent** n 향기 | **compound** n 화합물 | **typically** adv 보통, 일반적으로 | **allelochemical** n 이종감응물질 | **interspecies** adj 서로 다른 종 사이의, 이종 간의 | **intense** adj 열정적인, 치열한, 진지한 | **parasitic** adj 기생하는 | **wasp** n 말벌

노트 정리 예시

주제 synomones	시노몬
- allelochemicals: interspecies communication	- 이종감응물질: 서로 다른 종 사이의 의사소통
- benefit both organisms	- 두 생물체 모두에게 이익

▶ Question: According to the passage, what are synomones? | 지문에 따르면, 시노몬이란 무엇인가?

예시 답변

| Synomones are a type of scent chemicals, which are used for interspecies communication. Through synomones, both organisms benefit from the communication. | 시노몬은 서로 다른 종 사이의 의사소통에 이용되는 향기 화학물의 한 종류다. 시노몬을 통해 두 생물 모두 의사소통에서 이익을 얻는다. |

03

Adaptive Reuse

Adaptive reuse is the practice of repurposing buildings to fulfill a new role, often preserving the exterior shell of the building while renovating the interior. In many cases, these buildings would have been demolished to make room for the construction of an entirely new structure. However, some buildings have great historical and societal value which leads the community to save them. If a building is still structurally sound, and the site is ecologically viable, then it may become a candidate for adaptive reuse. The buildings that are typically treated in this manner are industrial buildings like factories and power plants, political buildings like palaces and courthouses, and community buildings like churches and schools.

건물의 전용

건물의 전용은 새로운 목적을 위해 건물을 다른 역할에 맞게 고치는 관행인데, 종종 건물의 뼈대는 보존하고 내부를 수리한다. 많은 경우 이러한 건물들은 완전히 새로운 구조물의 건설을 위한 공간 마련을 위해 철거되었을 것이다. 그러나 어떤 건물들은 중요한 역사적 사회적 가치를 지니고 있기 때문에 지역 주민들이 보존하게 된다. 건물이 여전히 구조적으로 견고하고 그 현장이 생태학적인 면에서 유지 가능하다고 간주되면, 그것은 건물의 전용의 후보가 될 수도 있다. 이런 방식으로 다루어지는 건물들은 보통 공장이나 발전소 같은 공업 건물들, 궁전이나 법원 같은 정치적 건물들, 그리고 교회나 학교 같은 지역 사회 건물들이다.

어휘 adaptive reuse 건물의 전용 | practice **n** 관행 | repurpose **v** 다른 목적에 맞게 고치다 | fulfill **v** 이행하다, 완수하다 | preserve **v** 보존하다 | exterior **adj** 외부의 | interior **n** 내부 | demolish **v** 철거하다, 무너뜨리다 | construction **n** 건설 | entirely **adv** 완전히 | ecologically **adv** 생태학적으로 | viable **adj** 생존 가능한, 실행 가능한 | industrial **adj** 산업의 | power plant 발전소 | courthouse **n** 법원

주제 adaptive reuse
- repurpose buildings to fulfill a new role
- preserve exterior, renovate interior
- e.g. factories, power plants, palaces, courthouses…

건물의 전용
– 새로운 역할을 위해 건물을 다른 용도에 맞게 고침
– 외부는 보존, 내부는 수리
– 예) 공장, 발전소, 궁전, 법원…

▶ **Question: What is adaptive reuse?**　　　　건물의 전용이란 무엇인가?

Adaptive reuse is the practice of repurposing buildings to fulfill a new role and often preserves the exterior and renovates the interior. Typical examples include factories, power plants, palaces, courthouses, etc.

건물의 전용은 새로운 목적을 위해 건물을 다른 역할에 맞게 고치는 관행이며 종종 건물의 외부를 보존하고 내부를 수리한다. 대표적인 예로 공장과 발전소, 궁전, 법원 등이 있다.

04

Appeasement Behavior

Appeasement behavior is actions animals take to reduce the possibility of a fight occurring with another member of their species. When an animal does this, it will usually make itself look smaller, act like a young animal, or share the food it has instead of having it taken by force. Essentially, they show that they are inferior to the other animal in order to escape without injury. Animals that live in social groups typically have a strict hierarchy, and any challenge to the leader may result in a serious fight. So, the other group members automatically seek

유화 행동

유화 행동은 동물들이 같은 종의 다른 구성원과의 싸움 가능성을 줄이기 위해 취하는 행동이다. 어떤 동물이 이 행동을 할 때, 그 동물은 보통 스스로를 더 작아 보이게 만들거나, 새끼처럼 행동하거나, 가지고 있는 먹이를 힘으로 빼앗기는 대신 나눌 것이다. 근본적으로 그들은 상처를 입지 않고 도망치기 위해 다른 동물보다 자신이 열등하다는 것을 보여준다. 사회 집단을 이루고 사는 동물들은 보통 엄격한 계급을 가지고 있고, 우두머리에 대한 어떠한 도전도 심각한 싸움을

Integrated Task
Q3

a peaceful resolution.

야기할 수 있다. 따라서 다른 집단 구성원들은 자동적으로 평화로운 해결책을 찾는다.

어휘 appeasement behavior 유화 행동 | by force 힘으로 | essentially **adv** 근본적으로 | inferior to ~보다 열등한 | strict **adj** 엄격한 | hierarchy **n** 계급, 서열 | automatically **adv** 자동적으로 | resolution **n** 해결책

노트 정리 예시

주제 appeasement behavior
- actions animals take to reduce the possibility of a fight with another member of their species
- make itself look smaller, act like a young animal, share food

유화 행동
- 같은 종의 다른 구성원과의 싸움 가능성을 줄이기 위해 동물들이 취하는 행동
- 스스로를 더 작아 보이게 만듦, 어린 동물처럼 행동, 먹이를 나눔

▶ Question: What is appeasement behavior?

유화 행동이란 무엇인가?

예시 답변

Appeasement behavior is actions animals take to reduce the possibility of a fight with another member of their species. Animals try to make themselves look smaller, act like young animals, share food with others, etc.

유화 행동은 같은 종의 다른 구성원과의 싸움 가능성을 줄이기 위해 동물들이 취하는 행동이다. 동물들은 스스로를 더 작아 보이게 만들고, 어린 동물처럼 행동하고, 다른 동물들과 먹이를 나눈다.

05

읽기 지문&해석

Agonistic Buffering

When animals live in large social groups, the larger and stronger animals typically dominate the others. They usually have a strict hierarchy, and any defiance of a leader is a cause for physical conflict. Therefore, many animals have developed what is referred to as agonistic behavior. These types of behavior are used by subordinate animals to keep the dominant animal from attacking them. They can be used to gain access to food, shelter, and other resources. For many animals, this means acting like a child, but for some, it means bringing an actual child with them, which is called agonistic buffering.

투쟁 완화

동물들이 큰 사회적 집단을 이루고 살 때, 더 크고 더 강한 동물들이 보통 다른 동물들을 지배한다. 그들은 엄격한 서열을 가지고 있으며, 우두머리에 대한 어떠한 반항도 물리적인 충돌의 원인이 된다. 따라서 많은 동물들은 세력 투쟁 행위라 불리는 것을 발달시켜왔다. 하위 동물들은 우위에 있는 동물이 자기를 공격하지 못하도록 하기 위해 이러한 종류의 행동을 사용한다. 이러한 행동은 먹이, 주거지, 그리고 다른 자원에 접근하기 위해 사용될 수 있다. 많은 동물들에게 있어서 이것은 새끼처럼 행동하는 것을 의미하지만, 어떤 동물들에게는 진짜 새끼를 함께 데리고 오는 것을 뜻하는데, 이는 투쟁 완화라고 불린다.

어휘 agonistic **adj** 투쟁적인 | buffering **n** 완화, 완충 | social **adj** 사회적인 | typically **adv** 일반적으로 | dominate **v** 지배하다 | strict **adj** 엄격한 | hierarchy **n** 계급, 서열 | defiance **n** 반항, 저항 | conflict **n** 갈등 | subordinate **adj** 하위의, 종속된 | dominant **adj** 우세한, 지배적인 | gain access to ~에 접근하다

노트 정리 예시

주제 agonistic buffering
- subordinate animals do to prevent the dominant animal from attacking them
- act like a child or bring an actual child

투쟁 완화
- 우위 동물이 공격하지 못하도록 하위 동물들이 하는 행동
- 새끼처럼 행동하거나 실제 새끼를 데려옴

▶ Question: What is agonistic buffering?

투쟁 완화란 무엇인가?

Agonistic buffering is what subordinate animals do to prevent the dominant animal from attacking them. Weaker animals act like a child and some even bring an actual child.

투쟁 완화는 우위에 있는 동물이 자신을 공격하지 못하도록 하위 동물들이 하는 행동이다. 더 약한 동물들은 새끼처럼 행동하고 일부는 심지어 실제 새끼를 데려온다.

06

읽기 지문&해석

Information Overload

The term "information overload" refers to a person's inability to understand or deal with a situation due to receiving too much information. There is a limit to the amount of current information that the human brain can store in its memory. This means that when a large amount of information is quickly received, we cannot cope with the input. When this happens, our brains typically react in one of two ways. The first is to accept and process only a portion of the data received, which can lead to poor decision making. The second is that the brain simply stops processing information altogether.

정보 과다

'정보 과다'라는 용어는 사람이 너무 많은 정보를 받아들여서 상황을 이해하거나 대처하지 못하는 것을 말한다. 인간의 뇌가 기억에 저장할 수 있는 현재 정보의 양에는 한계가 있다. 이는 많은 양의 정보가 빨리 들어오면, 우리는 그 입력되는 정보에 대처할 수가 없다는 의미이다. 이러한 상황이 발생하면 우리의 뇌는 보통 둘 중 한 가지 방식으로 반응한다. 첫째는 전달된 정보의 한 부분만을 받아들이고 처리하는 것인데, 이것은 좋지 못한 의사 결정으로 이어질 수 있다. 둘째는 뇌가 그냥 완전히 정보 처리를 멈추는 것이다.

어휘　overload ◼ 과다, 과부하 ｜ term ◼ 용어 ｜ refer to 나타내다, 칭하다 ｜ inability ◼ 불능 ｜ deal with 처리하다, 다루다 ｜ situation ◼ 상황 ｜ limit ◼ 한계, 제한 ｜ cope with 대처하다 ｜ input ◼ 투입(량), 입력 ｜ typically ᴬᴰⱽ 보통, 일반적으로 ｜ react ◼ 반응하다 ｜ accept ◼ 받아들이다 ｜ process ◼ 처리하다 ｜ portion ◼ 부분, 일부 ｜ decision making 의사 결정 ｜ altogether ᴬᴰⱽ 완전히, 전적으로

노트 정리 예시

주제　information overload
- receive too much info. → unable to understand / deal with a situation
- 1. accept & process only a portion / 2. stop processing info altogether

정보 과다
- 너무 많은 정보를 받아들임 → 상황 이해/처리 불가
- 1. 일부만 받아들이고 처리함 / 2. 아예 정보 처리 중단

▶ Question: What is information overload?

정보 과다란 무엇인가?

Information overload is when someone becomes unable to understand or deal with a situation due to receiving too much information. He either accepts and processes only a portion of information or stops processing information altogether.

정보 과다는 사람이 너무 많은 정보를 받아들여서 상황을 이해하거나 상황에 대처하지 못하게 되는 것이다. 사람은 정보의 일부만 받아들이고 처리하거나 아예 정보 처리를 멈춘다.

07

읽기 지문&해석

Prototype Matching

Prototype matching is a type of pattern recognition that people use for choosing the best option when they make

원형 대응

원형 대응은 사람들이 결정을 내릴 때 가장 좋은 선택지를 고르기 위해 사용하는 패턴 인식의 한 유형이다.

decisions. Humans are very good at matching new information that our senses give us with information that we already have. When we see, hear, smell, taste, feel, or read something that we have no information about, our minds compare it to the closest model that we possess. This basic model is called a prototype. We use this type of pattern recognition to help us make decisions when we are faced with a new situation. Prototype matching is not unique to humans, but we rely on it heavily.

사람은 우리의 감각이 주는 새로운 정보를 이미 가지고 있는 정보와 맞추는 것에 매우 능하다. 정보가 전혀 없는 것을 보거나, 듣거나, 냄새를 맡거나, 맛을 보거나, 느끼거나 읽을 때 우리의 마음은 그것을 우리가 갖고 있는 가장 가까운 모델과 비교한다. 이런 기본적 모델을 원형이라고 한다. 우리는 새로운 상황에 직면했을 때 결정을 내리는 데 도움을 얻기 위해 이러한 종류의 패턴 인식을 사용한다. 원형 대응은 인간에게 고유한 것은 아니지만, 우리는 그것에 매우 많이 의존한다.

어휘 prototype **n** 원형, 전형 | recognition **n** 인지, 인식 | sense **n** 감각 | compare **v** 비교하다 | possess **v** 소유하다 | be faced with ~에 직면하다 | face **v** 마주하다 | unique **adj** 고유의, 특유의 | rely on ~에 의존하다 | heavily **adv** 아주 많이, 심하게

노트 정리 예시

주제 prototype matching	원형 대응
- comparing something new to the closest model we possess (prototype) - to choose the best option	− 새로운 것을 우리가 가진 가장 가까운 모델(원형)에 비교함 − 가장 좋은 선택지를 고르기 위함

▶ Question: What is prototype matching? / 원형 대응이란 무엇인가?

예시 답변

Prototype matching is when we face something new, and we compare it to the closest model we possess, which is a prototype. By doing this, we try to choose the best option when making decisions.

원형 대응은 새로운 것과 마주했을 때 그것을 우리가 가진 가장 가까운 모델, 즉 원형과 비교하는 것이다. 이렇게 함으로써 우리는 결정을 내릴 때 가장 좋은 선택지를 고르려 한다.

08

읽기 지문&해석

Environmental Scenting / 환경 향기 조성

Environmental scenting is used to make customers feel comfortable, stay longer, and spend more in stores. Scent is a powerful sensory trigger, and using particular scents in certain parts of a retail environment can trigger desired responses. Scents may be used to attract customers into a store, to attract them to special items on display, or to calm them when they are waiting to check out. These are all subtle effects that customers are not usually aware of while they are experiencing them. There are companies that specialize in making customized scent patterns for stores by installing machines that pump out scented air.

환경 향기 조성은 고객들이 상점에서 편안하게 느끼고, 더 오래 머무르며, 더 많은 돈을 쓰게 하기 위해 사용된다. 향기는 강력한 감각적 기폭제이므로 소매업 환경의 특정한 부분에서 특정한 향기를 사용하는 것은 원하는 반응을 촉발할 수 있다. 향기는 고객들을 상점으로 끌어들이거나, 전시된 특별 상품으로 이끌거나, 또는 계산을 하기 위해 기다릴 때 진정시키는 데 사용될 수 있다. 이것들은 모두 고객들이 이것을 경험하는 동안에는 보통 알아차리지 못하는 미묘한 효과다. 상점에 향기가 나는 공기를 뿜어내는 기계를 설치하여 맞춤형 향기 패턴을 만드는 것을 전문으로 하는 기업들이 있다.

어휘 environmental **adj** 환경의, 환경과 관련한 | scent **v** 냄새를 풍기다 **n** 냄새, 향기 | comfortable **adj** 편안한 | powerful **adj** 강력한 | sensory **adj** 감각의 | trigger **n** 계기, 동기 **v** 촉발시키다 | particular **adj** 특정한 | retail **n** 소매 **adj** 소매의 | desired **adj** 원하는 | response **n** 반응 | attract **v** 끌어들이다 | display **n** 전시 | subtle **adj** 미묘한, 감지하기 힘든 | effect **n** 효과 | aware of ~을 인지하는/아는 | specialize **v** 전문으로 다루다 | customized **adj** 요구에 맞춘 | install **v** 설치하다 | pump out 내뿜다 | scented **adj** 향기가 나는

주제 environmental scenting
- used to make customers comfortable/stay longer/ spend more in stores
- particular scents can trigger desired responses

환경 향기 조성
- 고객들이 매장에서 편안하도록/더 오래 머물도록/돈을 더 쓰게 하려고 사용함
- 특정 향이 원하는 반응을 이끌어낼 수 있음

▶ Question: What is environmental scenting?

환경 향기 조성이란 무엇인가?

Environmental scenting is used to make customers feel comfortable, stay longer, and spend more in stores. Particular scents can trigger desired responses.

환경 향기 조성은 고객들이 매장에서 편안한 기분을 느끼고, 더 오래 머물고, 돈을 더 쓰게 하기 위해 사용된다. 특정 향기는 원하는 반응을 이끌어낼 수 있다.

Lesson 03 듣기 정리

Practice

본서 | P. 114

01

Ⓜ According to the principle of allocation, animals capable of reproducing more than once in their lifetime must divide their energy between feeding and mating. This means that some species must forego feeding altogether during their mating season. Elephant seals are large carnivores with very few predators, so they usually do not have to devote much energy to feeding. That is important because when mating season comes, they have little time to feed. Almost all of a male elephant seal's energy is used to fight to determine dominance and claim territory. The dominant bulls must defend their females against other males, so they cannot leave them unguarded. Therefore, they must remain in their territory, which prohibits them from feeding for months at a time.

🔊 분배 원리에 따르면, 일생에 한 번 이상 번식 가능한 동물들은 먹이 섭취와 짝짓기에 에너지를 나눠야 합니다. 이는 일부 종들은 짝짓기철 동안 먹이 섭취를 아예 포기해야 한다는 의미예요. 코끼리바다물범은 포식자 수가 아주 적은 커다란 육식동물이기에 많은 에너지를 먹이 섭취에 쏟지 않아도 됩니다. 짝짓기 철이 오면 먹이를 먹을 시간이 적기 때문에 이는 중요하죠. 수컷 코끼리바다물범의 거의 모든 에너지가 지배를 결정하고 영역을 주장하기 위해 싸우는 데 사용됩니다. 지배적인 수컷은 다른 수컷에 대항해 암컷을 지켜야 하기에 지켜지지 않은 채로 놔둘 수 없죠. 따라서 자기 영역에 있어야만 하고, 이 때문에 때로는 몇 달간 먹이 섭취를 못 하기도 합니다.

어휘 allocation Ⓝ 배분, 할당 | reproduce Ⓥ 번식하다 | feeding Ⓝ 먹이 섭취, 먹이 먹기 | mating Ⓝ 짝짓기 | forego Ⓥ 포기하다 | elephant seal 코끼리바다물범 | carnivore Ⓝ 육식동물 | predator Ⓝ 포식자 | devote Ⓥ 바치다 | dominance Ⓝ 지배 | territory Ⓝ 영역 | bull Ⓝ (동물의) 수컷 | unguarded ⓐⓓⓙ 지켜지지 않는 | prohibit Ⓥ 막다, 금하다

주제 principle of allocation

예시 - animals can reproduce more than once in lifetime divide energy between mating and feeding
- elephant seals: cannot feed during mating season, must fight with other males for females

분배 원리
- 평생 한 번 이상 번식하는 동물들은 먹이 섭취와 짝짓기 사이에 에너지를 나눠야 함
- 코끼리바다물범: 짝짓기철에는 먹이 섭취 못 함. 암컷을 놓고 다른 수컷들과 싸워야 함

▶ Question: What does the principle of allocation say about certain animals?

분배 원리는 특정 동물들에 대해 뭐라고 말하는가?

The principle of allocation says that animals that can reproduce more than once in a lifetime need to divide their energy between feeding and mating. Elephant seal males cannot feed during their mating season because they must constantly fight other males for the females.

분배 원리는 평생 한 번 이상 번식할 수 있는 동물은 먹이 섭취와 짝짓기 사이에 에너지를 나누어야 한다고 말한다. 코끼리바다물범의 수컷은 암컷을 놓고 다른 수컷들과 계속 싸워야 하기 때문에 짝짓기철에 먹이를 먹지 못한다.

02

W When studying synomones, scientists have observed that clownfish appear to be innately protected by specific species of sea anemones. They have also found that these fish recognize the appropriate anemone species by chemicals that the anemone emits. Young fish cannot defend themselves, so they begin to search for an anemone to call home within 7 to 10 days of hatching. The strong attraction that these anemones have for the fish has been studied in a laboratory setting. Scientists extracted mucus from the anemones that contained a scent chemical. When they released it into tanks containing different kinds of fish, the species that were observed with such anemones in the wild were attracted to the scent.

여 과학자들은 시노몬을 연구하며 흰동가리가 선천적으로 특정 종의 말미잘로부터 보호를 받는다는 점을 관찰했습니다. 그들은 또한 흰동가리가 말미잘이 내뿜는 화학 물질을 통해 적절한 말미잘을 알아본다는 것을 알아냈습니다. 어린 물고기는 스스로 방어할 수 없으므로 부화하고 7~10일 안에 집으로 삼을 만한 말미잘을 찾기 시작합니다. 이러한 말미잘이 흰동가리에게 미치는 강력한 끌어당김은 실험실에서 연구되었습니다. 과학자들은 향기 화학 물질을 가지고 있는 말미잘에게서 점액을 추출했습니다. 과학자들이 그것을 다양한 종류의 물고기들이 있는 탱크에 방출하자 야생에서 이 말미잘과 함께 있는 것이 관찰되었던 종의 물고기들이 그 냄새에 이끌렸습니다.

어휘 synomone n 시노몬 | clownfish n 흰동가리 | innately adv 선천적으로 | sea anemone 말미잘 | appropriate adj 적절한 | chemical n 화학 물질 | emit v 내뿜다, 방출하다 | hatching n 부화 | extract v 추출하다 | mucus n 점액 | release v 방출하다 | in the wild 야생에서

주제 synomones

시노몬

예시 clownfish & sea anemone
    - clownfish is protected by anemones
    - fish recognize anemone by its chemicals

흰동가리와 말미잘
– 흰동가리가 말미잘에게 보호받음
– 물고기가 말미잘의 화학 물질로 말미잘을 알아봄

▶ Question: What is the example of synomones?

시노몬의 예는 무엇인가?

The example of synomones is clownfish and sea anemones. Clownfish are protected by sea anemones, and the fish recognize an anemone by the chemical it emits.

시노몬의 예는 흰동가리와 말미잘이다. 흰동가리는 말미잘에 의해 보호받으며, 말미잘이 내뿜는 화학 물질로 말미잘을 인식한다.

03

M For cities that have existed for a long period of time, it is not unusual for buildings to outlive their usefulness. They have to be torn down, and new structures replace

남 오랫동안 존재해온 도시들의 경우, 건물들이 유용성이 다할 때까지 살아남는 것은 특이한 일이 아닙니다. 이 건물들은 해체되어야 하며 새 구조

them. However, many older buildings are valued by the community for their historical or societal value. Sometimes these buildings are renovated on the inside and used for entirely different purposes. This practice is called adaptive reuse, and one example of this is the Tate Gallery in London. This building began life as the Bankside Power Station, which supplied electricity to London for nearly 30 years. After a decade of disuse, it was faced with demolition, but a TV documentary led to its being saved and converted into a museum of modern art.

물이 그것들을 대체합니다. 그러나 많은 오래된 건물들은 역사적 또는 사회적 가치 때문에 지역 사회에서 소중하게 여겨집니다. 때때로 이런 건물들은 내부가 개조되고 전혀 다른 목적을 위해 사용되죠. 이런 관행은 건물의 전용이라고 불리는데, 이것의 한 예가 런던의 테이트 미술관입니다. 이 건물은 원래 거의 30년간 런던에 전기를 공급한 뱅크사이드 발전소였습니다. 이 건물은 10년간 사용되지 않다가 철거를 맞이하게 되었지만, 한 TV 다큐멘터리가 건물을 살리고 현대 미술관으로 탈바꿈하도록 이끌었습니다.

어휘 exist ⓥ 존재하다 | outlive ⓥ 오래 존재해서 ~을 잃다 | usefulness ⓝ 유용성 | structure ⓝ 구조물 | replace ⓥ 대체하다 | value ⓥ 소중하게 여기다 ⓝ 가치 | historical adj 역사적인 | societal adj 사회적인 | renovate ⓥ 보수 공사를 하다 | entirely adv 완전히 | practice ⓝ 관행 | adaptive adj 적응하는 | power station 발전소 | electricity ⓝ 전기 | decade ⓝ 10년 | disuse ⓝ 사용되지 않음 | demolition ⓝ 철거, 파괴 | convert ⓥ 개조하다, 바꾸다

노트 정리 예시

주제 adaptive reuse	건물의 전용
예시 - new purpose → keep exterior, renovate inside 　　 - Tate Gallery in London	– 새로운 목적 → 외부 유지, 내부 수리 – 런던의 테이트 미술관

▶ Question: What is the example of adaptive reuse?　　건물 전용의 예는 무엇인가?

예시 답변

Adaptive reuse is renovating a building for a new purpose, often the exterior is kept and the interior is renovated. One example of this is the Tate Gallery in London. It was an unused power station that was going to be destroyed.

건물의 전용은 새로운 목적을 위해 건물을 보수하는 것이며 종종 외부는 유지하고 내부를 수리한다. 이것의 한 예는 런던의 테이트 미술관이다. 이곳은 철거될 예정이었던 사용되지 않는 발전소였다.

04

듣기 지문&해석

Ⓦ Wolves are very social animals that form packs that consist of a breeding pair, called alphas, and their offspring. The wolves within a pack have a strict social order, and the subordinate members use appeasement behavior to avoid physical conflict. Wolves do not rule by violence, but by limiting access to resources. Wolves hunt together and share their food, but the alphas get to feed first. They will gorge themselves on meat for their pups and take pieces of the animal away to feed on later at their leisure. If another wolf wants to feed, it will put its head close to the ground and flatten its fur to its body. This shows that it does not want to fight, and the leader may ignore it entirely, snarl at it to make it wait, or put its mouth around the animal's nose without biting. This is not a threatening gesture; it

Ⓒⓘ 늑대들은 알파라 불리는 하나의 번식 쌍과 그들의 새끼들로 구성되는 무리를 이루는 매우 사회적인 동물입니다. 무리 안의 늑대들은 엄격한 사회 질서를 가지며, 하위 구성원들은 물리적 충돌을 피하기 위해 유화 행동을 합니다. 늑대들은 폭력을 통해서가 아니라 자원에 대한 접근을 제한하는 방식으로 지배합니다. 늑대들은 함께 사냥하고 먹이를 나누지만 알파들이 제일 먼저 먹습니다. 그들은 새끼들을 위해 고기를 잔뜩 먹고, 남은 조각은 나중에 여유 있게 먹기 위해 가지고 갑니다. 만약 다른 늑대가 먹이를 먹기 원하면, 그 늑대는 머리를 땅 가까이 대고 털을 몸에 납작하게 붙일 것입니다. 이는 그 늑대가 싸우기를 원치 않는다는 것을 보여줍니다. 우두머리는 그 늑

merely shows that the leader accepts the other animal's acknowledgment of its leadership.

대를 완전히 무시할 수도 있고, 기다리게 하기 위해 으르렁댈 수도 있고, 아니면 그 늑대의 코 주변을 물지는 않고 입을 댈 수도 있습니다. 이는 위협하는 행동이 아니며, 단순히 그 늑대가 우두머리의 리더십을 인정한다는 사실을 우두머리가 받아들인다는 것을 보여주는 것입니다.

어휘 pack ⓝ 동물의 무리 I consist of ~로 구성되다 I breeding pair 함께 새끼를 기르는 한 쌍의 동물 I social order 사회 질서 I subordinate ⓐⓓⓙ 하위의 I physical conflict 물리적 충돌 I limit ⓥ 제한하다 I access ⓝ 접근 I resource ⓝ 자원 I gorge ⓥ 게걸스레 먹다 I pup ⓝ 새끼 I flatten ⓥ 납작하게 하다 I fur ⓝ 털 I snarl ⓥ 으르렁거리다 I threatening ⓐⓓⓙ 위협하는 I acknowledgment ⓝ 인정, 승인

노트 정리 예시

주제 appeasement behavior	유화 행동
예시 - wolves (alphas & offspring) - alphas feed first → other wolves acknowledge leadership by putting head close to the ground, flatten fur = don't want to fight = get food	– 늑대 (알파와 새끼들) – 알파들이 먼저 먹이를 먹음 → 다른 늑대들이 땅에 머리를 가까이 대거나 털을 납작하게 해서 리더십을 인정 = 싸우기 싫음 = 먹이를 얻음

▶ Question: What is the example of appeasement behavior? | 유화 행동의 예는 무엇인가?

예시 답변

The example of appeasement behavior is shown through wolves. There are alphas and their offspring in the group. Alphas feed first, and other wolves get food by showing they don't want to fight through putting their heads close to the ground and flattening their fur.

유화 행동의 예는 늑대를 통해 볼 수 있다. 무리에는 알파들과 이들의 새끼들이 있다. 알파들이 먼저 먹이를 먹으며, 다른 늑대들은 머리를 땅에 가까이 대고 털을 납작하게 함으로써 싸우기 싫다는 모습을 보여 먹이를 얻는다.

05

듣기 지문&해석

Ⓜ As we discussed earlier, many animals behave like young animals so that dominant members of their group will be nice to them. Today we will be looking at a slightly different version of this called agonistic buffering. There is a type of monkey called macaques that have a unique form of this behavior. Macaques live throughout Asia and in parts of northern Africa, and there are many different species. However, they are all quite intelligent and have a complex social structure. The males and females all help to raise the young monkeys, even if they are not the parents. These monkeys have a female-dominated society apart from the alpha male. So, the males often fight over dominance. In order to keep the peace, the subordinate males will often take a baby away from a female and carry it over to a more dominant male.

Ⓗ 우리가 전에 이야기했듯이, 많은 동물들은 어린 새끼처럼 행동해서 그들 집단의 우세한 동물들이 자신들에게 잘해주도록 합니다. 오늘 우리는 이러한 행동의 약간 다른 형태인 투쟁 완화라 불리는 것에 대해 알아볼 겁니다. 이러한 행동의 독특한 형태를 보이는 마카크라는 원숭이가 있습니다. 마카크 원숭이는 아시아 전역과 북부 아프리카 일부 지역에 서식하며 많은 다양한 종이 있습니다. 그러나 그들은 모두 상당히 똑똑하며 복잡한 사회 구조를 가지고 있습니다. 수컷과 암컷은 모두 부모가 아니더라도 새끼 원숭이들을 기르는 것을 돕습니다. 이 원숭이들은 우두머리 수컷을 제외하고는 암컷 중심의 사회를 가지고 있습니다. 그래서 수컷들은 종종 지배권을 두고 싸움을 합니다. 평화를 유지하기 위해, 하위 수컷들은 암컷에게서 새끼를 빼앗아서 더 우위에 있는 수컷에게 데리고 갑니다.

어휘 behave ⓥ 행동하다 I dominant ⓐⓓⓙ 지배하는, 우세한 I slightly ⓐⓓⓥ 약간 I agonistic ⓐⓓⓙ 투쟁적인 I buffering ⓝ 완화, 완충 I intelligent ⓐⓓⓙ 똑똑한 I complex ⓐⓓⓙ 복잡한 I raise ⓥ 기르다 I dominance ⓝ 지배, 우세 I subordinate ⓐⓓⓙ 하위의

노트 정리 예시

주제 agonistic buffering	투쟁 완화
예시 - macaque monkeys 　　 - males fight over dominance → subordinate males bring a baby → peace	– 마카크 원숭이 – 수컷들이 지배권을 두고 싸움 → 하위 수컷들이 아기를 데려옴 → 평화

▶ Question: What is the example of agonistic buffering? | 투쟁 완화의 예는 무엇인가?

예시 답변

| One example of agonistic buffering can be seen from macaque monkeys. When males fight over dominance, subordinate males take a baby from a female and bring it to a more dominant male to keep the peace. | 투쟁 완화의 한 예는 마카크 원숭이에게서 볼 수 있다. 수컷들끼리 지배권을 두고 싸울 때, 하위 수컷들은 평화를 지키기 위해 암컷에게서 아이를 빼앗아 더 우위의 수컷에게 데려간다. |

06

듣기 지문&해석

| W In this age of social media, people often feel overwhelmed by the amount of information they receive. This is called information overload, and in many cases, it can have disastrous results, especially in business. For example, my friend was screening applicants for a management position in his main store. It was an attractive position, so he received many applications, and he couldn't check them all. For that reason, he just selected the ones that had the best experience listed. Unfortunately, since he didn't take the time to check the references they had given, he ended up hiring someone who wasn't actually qualified. | 여 이 소셜 미디어의 시대에 사람들은 받아들이는 정보의 양에 압도될 때가 많습니다. 이는 정보 과다라고 불리며 많은 경우, 특히 비즈니스에서 끔찍한 결과를 낳을 수도 있습니다. 예를 들면, 제 친구는 자신의 본점에서 일할 관리직 지원자들을 가려내고 있었습니다. 그것은 매력적인 자리여서 친구는 많은 지원서를 받았고, 전부 확인할 수가 없었습니다. 그런 이유로 나열된 경력이 가장 좋은 사람들만 뽑았습니다. 안타깝게도, 그들이 제출한 추천서를 확인하는 데 시간을 들이지 못했기 때문에 친구는 결국 실제로는 자격이 없는 사람을 뽑고 말았습니다. |

어휘 overwhelmed ⓐⓓⓙ 압도된 I overload ⓝ 과다, 과부하 I disastrous ⓐⓓⓙ 처참한, 형편없는 I result ⓝ 결과 I screen ⓥ 적절한지 확인하다, 가려내다 I applicant ⓝ 지원자 I management ⓝ 관리 I attractive ⓐⓓⓙ 매력적인 I application ⓝ 지원서 I select ⓥ 선택하다 I unfortunately ⓐⓓⓥ 안타깝게도, 불행히도 I reference ⓝ 추천서, 추천인 I end up -ing 결국 ~하게 되다 I qualify ⓥ 자격을 갖추다

노트 정리 예시

주제 information overload	정보 과다
예시 - professor's friend was reviewing applications for a position 　　 - too many → didn't have time → ended up hiring not qualified person	– 교수의 친구가 일자리 지원서를 검토함 – 너무 많음 → 시간 없음 → 자격 안 되는 사람을 뽑게 됨

▶ Question: How does the professor explain the concept of information overload? | 교수는 정보 과다의 개념을 어떻게 설명하고 있는가?

The professor explains the concept of information overload by talking about her friend. He was reviewing applications for a position. Since he received too many, he didn't have time to look at all of them. So he just picked the ones who had the best experience and ended up selecting a person who was not really qualified.

교수는 자신의 친구에 관해 이야기하며 정보 과다의 개념을 설명한다. 그는 한 일자리를 위한 지원서를 검토하고 있었다. 너무 많이 받아서 전부를 볼 시간이 없었다. 그래서 그냥 가장 좋은 경력을 가진 사람들을 뽑았고, 결국 실제로는 자격이 없는 사람을 뽑고 말았다.

07

듣기 지문&해석

M If you do not actually know a person, how can you predict what he would do? Simple, you can use prototype matching. By searching your memory from a time when you were in a similar situation, you can predict what he might do. Imagine that a young man has to move to a different city for a new job. The company will provide him with an apartment to live in. However, there is no easy way for him to get to work. There are no bus or subway stops near his apartment. This leaves him with two options: he can either drive a car or ride a bike to work. When you went to university, you lived far from campus. It isn't the exact same situation, but it shares many of the same basic factors. You were very athletic, and you didn't have much money to spend, so you decided to ride your bike to classes. By using yourself as the prototype, then, you would guess that this young man would also choose to ride his bike to work.

남 누군가를 실제로 모르는데 그가 무엇을 할지 어떻게 예측할 수 있을까요? 간단합니다. 원형 대응을 사용하면 됩니다. 여러분이 비슷한 상황에 있었을 때를 기억에서 찾음으로써, 여러분은 그가 어떻게 할 것인지 예측할 수 있습니다. 새 직장 때문에 다른 도시로 이사를 해야 하는 젊은이를 상상해 봅시다. 회사에서는 그에게 거주할 아파트를 제공할 것입니다. 하지만 그에게는 출근을 하기 위한 쉬운 방법이 없습니다. 그의 아파트 주변에는 버스나 지하철이 없습니다. 이는 그에게 두 가지 선택지를 남깁니다. 그는 운전을 하거나 자전거를 타고 일을 하러 갈 수 있습니다. 대학에 갔을 때 여러분은 캠퍼스에서 먼 곳에 살았습니다. 완전히 같은 상황은 아니지만, 여러 가지 비슷한 기본적 요인을 가지고 있습니다. 여러분은 몸이 튼튼하고 쓸 수 있는 돈이 별로 없었습니다. 그래서 수업에 자전거를 타고 가기로 결정했습니다. 이렇게 여러분 스스로를 원형으로 사용함으로써, 여러분은 이 젊은이도 회사에 자전거를 타고 갈 것이라고 추측할 수 있습니다.

어휘 predict ⓥ 예측하다 | prototype matching 원형 대응 | memory ⓝ 기억 | similar adj 비슷한 | provide ⓥ 제공하다 | exact adj 정확한 | factor ⓝ 요인 | athletic adj 몸이 탄탄한, 건장한

노트 정리 예시

주제 prototype matching	원형 대응
예시 - a man moving to a different city for a job → drive a car/ride a bike - think about your own, similar experience → rode a bike to classes - guess the man would do the same	– 한 남자가 일자리 때문에 다른 도시로 이사 → 운전/자전거 타기 – 자신의 비슷한 경험을 생각 → 자전거 타고 수업에 감 – 남자도 같은 행동을 하리라고 추측

▶ Question: **How does the professor explain the use of prototype matching?**

교수는 원형 대응의 사용을 어떻게 설명하는가?

The professor explains the use of prototype matching by giving an example of a man moving to a different city for a job. He can either drive a car or ride a bike to work. One can think of a similar experience. If you also rode a bike to classes when you were in college, you can also guess the man would do the same.

교수는 일자리 때문에 다른 도시로 이사하는 남자의 예를 들며 원형 대응의 사용을 설명한다. 남자는 일을 갈 때 운전을 하거나 자전거를 탈 수 있다. 우리도 비슷한 경험을 떠올릴 수 있다. 만약 대학교를 다닐 때 자전거를 타고 수업에 갔다면 남자 또한 같은 행동을 하리라고 추측할 수 있다.

08

W Environmental scenting is a tactic used by many retail stores to attract customers and get them to spend more money. In one study of environmental scenting, people were shown identical pairs of shoes in different rooms. One room had a light, pleasant smell, while the other had no added smell at all. Participants were asked to look at the shoes and then fill out a questionnaire about them. One of the questions asked them how much they thought the shoes would cost. Even though the shoes were identical, they rated the shoes in the room with the scented air as being more expensive. They consistently said that they thought they were at least ten percent more expensive. What can we learn from this? Well, if stores fill the air with a pleasant scent, people will think that higher prices are acceptable.

여 환경 향기 조성은 고객을 끌어들이고 그들이 더 많은 돈을 소비하게 하기 위해 많은 소매점들이 사용하는 전략입니다. 환경 향기 조성에 관한 한 연구에서는, 사람들에게 서로 다른 방에서 동일한 신발 한 켤레를 보여줬습니다. 한 방에서는 은은하고 기분 좋은 향기가 난 반면 다른 방에서는 아무런 추가된 냄새도 나지 않았습니다. 참가자들은 신발을 보고 그것에 관한 설문지를 작성하라는 요청을 받았습니다. 질문 중 하나는 참가자들에게 신발의 가격이 얼마나 할 것 같으냐고 물었습니다. 똑같은 신발이었음에도 참가자들은 향기가 나는 방에 있던 신발이 더 비쌀 것이라고 답했습니다. 그들은 일관되게 그 신발이 적어도 10 퍼센트는 더 비쌀 것으로 생각한다고 말했습니다. 우리는 여기서 무엇을 알 수 있을까요? 음, 만약 상점 안의 공기를 기분 좋은 향기로 채운다면 사람들은 더 비싼 가격도 받아들일 만하다고 생각할 것입니다.

어휘 tactic ⓝ 전략 ǀ identical ⓐ 동일한 ǀ pleasant ⓐ 기분 좋은 ǀ participant ⓝ 참가자 ǀ fill out 작성하다 ǀ questionnaire ⓝ 설문지 ǀ cost ⓥ 값이 ~이다 ǀ rate ⓥ 평가하다, 점수를 매기다 ǀ consistently ⓐⓓⓥ 일관되게, 지속적으로 ǀ acceptable ⓐ 받아들일 수 있는

주제 environmental scenting

예시 - study: same shoes in different rooms
  - one room had scent, the other X
  - participants said shoes in the scented room look more expensive

환경 향기 조성

– 연구: 다른 방의 같은 신발
– 한 방에는 향기, 다른 방은 X
– 참가자들은 향기 나는 방의 신발이 더 비싸 보인다고 말함

▶ Question: How does the professor explain the concept of environmental scenting?

교수는 환경 향기 조성의 개념을 어떻게 설명하는가?

The professor explains the concept of environmental scenting through a study. Participants were shown identical pairs of shoes in two different rooms. One room had scent, and the

교수는 한 연구를 통해 환경 향기 조성의 개념을 설명한다. 참가자들에게 서로 다른 두 방에서 동일한 신발을 보여주었다. 한 방에서는 향기가 났고 다른 방은

Q3

Integrated Task

other didn't. After looking at two pairs of shoes, participants said the pair in the scented room looked more expensive.

아니었다. 두 켤레의 신발을 본 뒤, 참가자들은 향기나는 방에 있던 신발이 더 비싸 보인다고 말했다.

Lesson 04 정리해서 말하기

Practice 1

본서 | P. 120

01

읽기 지문&해석

The Peak-End Rule

When people are asked to describe certain events that have happened in their lives, a psychological phenomenon termed as the peak-end rule often comes into play. The peak-end rule states that a person is most likely to focus on the highlights or the last parts of his or her experience and discard virtually all other information when describing the event as a whole. The main reason is that people have a tendency to recall their experiences with ease when strong, either negative or positive, emotions are attached to them. Minor emotions and information are often disregarded in the process of remembering and describing the overall experience of the event.

피크엔드 법칙

사람들이 본인의 삶에서 일어난 특정한 일들을 기술해 달라고 요청받을 때, 피크엔드 법칙이라고 불리는 심리학적 현상이 흔히 일어난다. 피크엔드 법칙은 어떤 사건의 전체를 설명할 때, 사람이 본인 경험의 중요한 부분 혹은 마지막 부분에만 집중하고 사실상 나머지 다른 정보는 다 버리는 경향을 말한다. 주된 이유는 사람들이 부정적이든, 긍정적이든 강한 감정이 결부되어 있을 때 경험을 더 쉽게 기억하는 경향이 있다는 것이다. 중요하지 않은 감정들이나 정보는 사건의 전체적 경험을 기억하고 기술하는 과정에서 흔히 묵살된다.

어휘 psychological phenomenon 심리학적 현상 | term ⓥ 이름 붙이다 | come into play 활동하기 시작하다 | be likely to ~하기 쉽다, ~할 가능성이 있다 | discard ⓥ 버리다 | virtually ⓐⓓⓥ 사실상 | as a whole 전체로써 | have a tendency to ~하는 경향이 있다 | recall ⓥ 상기시키다 | with ease 쉽게 | attached to ~에 부착된 | minor ⓐⓓⓙ 주요하지 않은, 가벼운 | disregard ⓥ 묵살하다 | in the process of ~의 과정에서

읽기 – 노트 정리 예시

주제 The Peak-End Rule
 - remembering something → focus on highlights/last parts of experience
 - tendency to recall something with strong emotions

피크엔드 법칙
 – 뭔가를 기억해냄 → 경험의 중요 부분/마지막 부분에 집중
 – 강한 감정이 결부된 것을 기억하는 경향

Now listen to part of a lecture on this topic in a psychology class.

이제 이 주제에 대한 심리학 강의의 일부를 들으시오.

듣기 지문&해석

🔊 Um… Memory is often unreliable. This is because of what is called the peak-end rule. We tend to filter certain parts of an event and focus on the parts that made a strong impression on us. In remembering the event as a whole, we often end up remembering only the highlights or peaks of the event rather than remembering the rest of the event as well.

Let me give you a few examples. My family took a road trip a couple of years ago, and we wanted to visit this famous restaurant. Anyway, on the way there, we realized there

🔊 음… 기억은 종종 믿을 만한 것이 못 됩니다. 이것은 피크엔드 법칙이라고 불리는 것 때문이죠. 우리는 사건의 특정 부분들을 여과하고 우리에게 강한 인상을 남긴 것들에만 집중하는 경향이 있습니다. 전체로써 사건을 기억하는 데 있어서 우리는 사건 전체의 나머지까지도 다 기억하기보다는 가장 중요한 부분이나 최고의 부분을 기억하는 데에만 그칠 때가 많습니다.

몇 가지 예를 들어보겠습니다. 우리 가족은 몇 년 전에 자동차 여행을 가서 이 유명한 레스토랑을

was something wrong with the directions, and we ended up getting lost. It took a really long time for us to finally find the restaurant. When we eventually got to the place, we realized why the restaurant had such a good reputation; the food and service was just perfect. The restaurant was impeccable! Our entire experience at that restaurant was just amazing! And when we were asked about the trip later on, my family rarely mentioned any other parts of the trip and only talked about how great that restaurant was. Everybody in my family thought it was a good trip just because of this restaurant.

Here's another example. My friend and I once watched this movie together. As we were watching, the movie was pretty boring for the most part. Then all of a sudden, there were several dramatic turns of events in the second half of the movie, and there was a really great action scene towards the end of the movie. Because of these parts of the movie, we both thought the movie was great overall. This is how we remember things based on the peak-end rule.

방문하고 싶었습니다. 그런데 거기 가는 길에 길 안내가 뭔가 잘못되었다는 것을 깨달았고 결국 길을 잃게 되었습니다. 그 레스토랑을 찾는 데 정말 오래 걸렸습니다. 마침내 그곳에 도착했을 때 그 레스토랑이 그런 명성을 얻은 이유가 있다는 것을 깨달았습니다. 음식과 서비스가 정말 완벽했어요. 레스토랑은 흠잡을 데가 없었습니다! 그 레스토랑에서의 전체 경험은 정말 좋았습니다! 나중에 그 여행에 대해서 질문을 받았을 때 우리 가족은 그 여행의 다른 부분에 대해서는 거의 언급하지 않고 그 레스토랑이 얼마나 좋았는지에 대한 이야기만 했습니다. 우리 가족은 오로지 이 식당 때문에 그 여행이 좋았다고 생각했던 것입니다.

또 다른 예가 있습니다. 제 친구랑 저는 전에 어떤 영화를 함께 보았습니다. 영화는 대부분 정말 재미가 없었습니다. 그런데 갑자기 영화 후반부에 극적인 반전 몇 개가 있었고, 영화 끝부분으로 갈수록 정말 좋은 액션 장면이 있었습니다. 영화의 이 부분 때문에 우리 둘 다 영화가 전체적으로 좋았다고 생각했습니다. 이것이 우리가 피크엔드 법칙에 기반하여 사물을 기억하는 방식입니다.

어휘   unreliable **adj** 신뢰할 수 없는 l filter **v** 여과하다 l make an impression on somebody ~에게 인상을 주다 l end up -ing (결국) ~하는 상태로 끝나다 l highlight **n** 가장 중요한(흥미로운) 부분 l peak **n** 절정, 최고점 l road trip (장거리) 자동차 여행 l reputation **n** 명성 l impeccable **adj** 흠잡을 데 없는 l all of a sudden 갑자기 l dramatic turn of events 극적인 반전

듣기 – 노트 정리 예시

예시 1. family trip
- good restaurant → remember the trip as a good one
2. movie
- mostly not interesting, but last part was good → think movie was good

1. 가족 여행
– 좋은 레스토랑 → 여행이 좋았다고 기억함
2. 영화
– 대체로 재미없었지만, 끝부분이 좋았음 → 영화가 좋았다고 생각

02

읽기 지문&해석

Fixed Action Patterns

In the animal kingdom, there are some species that show fixed action patterns, which are complex instinctive behavior produced in response to specific stimuli. One important aspect is that the response is normally elicited by a set of perceptions, such as shapes, color combinations, or specific smells, rather than by specific objects in the environment. Another important feature is that, once started, a fixed action pattern does not stop until the entire action sequence is completed. Even if the stimulus is no longer present, the organism would still show the same behavioral pattern since it is a kind of reflex response.

고정적 행동 양식

동물계에는 고정적 행동 양식, 즉 특정 자극에 반응하여 생기는 복합적인 본능적 행동 양식을 보여주는 몇몇 종들이 있다. 한 가지 중요한 점은 이 반응이 보통 주변 환경 내의 특정 대상보다는 모양이나 색상 조합, 특정 냄새 같은 일련의 지각 작용에 의해 유발된다는 점이다. 또 다른 주요 특성은 이러한 고정 행동 양식은 일단 시작되면 전체 연속 행동이 완료될 때까지 멈추지 않는다는 점이다. 자극이 더 이상 존재하지 않더라도 그 생물은 여전히 똑같은 행동 양식을 보일 텐데, 이는 그것이 일종의 반사 반응이기 때문이다.

읽기 - 노트 정리 예시

주제 Fixed Action Patterns - specific stimuli → show fixed action pattern - elicited by a set of perceptions such as shapes and color - does not stop until the entire action sequence is completed	고정적 행동 양식 - 특정 자극 → 고정적 행동 양식을 보임 - 모양이나 색깔 같은 일련의 지각 작용에 의해 유발됨 - 전체 연속 행동이 완료될 때까지 멈추지 않음

Now listen to part of a lecture on this topic in a biology class. | 이제 이 주제에 대한 생물학 강의의 일부를 들으시오.

듣기 지문&해석

Ⓜ Some organisms have instinctive behaviors called fixed action patterns. Don't get this confused with habitual behaviors in humans. Of course, similar kinds of recurring behaviors can be exhibited by human beings, but they're different from animals'. What I am talking about is animal behaviors that are completely fixed that the animals cannot even attempt to quit or change.

One thing about fixed action patterns is that they are triggered by a stimulus, like a specific color combination or a smell, and not by a specific object. Take the stickleback fish for example. Every spring, the belly of the male stickleback turns bright red, and it becomes very territorial. When this happens, the male stickleback will attack any other male that comes into the area. But what's interesting is that if you put anything red near this stickleback, even if it looks nothing like a fish, the fish is going to become aggressive. Therefore, in essence, it's the color, and not the sight of another male stickleback, that triggers the behavior.

Another important aspect of a fixed action pattern is that once it is triggered, it will continue to the end. A well-known example of this is a graylag goose. If the graylag goose sees that one of its eggs has fallen out of the nest, it will instinctively roll the egg back into the nest with its beak. However, if you show it the egg and then take it away right in front of its eyes, the goose will still go through that action sequence and roll an imaginary egg back to its original place. Once the sight of the displaced egg triggers its rolling behavior, the removal of the egg from its sight cannot make the goose stop its action since it's a reflex behavior. The action pattern continues to the end once it has started.

Ⓗ 일부 유기체는 고정적 행동 양식이라는 본능적 행동을 지니고 있습니다. 이것을 인간에게서 일어나는 습관적 행동과 혼동하지 말기 바랍니다. 물론, 비슷한 종류의 반복적으로 일어나는 행동이 인간에게서도 발견되기는 하지만, 연속된 행동 전체가 완료될 때까지 계속되도록 프로그램이 짜여 있거나 고정된 게 아니라는 점에서 동물의 행동과는 다릅니다. 제가 말하는 것은 완전히 고정된 행동이라서 동물들이 그것들을 없애거나 바꾸려는 시도조차 할 수 없는 동물들의 행동입니다.

고정적 행동 양식에 관한 한 가지 사실은 그 행동 양식이 특정 대상이 아니라 특정 색상 조합이나 냄새와 같은 자극에 의해 유발된다는 점입니다. 큰가시고기를 예로 들어봅시다. 매년 봄에 수컷 큰가시고기는 배가 밝은 적색으로 변하고 영역 보호적 습성을 강하게 갖게 됩니다. 이렇게 되면 수컷 큰가시고기는 자기 영역에 들어오는 다른 모든 수컷을 공격합니다. 그러나 흥미로운 점은 이 큰가시고기 근처에 붉은 색의 아무 물체, 물고기처럼 보이지도 않는 물체를 놓아둔다고 할지라도 큰가시고기는 공격적으로 변합니다. 그러므로 본질적으로 그런 행동을 유발하는 것은 다른 수컷 큰가시고기의 모습이 아니라 바로 색깔입니다.

고정적 행동 양식의 또 다른 중요한 면은 일단 행동이 유발되면 그 행동이 끝까지 계속된다는 점입니다. 이것의 잘 알려진 예는 회색기러기입니다. 회색기러기는 자신의 알 중 하나가 둥지 밖으로 떨어지는 것을 볼 경우 본능적으로 부리로 알을 굴려 원래 둥지로 되돌립니다. 하지만 만약 당신이 회색기러기에게 알을 보여주고 바로 눈앞에서 사라지게 해도, 회색기러기는 여전히 같은 동작을 연속으로 행할 것이며, 상상의 알을 원래의 장소로 다시 굴릴 것입니다. 알의 위치가 이탈된 것을 보고 굴리는 행동이 시작이 되었지만 알이 없어지는 것을 보아도 회색기러기는 그 동작을 멈추지 못합니다. 왜냐하면 그것은 반사 행동이기 때문입니다. 행동 양식은 일단 시작되면 끝까지 계속됩니다.

어휘 organism 🔟 유기체, 생물 | action pattern 행동 양식 | recurring [adj] 되풀이하여 발생하는 | attempt ☑ 시도하다 | trigger ☑ 촉발하다 | combination 🔟 조합 | stickleback 🔟 큰가시고기 | territorial [adj] 세력권을 주장하는 | in essence 본질적으로 | well-known [adj] 잘 알려진 | graylag goose 회색기러기 | beak 🔟 부리 | take away 가져가다 | reflex behavior 반사 행동

예시 1. stickleback fish
- male's body turns red → attack other males in their territory → attack anything red
2. graylag goose
- roll egg back into the nest → still do the same thing even if the egg disappears

1. 큰가시고기
   – 수컷의 몸이 붉게 변함 → 영역 내 다른 수컷을 공격 → 모든 붉은 것을 공격
2. 회색기러기
   – 알을 둥지로 다시 굴려옴 → 알이 사라져도 같은 행동을 계속함

03

읽기 지문&해석

Sweeping Generalizations

A sweeping generalization is a type of logical fallacy that people often commit. In this logical error, a general rule or statement is used too broadly. In other words, a plausible or seemingly valid statement that is generally accepted to be correct or true may be proven inaccurate, particularly when there turns out to be an exception to that statement. Thus, even though there seems to be sufficient evidence to draw a conclusion in a particular situation based on a general norm, people should be aware that their decision might end up being a logical fallacy.

광범위한 일반화

광범위한 일반화는 사람들이 흔히 범하는 논리적 오류의 한 종류다. 이러한 논리적 오류에서는 일반적인 법칙이나 진술이 너무 광범위하게 적용된다. 다시 말해서, 일반적으로 옳거나 사실이라고 받아들여지는 그럴듯하거나 겉으로 타당해 보이는 진술이 부정확한 것으로 밝혀질 수도 있는데, 특히 그러한 진술에 예외가 있다는 것이 드러나는 경우에 그러하다. 따라서 어떤 특정한 상황에서 일반적인 규범에 기초하여 결론을 이끌어낼 만한 증거가 충분해 보인다고 해도 사람들은 그러한 결론이 논리적 오류를 범할 수 있다는 것을 염두에 두어야 한다.

어휘 sweeping [adj] 광범위한, 전면적인 | generalization 🔟 일반화 | logical [adj] 논리적인 | fallacy 🔟 오류 | commit ☑ 범하다, 저지르다 | plausible [adj] 타당한 것 같은, 그럴듯한 | valid [adj] 타당한 | turn out to (be) ~한 것으로 판명되다 | exception 🔟 예외 | sufficient [adj] 충분한 | draw a conclusion 결론을 내리다 | be aware of ~을 인식하다/알다 | end up -ing ~하는 상태로 끝나다

주제 sweeping generalizations
- logical fallacy ppl commit
- general rule used too broadly even in exceptional/ special cases

광범위한 일반화
– 사람들이 범하는 논리적 오류
– 예외적/특수한 경우에도 일반적인 법칙이 너무 광범위하게 적용됨

Now listen to part of a lecture on this topic in a logic class.

이제 이 주제에 대한 논리학 강의의 일부를 들으시오.

듣기 지문&해석

🔲 People often make irrational arguments in the process of reasoning. One of the many fallacies that we often commit

🔲 사람들은 종종 논리적 사고를 하는 과정에서 비논리적인 논쟁을 합니다. 우리가 흔히 범하는 많

is called a sweeping generalization. This happens when a general statement is incorrectly applied to a particular case. Such situations are far more common than most people realize. For example, we have many social restrictions about when or where it is acceptable to speak, but there are times when exceptions should be made.

One such sweeping generalization is often made when giving advice to children. For their own safety, children are often instructed never to speak to strangers. We tell them this because they do not know if they can trust the intentions of people they do not know. This is difficult logic to argue with, but it does ignore special circumstances. Say, a child was walking down the street, and she saw a woman drop her wallet. Her parents constantly remind her not to talk to strangers, so what should she do? I believe most people would say that she should shout to the woman to get her attention and give her the wallet.

Another sweeping generalization made about speaking deals with libraries. I often go to libraries to study because they are very quiet. Indeed, there are signs posted telling people not to talk loudly in libraries. But, when I was in a library last week, I saw a woman working on her laptop computer. After a while, she packed up her belongings and left. As she neared the exit, the man who was sitting across from her noticed that she had forgotten her laptop case. He grabbed the case and stood up, then paused. He looked at the people around him and then sat back down. Thirty minutes later, the woman returned. She saw her laptop case and then realized that the same man was sitting at the table. She asked him why he hadn't said anything, and he embarrassedly pointed at a no-talking sign. She was very upset, and many people around them supported her.

은 오류 중 하나는 광범위한 일반화라 불리는 것입니다. 이는 일반적인 진술이 특수한 경우에 잘못 적용되었을 때 발생합니다. 그러한 상황은 대부분의 사람이 아는 것보다 훨씬 더 흔하게 발생합니다. 예를 들면, 우리가 언제 어디서 말을 하는 것이 허용되는지에 관해 여러 가지 사회적 제약이 있지만, 예외가 되는 때도 있습니다.

그런 광범위한 일반화 한 가지는 아이들에게 주의를 줄 때 흔히 일어납니다. 안전을 위해 아이들은 낯선 사람들에게 절대로 말을 하지 말라는 가르침을 종종 받죠. 우리는 아이들이 낯선 사람들의 의도를 믿을 수 있는지 없는지 모르기 때문에 그들에게 이런 말을 합니다. 이것은 반박하기 어려운 논리이지만, 특수한 상황을 무시하고 있는 것이기도 합니다. 어떤 아이가 길을 걷다가 어떤 여자가 지갑을 떨어뜨리는 것을 보았다고 가정하죠. 부모는 항상 낯선 사람들에게 말을 하지 말라고 주의를 주었으니 아이는 어떻게 해야 할까요? 제 생각에 대부분의 사람들은 아이가 지갑을 떨어뜨린 여자에게 소리를 쳐서 주의를 환기시킨 후 지갑을 줘야 한다고 말할 것 같습니다.

말하기에 관해 이루어지는 또 다른 광범위한 일반화는 도서관과 관련된 것이에요. 저는 종종 공부하기 위해 도서관에 가는데, 그것은 도서관이 매우 조용하기 때문입니다. 실제로 도서관에는 사람들에게 크게 말하지 말라는 안내판이 붙어 있어요. 하지만 지난주에 도서관에 갔을 때 저는 어떤 여자가 노트북을 사용하고 있는 것을 보았어요. 잠시 후 그 여자는 소지품을 챙겨 나갔죠. 그녀가 출구에 다다랐을 때, 그녀 건너편에 앉아 있던 남자는 그녀가 노트북 케이스를 놓고 간 것을 알아차렸습니다. 그는 그 케이스를 들고 일어선 후 그대로 멈췄어요. 주변의 사람들을 둘러보더니 다시 자리에 앉았죠. 30분 후 그 여자가 돌아왔어요. 그녀는 자신의 노트북 케이스를 보았고, 같은 남자가 테이블에 앉아 있는 것을 알아차렸어요. 그녀는 그 남자에게 왜 아무 말도 하지 않았느냐고 물었고, 남자는 당황한 듯이 말하지 말라고 쓰인 안내판을 가리켰어요. 여자는 매우 화가 났고 주변의 많은 사람들이 여자를 지지했어요.

어휘   irrational **adj** 비논리적인 | argument **n** 논쟁, 언쟁 | process of reasoning 논증 과정 | apply **v** 적용하다 | restriction **n** 제약 | acceptable **adj** 받아들일 수 있는 | intention **n** 의도 | constantly **adv** 끊임없이, 항상 | remind **v** 상기시키다 | get attention 주의를 끌다 | laptop **n** 노트북 | pack up (가방/물건을) 싸다, 챙기다 | belongings **n** 소지품, 소유물 | near **v** 가까워지다 | grab **v** 쥐다 | embarrassedly **adv** 당황하여, 난처한 듯이

듣기 – 노트 정리 예시

예시 1. kids: don't talk to strangers
- see a woman on the street, drops her wallet → don't say anything?

1. 아이들: 낯선 사람과 말하지 말 것
- 길거리에서 어떤 여자가 지갑 떨어뜨리는 것을 봄 → 아무 말도 안 함?

2. library: do not talk loudly
   - see a woman left laptop case → don't say anything?

2. 도서관: 크게 말하지 말 것
   – 어떤 여자가 노트북 케이스를 놓고 간 것을 봄
   → 아무 말도 안 함?

04

읽기 지문&해석

Impression Management

Impression management is the process through which people either consciously or unconsciously try to control the impressions that others form of them. In all social situations, people exhibit behaviors that highlight traits perceived as advantageous qualities to help make a favorable impression. Those who try to manipulate how others perceive them are highly motivated by a specific goal they want to achieve. They may also be driven by a desire to establish a distinct identity through self-presentation. Therefore, impression management, in general, is largely based on what a person believes others expect in a particular context, so it will naturally change depending on the situation.

인상 관리

인상 관리는 사람들이 의식적으로나 무의식적으로 다른 사람들이 자신에 대해 형성하는 인상을 관리하려고 노력하는 과정이다. 모든 사회적 상황에서 사람들은 좋은 인상을 남기는 데 도움을 주는, 장점이라고 여겨지는 특성을 강조하는 행동을 보인다. 다른 이들이 본인들을 어떻게 인지하는지 조종하려고 하는 사람들은 그들이 성취하고자 하는 특정한 목표에 굉장히 동기부여가 된다. 또한 자기표현을 통해 독특한 정체성을 형성하고자 하는 갈망에 의해 움직인다. 그러므로 일반적으로 인상 관리는 특정 맥락에서 다른 사람들이 무엇을 기대하는가에 대한 그 사람의 믿음에 대체로 기반하고 있으므로, 상황에 따라 자연스럽게 바뀌게 된다.

어휘 impression ⓝ 인상 ǀ consciously ⓐⓓⓥ 의식적으로 ǀ unconsciously ⓐⓓⓥ 무의식적으로 ǀ exhibit ⓥ 나타내다, 보이다 ǀ highlight ⓥ 강조하다 ǀ trait ⓝ 특성 ǀ perceive as ~로 여기다 ǀ advantageous quality 장점 ǀ make an impression 인상을 주다 ǀ favorable ⓐⓓⓙ 좋은 ǀ manipulate ⓥ 조종하다 ǀ be motivated by ~로 동기 부여되다 ǀ achieve ⓥ 성취하다 ǀ be driven by ~로 움직이다 ǀ desire ⓝ 소망, 욕구 ǀ identity ⓝ 정체성 ǀ self-presentation ⓝ 자기표현 ǀ in general 일반적으로 ǀ be based on ~에 달려 있다/기초하고 있다 ǀ largely ⓐⓓⓥ 대체로 ǀ context ⓝ 맥락, 전후 사정 ǀ depending on ~에 따라

읽기 – 노트 정리 예시

주제 impression management
   - ppl consciously/unconsciously control impressions others form of them
   - changes depending on a particular context/situation

인상 관리
   – 사람들은 의식적/무의식적으로 다른 사람들이 자신에 대해 형성하는 인상을 관리하려 함
   – 특정 맥락/상황에 따라 바뀜

Now listen to part of a lecture on this topic in a sociology class.

이제 이 주제에 대한 사회학 강의의 일부를 들으시오.

듣기 지문&해석

Ⓜ Social psychologists have done lots of studies of how people change their behaviors to make certain impressions on others. In sociology and social psychology, when people try to manage the perceptions of others, whether it's on a conscious level or an unconscious level, we collectively call this process impression management.

Uh, there are many motives beyond this, but mostly it's because of the specific goals that people want to achieve. For example, let's say you have to make a presentation in class, and it's an important class for you. In order to receive

图 사회 심리학자들은 다른 사람들에게 특정한 인상을 주기 위해 사람들이 어떻게 자신의 행동을 바꾸는지에 관해 많은 연구를 해왔습니다. 사회학과 사회심리학에서는 의식적인 수준에서든 무의식적인 수준에서든 사람들이 남들의 인식을 관리하려고 하는 과정을 총괄하여 '인상 관리'라고 부릅니다.

음, 이것에 대한 동기는 다양할 수 있지만 주로 사람들이 달성하고자 하는 특정 목적에서 비롯됩니다. 예를 들어, 수업에서 발표를 해야 한다고

a good grade for the presentation, you will try to make a positive impression on the professor and your classmates. One way of doing this is wearing a nice and neat-looking suit on the day of your presentation, instead of wearing the comfortable, casual clothes you normally wear every day. You hope that wearing a nice suit for the presentation will show how serious and well prepared you are. People will assume that you put a lot of time and energy into this work, and thus you deserve a good grade.

Um... there is another motive for the impression management, which is a part of self-presentation. This is very common, in fact, so common that you might not even have noticed it. Think, for example, of the last time you went out on a first date. Well, when I went out with my girlfriend for the first time, I spent a long time choosing what to wear, and I was much funnier and more polite than I usually am, I mean, around my family or friends. You see, like most people, I change my behavior depending on the people I am around, and what I assume they expect of me. I don't necessarily gain or accomplish anything from this process, but I present myself that way so that I can establish a desirable distinct identity which I believe best fits that particular context.

가정합시다. 이것은 당신에게 중요한 수업입니다. 그 발표에서 좋은 점수를 받기 위해 교수와 다른 학생들에게 긍정적인 인상을 심어주려고 할 것입니다. 이렇게 하는 방법 중 하나는 발표가 있는 날에 늘 입던 편하고 캐주얼한 옷을 입는 대신 멋지고 말쑥한 정장을 입는 것입니다. 발표를 위해 멋진 정장을 입으면 당신이 무척 진지하며 준비가 잘되었음을 보여줄 거라고 당신은 기대할 것입니다. 사람들은 당신이 이 일에 많은 시간과 에너지를 쏟았고 좋은 성적을 받을 자격이 있다고 생각하게 되겠지요.

음… 사람들이 인상 관리를 하는 또 다른 동기는 자기표현의 일부에서 비롯됩니다. 이것은 굉장히 일반적이어서 사실 너무 일반적이어서 여러분은 알아차리지 못했을 수도 있습니다. 예를 들어, 가장 최근에 첫 데이트를 했을 때를 생각해 보십시오. 여자친구와 첫 데이트를 했을 때 저는 오랜 시간을 들여 어떤 옷을 입을지 골랐고, 평소 가족들이나 친구들에게 대하던 것보다 훨씬 더 재미있고 더 예의 바르게 행동했어요. 이와 같이 대부분의 사람들처럼 저는 주위 사람들에 따라, 그리고 그들이 저에게 기대할 것으로 생각한 것에 따라 저의 행동을 바꾼 겁니다. 이 과정을 통해 제가 반드시 무언가 얻거나 성취하는 것은 아니지만, 자신을 그런 식으로 표현하여 그 특정한 맥락에 가장 적합하다고 믿는, 제가 원하는 뚜렷한 자기 정체성을 만들 수 있는 것이죠.

어휘 social psychology 사회심리학 | collectively **adv** 총괄하여, 집합적으로 | motive **n** 동기 | neat-looking **adj** (옷차림 따위가) 단정한 | deserve **v** ~받을 자격이 있다 | grade **n** 성적 | go out on a first date 첫 데이트에 나가다 | for the first time 처음으로 | not necessarily 반드시 ~하는 건 아니다 | desirable **adj** 바람직한, 원하는 | distinct **adj** 뚜렷한, 분명한

듣기 - 노트 정리 예시

예시 1. presentation in class
   - wear a nice suit on presentation day → show how serious & prepared you are
   2. date
   - funnier & more polite than usual → change behavior depending on people

1. 수업에서 발표
   – 발표날 멋진 정장을 입음 → 당신이 얼마나 진지하고 준비되었는지 보여줌
2. 데이트
   – 평소보다 더 재미있고 더 예의 바름 → 사람들에 따라 행동을 바꿈

Practice 2

본서 | P. 124

01

Read the passage about polygamy. You will have 45 seconds to read the passage. Begin reading now.

다혼에 대한 지문을 읽으시오. 지문을 읽는 데 45초가 주어진다. 이제 읽기 시작하시오.

Polygamy

In the animal kingdom, different types of mating patterns have evolved in order to maximize the chance of increasing the number of young. The most common type among animals is called polygamy, where one male or female mates with two or more other partners at the same time. Within this multiple-partner mating system, the fittest animals have more partners than those with relatively less power or dominance. In a general zoological sense, polygamy can be categorized as either polygyny or polyandry. In polygyny, a male mates with more than one female; whereas in polyandry, one female partners with several males.

다혼

동물계에서는 새끼의 수를 늘릴 수 있는 가능성을 극대화하기 위해 다양한 유형의 짝짓기 방식이 발달해왔다. 동물들 사이에서 가장 보편적인 짝짓기 방식은 다혼이라고 하며 한 마리의 수컷 또는 암컷이 동시에 둘 이상의 짝과 짝짓기하는 것이다. 이처럼 상대가 여럿인 짝짓기 체계에서는 적자인 동물이 상대적으로 힘이 약하거나 덜 우세한 동물들보다 더 많은 짝을 갖는다. 일반적인 동물학적 의미에서 다혼은 일부다처 혹은 일처다부로 분류될 수 있다. 일부다처에서는 한 수컷이 하나 이상의 암컷과 짝을 맺는 반면, 일처다부에서는 한 암컷이 여러 수컷과 짝을 맺는다.

어휘 polygamy **n** 다혼 ǀ animal kingdom 동물계 ǀ mating pattern 짝짓기 유형 ǀ maximize **v** 극대화하다 ǀ mate with ~와 짝짓기하다 ǀ at the same time 동시에 ǀ fit **adj** 적합한 ǀ relatively **adv** 상대적으로 ǀ dominance **n** 우세, 지배 ǀ zoological **adj** 동물학의 ǀ categorize **v** 분류하다 ǀ polygyny **n** 일부다처 ǀ polyandry **n** 일처다부 ǀ whereas **conj** (앞의 것과 대조하여) 반면에

주제 polygamy
- very common in animal kingdom
- one male / female mates with two or more partners
- polygyny: male & several females
  polyandry: female & several males

다혼
- 동물계에서 매우 흔함
- 한 수컷/암컷이 둘 혹은 그 이상의 상대와 짝짓기함
- 일부다처: 수컷 & 여러 암컷들
  일처다부: 암컷 & 여러 수컷들

Now listen to part of a lecture on this topic in a zoology class.

이제 이 주제에 대한 동물학 강의의 일부를 들으시오.

W Okay, class, as you all know, there are many different types of mating patterns in the animal kingdom. Yesterday, we went over monogamy which can be defined as the practice or condition of having only one mate during a breeding season. Today, we are going to talk about polygamy, which involves having more than one mate of the opposite sex to reproduce with.

A common form of polygamy is called polygyny. This is where one male mates with two or more females. This type of mating pattern is particularly common in males that establish their own dominance in order to provide adequate food and protection for the females in their group. A good example of this can be seen in elephant seals. During the mating season, male elephant seals can be observed fighting against each other on beaches for breeding rights. The male elephant seals that prove to be the strongest form their own harems of more than twenty female elephant seals. In this process, the weaker males are excluded from breeding altogether.

Another type of polygamy is called polyandry, which is

여 좋아요, 여러분, 다들 잘 알다시피 동물계에는 여러 가지 많은 종류의 짝짓기 유형이 있습니다. 어제 우리는 번식기에 오로지 하나의 짝만 가지는 관행 혹은 상태로 정의될 수 있는 단혼을 살펴보았습니다. 오늘은 번식을 위해 하나 이상의 이성 짝을 갖는 다혼에 관해 이야기하겠습니다.

다혼의 흔한 형태 중 하나는 일부다처라고 불립니다. 이것은 한 마리의 수컷이 둘 혹은 그 이상의 암컷과 짝을 짓는 것입니다. 이런 종류의 짝짓기 패턴은 자기 무리의 암컷들에게 적당한 음식과 보호를 제공하기 위해 자기만의 영역을 확립하려는 수컷에게서 특히 흔하게 발견됩니다. 이러한 일부다처의 좋은 예는 코끼리바다물범에서 볼 수 있습니다. 짝짓기 철에 코끼리바다물범이 번식을 위해 해변에서 서로 싸우는 것을 관찰할 수 있습니다. 가장 강하다고 입증된 수컷 코끼리바다물범은 보통 20마리 이상의 암컷 코끼리바다물범으로 이루어진 자신의 무리를 형성합니다. 이 과정에서 약한 수컷들은 번식에서 완전히 배제됩니다.

the mating pattern where females breed with two or more males. This is rather uncommon and is typically seen in species in which the male is involved in raising the young. A good example of this is the jacana bird. The female jacana is very aggressive and is fifty percent heavier than the male. Once the female lays eggs, the male assumes responsibility for incubating and raising the chicks. The female then goes off to find a new mate and lay more eggs.

또 다른 종류의 다혼은 일처다부라고 불리며 암컷이 둘 혹은 그 이상의 수컷과 교배하는 짝짓기 패턴입니다. 이것은 다소 보기 드문 경우로, 보통 수컷이 새끼를 키우는 종들에서 볼 수 있습니다. 일처다부의 좋은 예로 물꿩이 있습니다. 암컷 물꿩은 매우 공격적이며 수컷보다 몸이 50퍼센트나 더 무겁습니다. 암컷이 알을 낳으면 수컷이 알을 품고 새끼를 기르는 책임을 맡습니다. 그러고 나면 암컷은 새로운 수컷을 찾아 떠나 알을 더 낳습니다.

어휘 monogamy n 단혼 I define v 정의하다 I mate n 짝 I breeding season 번식기 I reproduce v 번식하다 I adequate adj 충분한, 적당한 I harem n 암컷의 무리 I exclude v 배제하다, 차단하다 I aggressive adj 공격적인 I lay eggs 알을 낳다 I assume v (책임/임무를) 맡다 I incubate v (알을) 품다 I chick n 새끼 새, 병아리

듣기 - 노트 정리 예시

예시 1. polygyny: elephant seal
        - strongest male with many females, weak ones are excluded
     2. polyandry: jacana bird
        - male raises young, female leaves to mate again

1. 일부다처: 코끼리바다물범
   – 가장 강한 수컷과 여러 암컷들, 약한 수컷들은 배제됨
2. 일처다부: 물꿩
   – 수컷이 새끼를 키우고, 암컷은 다시 짝짓기하러 떠남

The professor talks about polygamy in the animal kingdom. Use the examples from the lecture to explain what the types of polygamy are and how they benefit organisms that practice them.

교수는 동물계에서의 다혼에 대해 이야기하고 있다. 강의에 나온 예시를 이용하여 다혼의 종류는 무엇이고 다혼이 어떻게 그것을 행하는 생물들에게 이득이 되는지 설명하시오.

예시 답변

The professor talks about two different forms of polygamy by describing the mating patterns of elephant seals and jacana birds. The elephant seal's mating pattern is an example of polygyny. The male elephant seal mates with more than one female elephant seal. Males fight with each other to determine which of them has the chance to mate with the females. The dominant male may then mate with up to twenty female seals. The jacana bird, on the other hand, is completely the opposite. Its mating pattern is called polyandry. The female jacana bird mates with two or more males. Once the female lays eggs, the male takes care of the chicks. Then, the female leaves to find a new partner to have more eggs.

교수는 코끼리바다물범과 물꿩의 짝짓기 유형을 설명하면서 두 가지 형태의 다혼에 대해 이야기한다. 코끼리바다물범의 짝짓기 유형은 일부다처의 한 예다. 수컷 코끼리바다물범은 한 마리 이상의 암컷 코끼리바다물범과 짝짓기를 한다. 수컷들은 그들 중 누가 암컷과 짝짓기할 수 있는 기회를 갖는지 결정하기 위해 서로 싸운다. 그리고 우월한 수컷은 최대 20마리의 암컷 바다물범과 짝짓기를 할 수 있다. 반면에 물꿩은 완전히 그 반대다. 물꿩의 짝짓기 유형은 일처다부라고 불린다. 암컷 물꿩은 둘 혹은 그 이상의 수컷과 짝짓기를 한다. 암컷이 알을 낳으면 수컷이 새끼들을 돌본다. 그러고 나서 암컷은 더 많은 알을 낳기 위해 새로운 짝을 찾아 떠난다.

02

Read the passage about film techniques. You will have 50 seconds to read the passage. Begin reading now.

영화 촬영 기법에 대한 지문을 읽으시오. 지문을 읽는 데 50초가 주어진다. 이제 읽기 시작하시오.

Film Techniques

In filmmaking, various camera shots are used to give viewers a better comprehension of the film's story. One of the shots often used is called an "establishing shot." Usually shown at the beginning of the movie, it gives viewers general ideas about the whole movie, so it provides the basic context or background information. There is another type called a "bridging shot," which makes a smooth transition between two different scenes. If there is a jump or a break in the flow of a story, perhaps in time or place, a bridging shot can be inserted to cover the gaps between those disconnected scenes, helping viewers to avoid any confusion.

영화 촬영 기법

영화를 제작할 때, 영화 내용에 대한 보는 이의 이해를 돕기 위해 다양한 카메라 숏이 사용된다. 자주 사용되는 숏 중 하나는 '설정 숏'이다. 주로 영화 앞부분에 보여지는 이 숏은 보는 이에게 영화 전체에 관한 전반적인 것들을 알려주며, 따라서 기본적 상황이나 배경 정보를 담고 있다. 또 다른 종류는 '연결 숏'으로, 서로 다른 두 가지 장면 사이를 매끄럽게 연결한다. 영화에서 시간이든 장소든 이야기가 진행되는 와중에 건너뛰는 장면이나 흐름이 끊어지는 부분이 있을 경우, 이러한 끊어진 장면들의 틈을 메워서 보는 이들이 혼란을 느끼는 것을 막기 위해 연결 숏이 삽입될 수 있다.

어휘 various **adj** 다양한 | shot **n** 숏(영화에서 한 번의 연속 촬영으로 찍은 장면) | viewer **n** 보는 이, 관람자 | context **n** 맥락, 전후 | bridge **v** 연결하다, 다리를 놓다 | smooth **adj** 매끄러운 | transition **n** 이행, 장면 전환 | jump **n** 급격한 변화(이동) | flow **n** 흐름 | insert **v** 삽입하다 | cover the gap 틈새를 막다 | disconnected **adj** 끊어진 | confusion **n** 혼란

주제 film techniques
- establishing shot = gives general idea about the movie
- bridging shot = smooth transition between two different scenes

영화 촬영 기법
– 설정 숏 = 영화에 대한 전반적인 것들을 알려줌
– 연결 숏 = 서로 다른 두 장면 사이를 매끄럽게 연결

Now listen to part of a lecture on this topic in a film studies class.

이제 이 주제에 대한 영화학 강의의 일부를 들으시오.

Ⓜ Well, in filmmaking, there are some techniques or shots that filmmakers use in order to deliver a long story within a short amount of time. One of the shots that are often used is called the "establishing shot." This is particularly used at the beginning of a movie, giving the viewers a general idea about the whole movie. Let's suppose that at the start of a movie, you see a scene that shows many tall buildings, skyscrapers, some kind of old-fashioned-looking cars, and signs on the streets. And even, perhaps, there is a wider view of a dark and gloomy-looking city. With all of these details in the first scene of a movie, what kind of things would you assume about the whole movie? Of course, the movie takes place somewhere in a big city sometime in the past, right? And you might also assume that it's more of a grim and mysterious movie, rather than a happy and positive movie, just because of the shot that you saw in the beginning.

Um… there's another shot called, the "bridging shot." This is a special shot that filmmakers use in order to connect two disconnected scenes. Let's say there is a character

음, 영화를 제작할 때 짧은 시간 안에 긴 이야기를 전달하기 위해 제작자들이 사용하는 몇 가지 기술이나 장면들이 있습니다. 자주 사용되는 장면 중 하나는 '설정 숏'이라고 불리는 것입니다. 이 장면은 특히 영화 초반에 사용되고, 보는 이들에게 영화 전체의 전반적인 점을 말해줍니다. 영화가 처음 시작할 때, 높은 건물들, 마천루, 구식 자동차들, 거리의 간판들을 보여주는 장면을 본다고 가정해 봅시다. 그리고 더 나아가 좀 어둡고 음울해 보이는 도시 전경이 나올 수도 있겠죠. 영화 첫 장면에서 보여주는 이런 모든 세부 사항들을 합하면 영화 전체에 대해 어떤 추정을 할 수 있을 것 같나요? 물론, 이 영화는 큰 도시 어딘가에서 과거의 어떤 시간을 배경으로 할 겁니다. 그렇죠? 그리고 처음에 봤던 장면 때문에 아마 행복하고 긍정적인 영화라기보다는 뭔가 좀 암울하고 미스터리한 분위기의 영화일 거라고 생각할 겁니다.

음… '연결 숏'이라고 불리는 또 다른 숏도 있습니다. 이것은 영화 제작자들이 두 개의 끊어진 장

who was a young boy in the first scene, and you see him as a grown man in the next scene. Obviously, there is a break or jump in the story. You were probably expecting more of a linear story in the movie, right? In this case, simply showing the two scenes together will cause confusion for the viewers and make it difficult for them to assume that it is the same character. So, the filmmaker could insert a scene that shows, perhaps, calendar pages suggesting how much time has passed between the two scenes. This makes a smooth transition, closing the gaps between the two different scenes, right? Then the audience would assume that the young boy and the grown-up person are the same character, only older in the latter scene.

면을 잇는 데 이용하는 특별한 숏입니다. 예를 들어, 어떤 인물이 첫 번째 장면에서는 어린 남자아이였는데 다음 장면에서는 성인으로 나온다고 합시다. 이는 분명히 이야기가 끊어지거나 건너뛴 것입니다. 여러분은 아마 영화 속에서 좀 더 선형으로 이어지는 이야기를 기대하고 있었을 겁니다, 그렇죠? 이 경우에는 단순히 두 장면을 같이 보여주는 것은 보는 이들을 혼란스럽게 하고 두 사람이 같은 인물이라고 추정하는 것을 어렵게 할 겁니다. 그래서 영화 제작자는 달력 같은 것을 보여주는 장면을 삽입해서 두 장면 사이에 시간이 얼마나 지났는지 암시할 수 있을 겁니다. 이것은 서로 다른 두 장면 사이의 틈을 메우면서 장면 전환이 매끄럽게 이루어지게 만듭니다, 그렇죠? 그러면 관객은 그 어린아이와 성인이 같은 인물이고 그저 뒤의 장면에서 더 나이가 들었을 뿐이라고 생각할 수 있을 겁니다.

어휘   suppose ⓥ 가정하다, 생각하다 ㅣ old-fashioned adj 구식의 ㅣ gloomy-looking adj 우울해 보이는 ㅣ assume ⓥ 추정하다 ㅣ take place 일어 나다 ㅣ grim adj 암울한, 음침한 ㅣ latter adj 후자의

듣기 – 노트 정리 예시

예시   1. establishing shot
- often seen at the beginning
- old, dark, gloomy-looking city → taking place in the past / grim & mysterious
2. bridging shot
- a young boy → a grown man
- transition = insert a calendar pages scene

1. 설정 숏
  – 종종 초반에 나옴
  – 오래되고, 어둡고, 우울해 보이는 도시 → 과거 배경 / 암울하고 미스터리함
2. 연결 숏
  – 어린 남자아이 → 성인 남성
  – 장면 전환 = 달력 장면 삽입

The professor is discussing two different shots used in filmmaking. Using points and examples given in the lecture, describe these shots and how they are used.

교수는 영화 제작에 쓰이는 두 가지 서로 다른 숏에 대해 이야기하고 있다. 강의에서 주어진 요점과 예시를 이용하여 이 숏들과 이것들이 어떻게 쓰이는지에 대해 서술하시오.

예시 답변

The lecture is about two types of special shots that are often used in filmmaking. First, the professor talks about the establishing shot which gives background information for a whole movie in the beginning scene of the movie. He gives an example of a movie that shows skyscrapers, old-styled cars and street signs, and a gloomy, mysterious atmosphere at the start. In this case, people can guess that the entire movie has the background of a big city in the past, and it is a somewhat gloomy, mysterious type of movie. As for the second type, the professor talks about the bridging shot that connects two different scenes. For example, if there is discontinuity in a story because of the time passed between two scenes, filmmakers may use a shot of calendar pages to show there has been some passage of time involved.

이 강의는 영화 제작에 자주 사용되는 두 종류의 특별한 숏에 관한 것이다. 먼저, 교수는 영화의 시작 장면에서 영화 전체에 대한 배경 정보를 제공하는 설정 숏에 대해 이야기한다. 그는 마천루, 구식 자동차와 거리의 간판, 그리고 시작부터 암울하고 미스터리한 분위기를 풍기는 영화의 예를 든다. 이 경우 영화 전체가 과거의 대도시를 배경으로 하며, 다소 암울하고 미스터리한 종류의 영화라는 것을 짐작할 수 있다. 두 번째 유형의 경우, 교수는 서로 다른 두 가지 장면을 연결하는 연결 숏에 대해 이야기한다. 예를 들어, 두 장면 사이에 흘러간 시간 때문에 이야기가 단절되는 경우, 영화 제작자들은 달력 숏을 사용하여 시간이 어느 정도 흘러갔음을 보여줄 수 있다.

Read the passage about animal adaptations. You will have 50 seconds to read the passage. Begin reading now.

동물의 적응에 대한 지문을 읽으시오. 지문을 읽는 데 50초가 주어진다. 이제 읽기 시작하시오.

읽기 지문&해석

Animal Adaptations

For most organisms, survival is a constant battle. They must avoid predators and at the same time, compete for limited resources. Through the process of evolution, however, organisms have developed adaptations that give them slight advantages in their fight for survival. These may include avoidance of predators, acquisition of food, or attraction of mates. These types of animal adaptations can be broadly categorized as either physical adaptations, those that affect the shape and structure of an organism, or behavioral adaptations, those related to how an organism acts. Some adaptations are more complex, with features that are both physical and behavioral.

동물의 적응

대부분의 생물체에게 생존은 끊임없는 전투다. 그들은 포식동물을 피해야 하는 동시에 제한된 자원을 얻기 위해 경쟁해야 한다. 그러나 진화의 과정을 통해 생물체는 생존을 위해 싸우는 데 조금은 유리한 적응을 발전시켜 왔다. 여기에는 포식동물을 피하거나 먹을 것을 획득하거나 짝을 유혹하는 것이 모두 포함될 수 있다. 이런 종류의 동물 적응은 크게 생물체의 형태와 구조에 영향을 미치는 신체적 적응과 생물체의 행동 방식과 관련된 행동적 적응으로 분류할 수 있다. 어떤 적응 방식은 좀 더 복잡하며 신체적 적응 방식과 행동적 적응 방식의 특징을 모두 갖고 있다.

어휘 adaptation **n** 적응 | survival **n** 생존 | constant **adj** 끊임없는, 지속적인 | battle **n** 전투 | predator **n** 포식자 | evolution **n** 진화 | advantage **n** 이점, 유리한 점 | avoidance **n** 회피 | acquisition **n** 획득 | categorize **v** 범주화하다, 분류하다 | physical **adj** 신체적인 | behavioral **adj** 행동적인 | feature **n** 특징

읽기 – 노트 정리 예시

주제 animal adaptations
   - physical adaptation: shape/structure of organism
   - behavioral adaptation: organism's action

동물의 적응
 – 신체적 적응: 생물의 형태/구조
 – 행동적 적응: 생물체의 행동

Now listen to part of a lecture on this topic in a biology class.

이제 이 주제에 대한 생물학 강의의 일부를 들으시오.

듣기 지문&해석

W We've been talking about the process of evolution and how chance mutations give certain members of a given species advantages that enable them to survive and reproduce. Well, today, I want to look at some examples of adaptations—both physical and behavioral—in one very interesting insect called the walking stick.

One kind of physical adaptation they've developed is remarkably effective camouflage. Walking sticks are actually incredibly hard to find because, as the name suggests, they really do look like a stick. They've got these very long and thin bodies and legs, and their outer shell looks just like the bark of a tree. Some are even covered in thorn-like spikes, and others have body parts that look like leaves to complete the image so they can't be easily seen by predators. Unless they move, they are almost impossible to see in the foliage of trees.

There are also some behavioral adaptations that the

여 지금까지 진화의 과정과 어떻게 우연한 돌연변이가 특정 종의 일부 개체에게 생존 및 번식을 할 수 있는 유리한 조건을 제공하는지에 대해 이야기했습니다. 오늘은 대벌레라는 매우 흥미로운 곤충의 신체 및 행동 적응의 몇 가지 예를 살펴보고자 합니다.

대벌레가 발달시켜온 신체적 적응 중 한 가지는 대단히 효과적인 위장입니다. 대벌레는 이름에서 알 수 있듯 정말 막대기처럼 보이기 때문에 실제로 발견하기 굉장히 어렵습니다. 그들은 굉장히 길고 가는 몸통과 다리를 갖고 있으며 외피는 나무껍질과 똑같아 보이죠. 일부는 심지어 뾰족한 가시 같은 것으로 덮여 있으며 다른 종류는 이미지를 완전하게 하는 나뭇잎 같은 신체 부위를 갖고 있어서 포식동물의 눈에 쉽게 띄지 않습니다. 그들이 움직이지 않는 한 그들은 나뭇잎들 사이에서 발견하기 거의 불가능하죠.

walking stick has developed to avoid being eaten. For instance, it only feeds at night when it's less likely to be seen. Throughout the day, it remains mostly motionless. It stretches out its legs and hangs from a tree or plant and is almost indistinguishable from its surroundings. Of course, sometimes they must move around, so they have developed a method that preserves their camouflage. The insects will walk slowly with a gentle rocking motion that makes it look like a stick moving in a breeze. This technique is a seamless blend of physical and behavioral adaptations. So, you can see this one insect has evolved a whole range of adaptations to avoid predators!

대벌레가 잡아 먹히지 않기 위해 발달시킨 행동적 적응도 있습니다. 예를 들면, 대벌레는 눈에 덜 띄는 밤에만 먹이를 먹습니다. 낮에는 거의 움직이지 않고 가만히 있죠. 다리를 쭉 펴고 나무나 식물에 매달려 있으며 주변 환경과 거의 분간하기 힘듭니다. 물론 때로는 반드시 움직여야만 하기에 위장을 지켜주는 방법을 개발했죠. 대벌레는 바람에 막대기가 움직이는 것처럼 보이도록 작게 흔들리는 움직임으로 천천히 이동합니다. 이 기법은 신체적 그리고 행동적 적응의 매끄러운 조합이죠. 그래서 이 하나의 곤충이 포식동물을 피하기 위해 이렇게 전반적인 범위의 적응을 발달시켰다는 것을 볼 수 있죠!

어휘　chance mutation 우연한 돌연변이 | species 🔟 종 | walking stick 대벌레 | remarkably adv 매우, 두드러지게 | effective adj 효과적인 | camouflage 🔟 위장 | outer shell 겉껍질 | bark 🔟 나무껍질 | thorn 🔟 가시 | spike 🔟 뾰족한 것, 못 | foliage 🔟 나뭇잎 | motionless adj 움직임 없는 | stretch out 뻗다, 쭉 펴다 | indistinguishable adj 구별할 수 없는 | seamless adj 아주 매끄러운 | blend 🔟 조합, 혼합 | grab v 잡다

듣기 – 노트 정리 예시

예시 walking stick	대벌레
- physical adaptation: look like the bark of a tree → almost impossible to distinguish - behavioral adaptation: if move, predator can notice → move slowly like a stick moving in a breeze	– 신체적 적응: 나무껍질처럼 보임 → 구분이 거의 불가능 – 행동적 적응: 움직일 경우, 포식동물이 발견할 수 있음 → 바람에 움직이는 막대기처럼 천천히 움직임

In the lecture, the professor discusses some characteristics of walking stick insects. Explain how these are related to physical and behavioral adaptation.

강의에서 교수는 대벌레의 몇 가지 특징에 대해 이야기한다. 이것이 어떻게 신체적 적응 및 행동적 적응과 연관되어 있는지 설명하시오.

예시 답변

The lecture is mainly about physical and behavioral animal adaptations. The professor explains both types of animal adaptation through the example of walking stick insects. First, she talks about the main physical adaptation that walking sticks have, which is camouflage that makes them look like sticks or the bark of trees. So, they are not easily seen by predators. Second, the professor talks about behavioral adaptations and says walking sticks only search for food at night and remain motionless during the daytime. In that way, they can easily protect themselves from predators. When they need to move, they walk in a way that makes them look like a stick in a breeze. This combines physical and behavioral adaptations.

강의는 주로 동물의 신체적 적응과 행동적 적응에 관한 것이다. 교수는 대벌레의 예를 통해 동물 적응의 두 가지 유형을 설명한다. 먼저, 교수는 대벌레가 갖고 있는 주요한 신체적 적응에 대해 이야기하는데, 그것은 막대기나 나무껍질처럼 보이게 하는 위장이다. 그래서 그들은 포식동물들에게 쉽게 발견되지 않는다. 둘째, 교수는 행동적 적응에 대해 말하면서 대벌레는 밤에만 먹이를 찾고 낮에는 움직이지 않는다고 말한다. 그런 식으로 그들은 포식동물들로부터 자신을 쉽게 보호할 수 있다. 그들은 움직여야 하면 바람 속의 나뭇가지처럼 보이는 방식으로 움직인다. 이는 신체적, 행동적 적응을 통합한다.

04

Read the passage about group think. You will have 50 seconds to read the passage. Begin reading now.

집단 사고에 대한 지문을 읽으시오. 지문을 읽는 데 50초가 주어진다. 이제 읽기 시작하시오.

Group Think

Group think is a psychological phenomenon in which people fall into irrational decision-making because of the tendency of individuals to conform their ideas to the general agreement among group members. This is usually caused by an individual's emotional desire to be liked and accepted as a group member, or by fear of potential loss that comes from disagreement with the group, such as getting fired or not being able to get promoted. Therefore, the individual members of a group are often reluctant to cause any delay in group decision-making and rarely withstand the high conformity pressure from the group.

집단 사고

집단 사고는 심리학적 현상으로, 사람들이 집단 구성원 사이의 전반적인 합의에 자신의 의견을 맞추려는 경향 때문에 비합리적인 의사 결정에 빠지는 것을 말한다. 이는 주로 호감을 받고 집단의 구성원으로 받아들여지고 싶은 개인 구성원의 정서적 욕구에 의해, 또는 집단에 동의하지 않는 행위가 가져오는, 해고를 당하거나 승진을 못하는 것과 같은 잠재적 손실에 대한 두려움에 의해 야기된다. 그러므로 집단의 개인 구성원은 종종 집단 의사 결정을 지체시키려 하지 않고, 집단으로부터 주어지는 높은 순응 압력을 견디지 못한다.

어휘 psychological **adj** 심리학적인 I phenomenon **n** 현상 I irrational **adj** 비합리적인 I decision-making **n** 의사 결정 I tendency **n** 경향 I conform to ~에 순응하다 I potential loss 잠재적 손실 I get fired 해고당하다 I get promoted 승진하다 I be reluctant to ~하는 것을 꺼리다 I withstand **v** 견뎌내다 I conformity pressure 순응 압력

주제 group think
  - conform one's idea to general agreement
  - want to be liked / fear potential loss
  - difficult to withstand the group pressure

집단 사고
  - 전반적인 합의에 자신의 의견을 맞춤
  - 호감을 받고 싶음 / 잠재적 손실을 두려워함
  - 집단의 압력을 견디기 힘듦

Now listen to part of a lecture on this topic in a psychology class.

이제 이 주제에 대한 심리학 강의의 일부를 들으시오.

M When individuals have to take part in group decisions, they often find it hard to go against the majority opinion—even if they hold a completely opposite opinion. In psychology, this is called group think, and I will give you an example of this from my own personal experience. This is a story dating back to a couple of years ago when I worked at a cell phone company.

One day, during a meeting, along with another co-worker, I made a bold suggestion about our company making a new cell phone model. It was time for us as a company to follow the rapidly evolving trend. According to market research, the customers said that our cell phone models looked kind of old-fashioned, even though our software programs were more advanced than those of other competing companies. Many employees agreed with us, but there were a few senior managers who did not show any support at all for changing the designs. One of the senior managers stated that the focus of our company has always been technology, and that changing the look would only create unnecessary costs. After he spoke, many of those who had previously

남 개인이 집단의 결정에 참여해야 할 때 그들이 완전히 다른 의견을 갖고 있더라도 대다수의 의견에 반대하는 것이 어렵다는 것을 알게 됩니다. 심리학에서 이는 집단 사고라고 불리는데, 저의 개인적 경험에서 예시를 들도록 하겠습니다. 이 이야기는 몇 년 전에 제가 휴대전화 회사에서 일하고 있을 때로 거슬러 올라갑니다.

어느 날, 저는 회의에서 다른 동료 직원과 함께 우리 회사가 새로운 신제품 모델을 만드는 것에 관해 용감한 제안을 했습니다. 우리 회사가 빠르게 발전하는 트렌드를 따라야 할 때였거든요. 시장 조사에 따르면 고객들은 우리 회사 휴대전화의 소프트웨어가 다른 어떤 경쟁 회사보다 더 발전했음에도 불구하고, 휴대전화 모델이 다소 구식이라고 말했습니다. 많은 직원들이 우리의 제안에 동의했지만, 디자인을 바꾸는 걸 지지하지 않은 몇몇 중역들도 있었습니다. 중역들 중 한 명이 말하길 우리 회사의 초점은 항상 기술이었고 그래서 외관을 바꾸는 일은 불필요한 비용만 만들 뿐이라고 했습니다. 그가 말하고 나서 그 전

agreed to what I proposed changed their stance almost immediately. Even my co-worker who suggested the idea with me took a step backward.

Later, I asked my co-worker why he had backed down during the meeting. He responded by saying that disagreeing might jeopardize his chances of being promoted by not looking like a team-player. He completely threw me for a loop. After a few hours of discussion, I began to feel like I was the only one holding up the vote. I thought there was no point in trying to argue against the group opinion, so I ended up voting against my own idea and followed the group consensus. Therefore, by a unanimous vote, the company ultimately decided to keep the current design. However, our company's revenue fell drastically, and this ended up costing the company a lot of money because we simply could not hold up against our competitor that released a new design.

에 제가 제안했던 것에 동의했던 많은 사람들이 거의 즉시 자신들의 입장을 바꿨습니다. 심지어 저와 함께 그 의견을 제시했던 동료 직원조차 한 발짝 물러섰죠.

나중에 저는 동료에게 회의할 때 왜 의견을 철회했는지 물었습니다. 동의하지 않으면 팀 협력자로 보이지 않아서 승진 기회가 위태로워질까 봐 그랬다고 대답하더군요. 저는 완전히 당황했습니다. 몇 시간의 토론 후, 투표를 지체시키는 사람이 저뿐인 것 같다는 생각이 들기 시작했습니다. 더 이상 집단의 의견에 반대하는 것이 의미가 없다고 생각해서 결국 제 자신의 의견에 반대하는 투표를 하고 집단의 합의에 따랐습니다. 그래서 회사는 결국 만장일치로 기존의 디자인을 유지하기로 결정했습니다. 하지만 새로운 디자인을 출시한 경쟁사를 상대로 버티지 못했기 때문에, 우리 회사의 수익은 엄청나게 떨어졌고 이로 인해 회사는 막대한 금전적 손실을 입게 되었습니다.

어휘   date back to (날짜를) ~까지 거슬러 올라가다 | make a suggestion 제안하다 | bold **adj** 담대한, 용감한 | evolving **adj** 발전하는 | old-fashioned **adj** 옛날식의, 구식의 | agree with ~에 동의하다 | show support 지지하다 | previously **adv** 이전에 | stance **n** 입장, 태도 | almost immediately 거의 즉시 | take a step backward 한 발짝 뒤로 물러서다 | back down 후퇴하다, 철회하다 | jeopardize **v** 위태롭게 하다 | throw someone for a loop 혼란을 주다, 충격을 주다 | hold up 지체시키다, 방해하다 | there is no point in -ing ~하는 데 의미가 없다 | end up -ing 결국 ~하는 채로 끝나다 | vote against ~에 반대 투표하다 | consensus **n** 일치, 합의 | by a unanimous vote 만장일치로 | revenue **n** 수익 | drastically **adv** 막대하게, 대폭 | hold up against ~에 대항해 견디다 | release **v** 출시하다

듣기 – 노트 정리 예시

예시   professor's experience
- making a new product → new design
- many people agreed, but changed their opinion following the senior manager
- colleague said he was afraid of not being promoted = potential loss
- couldn't stand the group pressure, followed group consensus

교수의 경험
– 새로운 상품 제작 → 새로운 디자인
– 많은 사람이 동의, 하지만 중역을 따라 의견을 바꿈
– 동료가 말하기를 승진하지 못할까 봐 두려웠다고 함 = 잠재적 손실
– 집단의 압력을 이기지 못해 집단의 합의에 따름

Using points and examples given in the lecture, describe the concept called group think. And describe how the professor's experience relates to the concept of group think.

강의에서 주어진 요점과 예시를 이용하여, 집단 사고라는 개념에 대해 서술하시오. 그리고 교수의 경험이 어떻게 집단 사고라는 개념과 연결되는지 서술하시오.

예시 답변

The lecture is mainly about group think, which is a phenomenon in which people make an irrational judgment because of their tendency to follow the group agreement. The professor explains this by giving his personal experience as an example. When he was working at a cell phone company, he and his co-worker proposed the idea of redesigning their products at a meeting. However, one senior manager didn't agree to what they suggested, and others simply followed

강의는 주로 집단 사고에 대한 것으로, 집단 사고는 집단의 합의를 따르는 경향 때문에 비합리적인 판단을 내리는 현상이다. 교수는 자신의 개인적 경험을 예시로 들어 설명한다. 그가 휴대전화 회사에서 일하고 있을 때, 그와 그의 동료는 회의에서 그들의 제품을 다시 디자인하는 아이디어를 제안했다. 그러나 한 중역이 그들이 제안한 내용에 동의하지 않았고, 다른 이들은 그냥 그의 의견을 따랐다. 결국 교수도 높은 순

his opinions. In the end, the professor even had to vote against himself because he couldn't bear the high conformity pressure. But later, a rival company released a new design, and it ended up costing his company a lot of money.

응 압력을 견디지 못해 스스로의 의견에 반대하는 투표를 해야 했다. 그러나 이후에, 경쟁사에서 새로운 디자인을 출시했고, 결국 그의 회사는 막대한 금전적 손실을 입었다.

본서 I P. 132

Test

01

Read the passage about revealing coloration. You will have 50 seconds to read the passage. Begin reading now.

경고색에 대한 지문을 읽으시오. 지문을 읽는 데 50초가 주어진다. 이제 읽기 시작하시오.

읽기 지문&해석

Revealing Coloration

Animals use many different strategies to protect themselves and increase their chance of survival against predators. One strategy is a manipulation of colors called revealing coloration. Animals that use revealing coloration have an area or a part of their bodies where its coloration can change very quickly. The color of this specific area or part of the animal's body blends in with the rest of the body in the absence of threats. In the presence of imminent danger from predators, however, the bright color of the special body part is suddenly revealed. Such dramatic changes of colors usually surprise the predators enough to create an opportunity for the animal to escape from its predators.

경고색

동물은 포식자에 대항하여 자신을 보호하고 생존 가능성을 높이기 위해 여러 가지 많은 전략을 사용한다. 한 가지 전략은 색깔을 조작하는 것인데 이를 경고색이라고 부른다. 경고색을 사용하는 동물은 천연색이 빠르게 변할 수 있는 부분을 신체에 지니고 있다. 이런 특정 영역이나 부위의 색은 위협이 존재하지 않을 때에는 나머지 신체와 함께 잘 어울려져 있다. 하지만 포식자로부터 즉각적인 위험이 존재할 때는 특정 부위의 신체 색이 갑자기 밝게 변한다. 그런 극적인 색깔 변화는 동물이 포식자에게서 도망칠 기회를 충분히 만들 수 있을 만큼 포식자를 놀라게 한다.

어휘 revealing coloration 경고색 I manipulation **n** 조작 I blend in with ~와 섞이다 I absence **n** 부재 I threat **n** 위협 I imminent **adj** 즉각적인 I dramatic **adj** 극적인 I surprise **v** 놀라게 하다

읽기 – 노트 정리 예시

주제 revealing coloration
  - protection from predators
  - part of body color change → reveal suddenly, surprise predator → escape

경고색
  – 포식자로부터 보호
  – 신체 일부의 색 바뀜 → 갑자기 변해서 포식자를 놀라게 함 → 도망침

Now listen to part of a lecture on this topic in a biology class.

이제 이 주제에 대한 생물학 강의의 일부를 들으시오.

듣기 지문&해석

Ⓜ Many animals use color as a disguise to protect themselves from predators. However, some use a different defensive strategy called revealing coloration when they are attacked or in dangerous situations. Parts of their bodies are covered in bright colors of patterns that surprise and confuse predators right before they strike. Many insects use this strategy to great effect.
The peanut bug is a large tropical insect which uses

📗 많은 동물들이 포식자에게서 자신을 보호하기 위해 위장 도구로 색을 이용합니다. 하지만 일부는 공격을 받거나 위험한 상황에 처하면 경고색이라고 불리는 방어 전략을 이용합니다. 이들의 몸 일부는 포식자가 공격하기 바로 전 포식자를 놀라게 하고 혼란스럽게 하는 밝은 색의 패턴으로 덮여 있습니다. 많은 곤충들이 이 전략을 효과적으로 사용합니다.

Integrated Task
Q3

color changes for protection. The camouflage of the front wings, which are fairly dark in color, masks the peanut bug in normal situations so that it can easily blend in with its surroundings. However, the back wings exhibit bright, colorful spots that look like eyes when they are unfolded. When being preyed upon, the peanut bug expands its wings, exposing the colorful back wings. This surprises the predator and makes it challenging for it to detect the bug. In the meantime, it gives the peanut bug a chance to get away!

Um... Another tropical insect which uses color as a defense mechanism is a type of butterfly. Its wings are very glossy because they reflect a lot of sunlight. The shiniest wings are usually kept hidden from view. But when the butterfly is approached by birds, it spreads and flaps its wings, revealing the shimmery surfaces. All that the bird can see are flashes of light reflecting from the butterfly's wings, and this confuses the bird, giving the butterfly an opportunity to escape! The sudden display of shiny wings also makes it very difficult for the bird to chase after the butterfly.

악어머리뿔매미는 보호를 위해 색깔 변화를 이용하는 큰 열대 곤충입니다. 일반적인 상황에서는 꽤 어두운 색인 앞날개의 위장이 악어머리뿔매미를 주변 환경에 쉽게 섞이게 해줍니다. 하지만 뒷날개는 펼쳤을 때 눈처럼 보이고 밝고 화려한 반점들을 드러냅니다. 사냥을 당하면 악어머리뿔매미는 날개를 펴서 화려한 뒷날개를 노출합니다. 이는 포식자를 놀라게 하고 매미를 감지하는 것을 어렵게 합니다. 그동안 악어머리뿔매미에게 도망갈 기회를 주게 되는 거죠!

음… 방어 기제로 색을 이용하는 또 다른 열대 곤충은 나비의 한 종류입니다. 이 나비의 날개는 햇빛을 많이 반사하기 때문에 매우 반짝거리죠. 가장 밝은 날개 부분은 보통 안 보이게 숨겨져 있습니다. 하지만 새들이 접근하면 이 나비는 날개를 펼쳐 파닥거리면서 빛나는 표면을 드러냅니다. 새가 볼 수 있는 것은 나비의 날개에서 반사되는 번쩍거리는 빛뿐이고, 이는 새를 혼란스럽게 해서 나비에게 탈출할 기회를 주죠! 빛나는 날개를 갑작스럽게 보이는 것은 또한 새가 나비를 뒤쫓는 것을 어렵게 합니다.

어휘 disguise n 위장, 변장 (도구) | defensive strategy 방어 전략 | to great effect 효과적으로 | tropical adj 열대의 | camouflage n 위장 | fairly adv 꽤 | mask v 숨기다 | blend in with ~와 조화를 이루다 | exhibit v 보여주다 | spot n 점 | expand v 펼치다, 확장하다 | expose v 노출하다 | challenging adj 어려운, 도전적인 | detect v 발견하다 | in the meantime 그동안 | get away 도망가다 | defense mechanism 방어 기제 | glossy adj 빛나는 | shimmery adj 아른아른 빛나는 | chase v 뒤쫓다

듣기 – 노트 정리 예시

예시 1. peanut bug
- bright spots look like eyes

2. tropical butterfly
- reflect a lot of sunlight, glossy wings

1. 악어머리뿔매미
– 눈처럼 보이는 밝은 반점들

2. 열대 나비
– 햇빛을 많이 반사함, 반짝이는 날개

Now get ready to answer the question.

Using points and examples from the lecture, describe what revealing coloration is and how it helps animals survive.

이제 질문에 답하시오.

강의에서 주어진 요점과 예시를 이용하여 경고색이 무엇이며 이것이 어떻게 동물들이 살아남도록 도와주는지 서술하시오.

예시 답변

The lecture is mainly about revealing coloration, which is one of the strategies that animals use to protect themselves from predators. It involves sudden changes of colors on different parts of their bodies. The professor explains this by giving two examples. First, he talks about peanut bugs. When they are approached by predators, peanut bugs expand their covered back wings to scare off the predators. Their back wings have brightly colored spots that make it hard for predators to notice the bugs. The second example is a type of butterfly. They use

강의는 주로 경고색에 관한 것인데, 이는 동물들이 포식자로부터 자신을 보호하기 위해 사용하는 전략 중 하나이다. 경고색에는 몸의 서로 다른 부분에서 갑자기 색깔이 변하는 것이 포함된다. 교수는 이를 두 가지 예를 들어 설명한다. 첫째, 교수는 악어머리뿔매미에 대해 이야기한다. 포식사가 접근할 때, 악어머리뿔매미들은 포식자를 겁주기 위해 가려져 있던 뒷날개를 펼친다. 그들의 뒷날개에는 밝은 색 반점들이 있어서 포식자가 벌레들을 감지하기 어렵게 한다. 두 번째

flashes of light from their glossy wings that reflect sunlight to scare away birds. The sudden flapping of their wings confuses birds, and in the meantime, the butterflies can fly away.

예는 나비의 일종이다. 그들은 새들을 겁주어서 쫓아내기 위해 햇빛을 반사하는 반짝이는 날개의 빛을 이용한다. 갑작스런 날개의 퍼덕거림은 새들을 혼란스럽게 하고, 그 사이에 나비는 날아가버릴 수 있다.

02

Read the passage about credence goods. You will have 50 seconds to read the passage. Begin reading now.

신뢰재에 대한 지문을 읽으시오. 지문을 읽는 데 50초가 주어진다. 이제 읽기 시작하시오.

읽기 지문&해석

Credence Goods

Credence goods are products or services that it is difficult to see the usefulness of for the people who purchase them. Such goods have little to no immediate result, but their use or misuse can have important long-term effects. These include medical treatments, car repairs, and education. The nature of these goods means that the seller is fully aware of their qualities, while the customer may find them impossible to appreciate. Therefore, one of the only ways that customers may evaluate such goods is by their price, which gives a great advantage to the seller who may manipulate the prices.

신뢰재

신뢰재는 그것을 구매하는 사람들이 그 유용성을 확인하기 어려운 상품이나 서비스를 말한다. 이러한 상품들은 즉각적인 결과가 거의 없거나 미미하지만, 그것의 사용이나 오용은 중요한 장기적 효과를 불러올 수 있다. 여기에는 의학적 치료, 자동차 수리, 그리고 교육이 포함된다. 이러한 상품의 본질은 판매자는 제품의 질에 대해 완전히 인지하고 있는 반면, 소비자는 그 진가를 아는 것이 불가능하다고 생각할 수도 있다는 것이다. 따라서 소비자들이 그러한 상품을 평가할 수 있는 유일한 방법 중 하나는 가격인데, 이는 가격을 조작할 수 있는 판매자에게 매우 큰 이점이 된다.

어휘 credence goods 신뢰재 l usefulness **n** 유용성 l immediate **adj** 즉각적인 l long-term **adj** 장기적인 l appreciate **v** 진가를 알아보다 l evaluate **v** 평가하다 l manipulate **v** 조작하다

읽기 – 노트 정리 예시

주제 credence goods
- products/services that is difficult to see the usefulness
- price can be manipulated easily

신뢰재
- 유용성을 확인하기 어려운 상품/서비스
- 가격이 쉽게 조작될 수 있음

Now listen to part of a lecture on this topic in a business class.

이제 이 주제에 대한 경영학 강의의 일부를 들으시오.

듣기 지문&해석

W Today, we will be discussing credence goods. Many products and services have effects that purchasers may immediately observe. For example, when someone buys laundry detergent, they can easily see if the product is effective. However, other products have effects that are not easy to observe, if at all. For this reason, they must either accept the claims made by the manufacturer or trust the opinion of the seller.

A good example of credence goods is nutritional supplements. Doctors and commercials tell us that they are important to our health and that we must take them every day. Unfortunately, we cannot notice or feel any benefit from taking our vitamins. Not only that, if we miss a day

여 오늘 우리는 신뢰재에 관해 토론할 겁니다. 많은 상품과 서비스는 구매자들이 즉각적으로 관찰 가능한 효과를 갖고 있습니다. 예를 들어, 어떤 사람이 세탁용 세제를 사면 그 제품이 효과가 있는지 쉽게 알 수 있죠. 하지만 다른 상품은 관찰하기 어렵거나 혹은 관찰이 불가능한 효과를 가지고 있습니다. 이러한 이유로 그들은 제조사의 주장을 받아들이거나 아니면 판매자의 의견을 믿어야만 합니다.

신뢰재의 좋은 예는 영양 보충제입니다. 의사와 광고는 우리에게 그것이 건강에 중요하며 매일 복용해야 한다고 말합니다. 불행히도 우리는 비타민을 복용하는 것에서 오는 이점을 알아차리거

or two, we don't feel any ill effects either. Of course, we know that if we become truly vitamin deficient, there are many serious medical problems like scurvy and rickets that can result, so we trust that we need to take dietary supplements.

However, this leaves us with a dilemma. How can we choose the best supplement for our money? Of course, most people believe that the cheapest pills will be the most ineffective. And while we may suspect that the most expensive pills are the best, we do not want to pay that much money because we still think that they are overpriced, particularly since we do not see immediate results. Therefore, the majority of people will choose the second cheapest option. Sellers can take advantage of this pattern by making their least effective product their second cheapest item. Fortunately, doctors can actually provide us with information to help us choose an effective, mid-range supplement. But, with other products where the consumer must be an expert to accurately choose, we are largely at the mercy of the seller.

나 느낄 수가 없습니다. 그뿐 아니라 하루나 이틀을 걸러도 어떠한 나쁜 영향도 느끼지 못합니다. 물론 만약 정말로 비타민 부족이 되면 그 결과로 괴혈병이나 구루병 같은 많은 심각한 질병이 야기될 수 있다는 것을 알기 때문에 식이 보충제를 복용할 필요가 있다는 사실을 믿죠.

하지만 이는 우리에게 딜레마를 남깁니다. 우리 돈에 맞는 최상의 보충제를 어떻게 골라야 할까요? 물론 대부분의 사람들은 값이 가장 싼 약이 가장 효과가 없을 것이라고 생각합니다. 그리고 가장 비싼 약이 최고라고 추측하면서도 가격이 너무 비싸다고 생각하기 때문에 그만큼 많은 돈을 내는 것을 원치 않는데, 이는 특히 우리가 즉각적인 결과를 볼 수 없기 때문입니다. 따라서 대다수의 사람들은 두 번째로 저렴한 쪽을 선택합니다. 판매자들은 이러한 패턴을 이용하여 상품 중 효과가 가장 적은 상품을 두 번째로 싼 상품으로 만듭니다. 다행히도 의사들은 우리가 실제로 효과적이고 중간 가격대인 보충제를 선택하는 것을 도울 수 있습니다. 그러나 정확한 선택을 하기 위해서는 소비자가 전문가가 되어야만 하는 다른 상품들의 경우 우리는 판매자에게 휘둘리게 됩니다.

어휘   purchaser 🇳 구매자 | laundry detergent 세탁용 세제 | if at all 있다 하더라도 | claim 🇳 주장 | manufacturer 🇳 제조자, 제조사 | nutritional supplement 영양 보충제 | commercial 🇳 광고 | deficient adj 부족한 | scurvy 🇳 괴혈병 | rickets 🇳 구루병 | mid-range adj 중간급의 | at the mercy of ~에 휘둘리는

듣기 – 노트 정리 예시

주제 credence goods: can't see the effect immediately	신뢰재: 효과를 즉시 확인할 수 없음

예시 nutritional supplements
  - hard to notice the difference → price manipulation
  - how to choose the best supplement?
    choose second cheapest → sellers make least effective product the second cheapest item
	영양 보충제
	  – 차이를 알아차리기 힘듦 → 가격 조작
	  – 최고의 보충제를 고르는 방법?
	    두 번째로 싼 것을 고름 → 판매자들이 가장 효과가 적은 상품을 두 번째로 싼 상품으로 만듦

Now get ready to answer the question.

The professor talks about nutritional supplements. Describe how they relate to credence goods.

이제 질문에 답하시오.

교수는 영양 보충제에 대해 이야기하고 있다. 이것이 어떻게 신뢰재와 연관되는지 서술하시오.

예시 답변

The professor talks about nutritional supplements and how they relate to credence goods. Credence goods are products or services that it is difficult to see the usefulness of for the people who purchase them. The professor states that nutritional supplements are considered credence goods since the users cannot see the immediate results of them. Although doctors and commercials tell us that they are important to our health, the users cannot notice any difference even if a few

교수는 영양 보충제와 그것이 신뢰재와 어떻게 연관되어 있는지에 대해 이야기한다. 신뢰재는 그것을 구매하는 사람들이 그 유용성을 확인하기 어려운 상품이나 서비스다. 교수는 영양 보충제는 이용자들이 즉각적인 결과를 확인할 수 없기 때문에 신뢰재로 간주된다고 말한다. 비록 의사와 광고가 그것들이 우리의 건강에 중요하다고 말하긴 하지만, 이용자들은 비타민을 먹은 지 며칠이 지나도 어떤 차이점도 알아차리

days have passed since they took the vitamins. Furthermore, even if they forget to take the supplements for a day or two, this does not immediately result in something negative.

지 못한다. 게다가 하루나 이틀 보충제를 먹는 것을 잊더라도, 이것이 즉시 부정적인 결과를 불러오지는 않는다.

03

Read the passage about planning fallacy. You will have 45 seconds to read the passage. Begin reading now.

계획 오류에 대한 지문을 읽으시오. 지문을 읽는 데 45초가 주어진다. 이제 읽기 시작하시오.

읽기 지문&해석

Planning Fallacy

When asked to predict how long it will take to complete a task, people tend to overestimate their own capabilities. This behavior is called planning fallacy, and studies have been carried out examining it with a variety of tasks. Many experts regard planning fallacy as a form of wishful thinking, meaning that the person focuses on the most optimistic result, ignoring their own experience. Others have suggested that they are not ignoring the past; rather, they are viewing it in a way that serves their ego. They assume credit for successes, but place blame for delays and mistakes on others.

계획 오류

어떤 일을 달성하는 데 얼마나 걸릴지 예측하라는 요청을 받으면 사람들은 자신의 능력을 과대평가하는 경향이 있다. 이 행동은 계획 오류라고 불리며, 다양한 일을 통해 이를 관찰하기 위한 연구가 행해져 왔다. 많은 전문가들은 계획 오류를 희망적 관측의 한 형태로 여기는데, 이것은 사람이 스스로의 경험을 무시하고 가장 낙관적인 결과에 집중한다는 의미다. 다른 이들은 그들이 과거를 무시하는 게 아니고, 그보다는 자신들의 자존심을 살리는 방식으로 바라보고 있는 거라고 말한다. 그들은 성공에 대해 인정을 받으려 하면서 지연과 실수에 관한 책임은 다른 사람들에게 떠넘기는 것이다.

어휘 fallacy **n** 오류 | predict **v** 예측하다 | overestimate **v** 과대평가하다 | capability **n** 능력, 역량 | wishful thinking 희망적 관측 | optimistic **adj** 낙관적인 | ego **n** 자존심, 자아 | credit **n** 인정, 칭찬 | place blame 책임을 전가하다

읽기 – 노트 정리 예시

주제 planning fallacy 　- how long to complete a task = ppl overestimate their capability 　- wishful thinking/optimistic result 　- a way to serve one's ego	계획 오류 　– 일을 달성하는 데 걸리는 시간 = 사람들은 자신의 능력을 과대평가함 　– 희망적 관측/낙관적인 결과 　– 자존심을 살리는 방식

Now listen to part of a lecture on this topic in a psychology class.

이제 이 주제에 대한 심리학 강의의 일부를 들으시오.

듣기 지문&해석

M At the end of class yesterday, I mentioned a concept to you known as planning fallacy. This is when people overestimate their own abilities when planning tasks. There are many reasons why people show this behavior, but the two main ones appear to be wishful thinking and catering to their own ego. Allow me to demonstrate.
I received many writing assignments as a student, so I had to allocate my time to each paper. One subject where I consistently got lower scores was my philosophy class, and we had a very strict deadline for our term papers. So,

여 어제 수업 마지막에 제가 계획 오류라고 알려진 개념에 대해 언급했습니다. 이는 사람들이 일을 계획할 때 스스로의 능력을 과대평가하는 것입니다. 사람들이 이러한 행동을 보이는 데는 여러 이유가 있지만 두 가지 주요한 이유는 희망적 관측과 스스로의 자존심에 맞추기 위한 것으로 보입니다. 설명을 해보죠.
저는 학생일 때 많은 글쓰기 과제를 받았고, 그래서 각각의 과제에 시간을 할당해야 했죠. 제가 항상 더 낮은 점수를 받은 과목은 철학 수업이었고,

I knew that I had to research well to receive a good score on the paper. By looking at my past errors, I knew how to make my writing better, so I felt confident. I delayed my research until the week before it was due so I could work on other essays. When I finally went to the library, most of the materials related to it were unavailable. I wrote the paper as best I could, and while I did not fail the assignment, I know I could have done much better. My wishful thinking was my downfall.

Catering to your own ego can be just as dangerous, if not more so. I often assign group projects to my students, and they have to do evaluations of their own and their group member's performances. Now, most students evaluate themselves higher, which is a mild form of egotistical behavior, but one student really stands out in my memory. When I assign a project, I ask my students to predict how long it will take them. I overheard him discussing deadlines with his new teammates, and he gave very positive estimates. When someone reminded him of his low grade on the last project, he firmly protested that his work had been impeccable and placed all blame squarely on his past group members.

기말 과제의 마감 기한은 매우 엄격했습니다. 그래서 저는 좋은 점수를 받기 위해서는 조사를 잘해야 한다는 것을 알고 있었습니다. 과거의 실수를 돌아보며, 저는 글을 어떻게 하면 더 잘 쓸 수 있을지를 알게 되었고, 그래서 자신감을 느꼈습니다. 저는 다른 과제를 할 수 있도록 제출 기한 바로 전 주까지 조사를 미뤘습니다. 제가 마침내 도서관에 갔을 때는, 과제와 관련한 대부분의 자료가 없었습니다. 저는 최선을 다해 과제를 작성했고, 낙제를 하지는 않았지만, 제가 훨씬 더 잘할 수도 있었다는 것을 알았죠. 저의 희망적 관측이 바로 몰락의 원인이었습니다.

스스로의 자존심에 맞추는 것도 그 이상은 아닐지 몰라도 역시 마찬가지로 위험합니다. 저는 종종 학생들에게 그룹 프로젝트를 주고, 학생들은 자신과 그룹 구성원들의 성과에 대한 평가를 해야 합니다. 자, 대부분의 학생들은 자신을 더 높게 평가하는데 이는 자기중심적인 행동의 온건한 형태입니다. 제 기억에 남는 학생이 하나 있습니다. 학생들에게 프로젝트를 줄 때, 저는 얼마나 걸릴지 예측하도록 합니다. 저는 그 학생이 새로운 팀원들과 마감일에 관해 논의하는 것을 듣게 되었는데, 매우 낙관적인 추정을 했습니다. 누군가 그 학생에게 지난 프로젝트에서의 낮은 점수를 상기시키자, 그는 단호히 자기 과제는 흠잡을 데가 없었다고 항의하며 모든 비난을 과거 팀원들에게 전가했습니다.

어휘 cater to ~의 구미에 맞추다 l demonstrate **v** 증명하다, 설명하다 l assignment **n** 과제 l allocate **v** 할당하다 l consistently **adv** 항상, 일관되게 l confident **adj** 자신감 있는 l unavailable **adj** 손에 넣을 수 없는 l downfall **n** 몰락 l assign **v** 부과하다 l evaluation **n** 평가 l performance **n** 성과 l egotistical **adj** 자기중심적인 l stand out 두드러지다 l firmly **adv** 단호히, 확고히 l impeccable **adj** 흠잡을 데 없는 l squarely **adv** 똑바로, 정확하게

듣기 – 노트 정리 예시

예시 1. wishful thinking
- when in college, professor had many writing assignment
- thought he knew what to do, delayed research → materials unavailable, couldn't do well
2. catering to one's ego
- a student gave very positive estimate
- blamed his last project's low grade to his team members

1. 희망적 관측
 – 대학생 시절 교수는 많은 글쓰기 과제를 받음
 – 무엇을 해야 하는지 안다고 생각, 자료 조사를 미룸 → 자료를 구할 수 없어서, 잘하지 못함
2. 자존심에 맞춤
 – 한 학생이 매우 낙관적인 추정을 함
 – 자신의 지난 프로젝트의 낮은 점수를 팀 구성원들 탓으로 돌림

Now get ready to answer the question.

Using points and examples from the lecture, describe what planning fallacy is.

이제 질문에 답하시오.

강의에서 주어진 요점과 예시를 이용하여 계획 오류가 무엇인지 서술하시오.

The reading passage explains that planning fallacy refers to the behavior where people overestimate their own capabilities. To illustrate this idea, the professor gives two examples of the planning fallacy. The first example describes wishful thinking as the reason for behaviors of the planning fallacy. Because he knew how to receive a high grade on a paper, he delayed his work until the last minute, thinking that he would be able to manage it on time. This wishful thinking led to a grade that is not satisfying. The second example discusses catering to one's ego as the other reason for planning fallacy. When the professor assigned a group project to his students, one particular student showed this behavior. The other students reminded him of his low grade on the last project, and he claimed that his work had been perfect and blamed everything on his group members.

읽기 지문에서는 계획 오류가 사람들이 자신의 능력을 과대평가하는 행동을 의미한다고 설명한다. 이 생각을 자세하게 설명하기 위해 교수는 계획 오류의 두 가지 예를 제시한다. 첫 번째 예는 희망적 관측을 계획 오류 행동의 이유라고 설명한다. 그는 과제에 대해 높은 점수를 받는 방법을 알고 있었기 때문에, 제시간에 할 수 있을 거라 생각하고 작업을 마지막 순간까지 미루었다. 이런 희망적인 관측이 만족스럽지 못한 점수로 이어졌다. 두 번째 예는 계획 오류의 또 다른 이유로 스스로의 자존심에 맞추는 것에 대해 말한다. 교수가 학생들에게 그룹 프로젝트를 부과했었을 때, 한 특정 학생이 이러한 행동을 보였다. 다른 학생들이 그에게 지난 프로젝트에서의 낮은 점수를 상기시켰는데 그는 그의 과제는 완벽했다고 주장했고 모든 것을 그의 팀원들 탓으로 돌렸다.

II. Integrated Task　　Q4. 듣고 말하기: 대학 강의

Lesson 01 표현 익히기

Practice　　　　　　　　　　　　　　　　　　　　　　　　본서 | P. 143

01. This is illustrated with an experiment, which showed how a frog lays its eggs in water.

02. The second example is similar to the first one, but it requires more investment.

03. For these reasons, this species of bird is able to maintain its balance well in water.

04. The lecture is about how a given area can only support a certain population.

05. There are two types of fish that could be classified with their bone structures.

06. The professor gives an example of mating behavior of bowerbirds.

07. The lecture's main idea is population fluctuation of deer in a certain area.

08. The professor explains many ways to protect wildlife, including volunteering activities.

09. According to the professor, some people heavily focus on the design of a product.

10. One of warning coloration's benefits is that it reduces the chance of getting attacked by predators.

Lesson 02 듣기 정리

Practice　　　　　　　　　　　　　　　　　　　　　　　　본서 | P. 146

01

듣기 지문&해석

Ⓦ One of the most important factors in marketing a beverage　　　해 음료 마케팅에서 가장 중요한 요소들 중 하나는

is the container in which it will be sold. Like any other feature of a product, packaging naturally changes over time.

For example, let's take a look at the milk industry. For many years, milk was sold and delivered in glass bottles. They were the best choice because they could easily be washed and reused and did not affect the flavor of the milk. But, glass bottles have some serious problems. Glass breaks easily when dropped, so bottles have to be thick in order to be strong. Unfortunately, that makes them expensive, but there were few other options. One answer was to use cardboard containers, which are cheap but not very strong. Then plastic became easier to make and extremely cheap. Plastic bottles are both light and strong whether their walls are thick or thin, so they were a much better choice. Glass bottles and cardboard containers are still used by many companies, but plastic has become very common.

그 음료가 팔리게 될 용기입니다. 제품의 다른 특징과 마찬가지로 포장은 시간에 따라 자연스럽게 변화합니다.

예를 들어 우유 산업을 한 번 살펴보죠. 오랫동안 우유는 유리병에 담겨 판매되고 배달되었습니다. 유리병은 세척과 재사용이 쉽고 우유의 맛에 영향을 끼치지 않았기 때문에 최선의 선택이었습니다. 하지만 유리병에는 몇 가지 심각한 문제점이 있습니다. 유리는 떨어지면 쉽게 깨져서, 튼튼하게 하기 위해서는 병이 두꺼워야 합니다. 불행히도 이는 병을 비싸게 만들었지만, 몇 가지 다른 선택의 여지가 있었습니다. 한 가지 해결책은 판지로 된 용기를 사용하는 것이었는데 이건 저렴하지만 별로 튼튼하지가 않습니다. 그 다음에 플라스틱 생산이 쉬워지고 매우 저렴해졌습니다. 플라스틱 병은 두껍든 얇든 가볍고 내구성이 좋아서 훨씬 더 나은 선택이었습니다. 여전히 많은 회사들이 유리병과 판지로 된 용기를 사용하고 있지만 이제는 플라스틱이 아주 흔해졌습니다.

어휘 factor 🔟 요인, 요소 ǀ beverage 🔟 음료 ǀ container 🔟 용기, 통 ǀ feature 🔟 특징 ǀ packaging 🔟 포장, 포장재 ǀ naturally 🔤 자연스럽게 ǀ industry 🔟 산업 ǀ reuse 🔽 재사용하다 ǀ affect 🔽 영향을 주다 ǀ unfortunately 🔤 안타깝게도 ǀ cardboard 🔟 판지 ǀ extremely 🔤 극히, 대단히 ǀ common 🔤 흔한

노트 정리 예시

주제 marketing a beverage: packaging change
　　　1. glass bottles: break easily, too thick → expensive
　　　2. cardboard: cheap, not strong
　　　3. plastic: cheap & strong

음료 마케팅: 포장 변화
1. 유리병: 쉽게 깨짐, 너무 두꺼움 → 비쌈
2. 판지: 저렴함, 튼튼하지 못함
3. 플라스틱: 저렴하고 튼튼함

▶ **Question 1: What is the main idea of the lecture?**

▶ **Question 2: What example(s) does the professor give?**

강의의 주제는 무엇인가?

교수는 어떤 예를 들고 있는가?

예시 답변

1. The main idea of the lecture is one factor of marketing a beverage, which is packaging.
2. The professor gives examples of glass, cardboard, and plastic as packaging materials.

1. 강의의 주제는 음료 마케팅의 한 요소인 포장이다.
2. 교수는 유리와 판지, 플라스틱을 포장재의 예로 든다.

02

듣기 지문&해석

🅜 In many cases, adult insects are already dead by the time their eggs hatch, which makes parental supervision impossible. However, this does not mean that they do not make an effort to provide for their young. In fact, some flying insects sometimes go to great lengths to ensure that their children are met by a feast when they are born.

🅜 많은 경우 곤충의 성충은 알이 부화할 때쯤이면 이미 죽어 있는데 이는 부모의 감독을 불가능하게 만듭니다. 그러나 이것은 곤충들이 새끼를 돌보려는 노력을 하지 않는다는 뜻은 아닙니다. 실제로 일부 날아다니는 곤충들은 새끼들이 태어났을 때 풍부한 먹이를 맞이할 수 있도록 아주 먼

Butterflies often can only eat one or two plant species, and even those that can consume many still have plants that they prefer over others. So, it is not surprising that butterflies are very selective about where they lay their eggs. Female butterflies explore their environment to locate the best leaves for their young to feed upon. They determine whether a plant is suitable by scents that they can recognize. They typically lay their eggs on young leaves to avoid toxins and high up to avoid accidental consumption by herbivores and predation by ants. They must also keep the degree of shade, humidity, and temperature in mind.

거리를 여행하기도 합니다.

나비는 흔히 하나 혹은 두 가지의 식물 종만 섭취할 수 있고, 다양한 종류의 식물을 섭취할 수 있는 종도 다른 것보다 선호하는 식물이 있습니다. 따라서 나비가 알을 낳는 곳을 조심스럽게 고르는 것은 놀라운 일이 아닙니다. 암컷 나비는 새끼가 먹기에 가장 좋을 것 같은 잎을 찾기 위해 주변 환경을 탐색합니다. 나비는 자신이 식별할 수 있는 냄새로 어떤 식물이 적합한지 아닌지 알아냅니다. 나비는 보통 독소를 피하기 위해 어린 나뭇잎에 알을 낳고, 초식동물에게 우연히 먹히거나 개미에게 먹히는 일을 피하기 위해 높은 곳에 알을 낳습니다. 그들은 또한 그늘의 정도, 습도, 그리고 온도를 염두에 두어야 합니다.

어휘 hatch **v** 부화하다 ㅣ parental supervision 부모의 감독 ㅣ feast **n** 진수성찬, 잔치, 연회 ㅣ consume **v** 먹다, 마시다, 소모하다 ㅣ selective **adj** 조심해서 고르는 ㅣ locate **v** 정확한 위치를 찾다 ㅣ suitable **adj** 적합한, 알맞은 ㅣ scent **n** 냄새, 향기 ㅣ typically **adv** 보통 ㅣ toxin **n** 독소 ㅣ accidental **adj** 우연한 ㅣ consumption **n** 소비, 섭취 ㅣ herbivore **n** 초식동물 ㅣ predation **n** 포식 ㅣ shade **n** 그늘 ㅣ humidity **n** 습도

노트 정리 예시

주제 insects dead before eggs born → prepare feast for young
e.g. butterflies: carefully select place to lay eggs (degree of shade, humidity, temperature…)

곤충들은 알이 부화하기 전에 죽음 → 새끼들을 위해 풍부한 먹이를 준비
예시) 나비: 알 낳을 곳을 조심스럽게 고름 (그들의 정도, 습도, 온도…)

▶ Question 1: What is the main idea of the lecture?

▶ Question 2: What example(s) does the professor give?

강의의 주제는 무엇인가?

교수는 어떤 예를 들고 있는가?

예시 답변

1. The main idea of the lecture is how some flying insects prepare a feast for their young before they hatch.
2. The example the professor talks about is butterflies.

1. 강의의 주제는 일부 날아다니는 곤충이 어떻게 새끼가 부화하기 전에 풍부한 먹이를 준비하는지에 대한 것이다.
2. 교수가 말하는 예시는 나비다.

03

듣기 지문&해석

W When a company decides to release a new product, it must first decide how to advertise that item based upon the current market situation. The market may already have many examples of that product available, or they may be introducing an entirely new product.

When a healthy market already exists, most companies prefer to engage in secondary or selective demand advertising. In this type of advertising, the company assumes that the public already has a working understanding of the product. So, it will focus its energy on differentiating its product or service from others that

여 기업은 새로운 제품을 출시하기로 결정할 때 우선 현재 시장 상황에 기초해 어떻게 그 제품을 광고할 것인지 결정해야 합니다. 시장에는 출시하려는 제품이 이미 다양한 종류로 존재할 수도 있고, 아니면 완전히 새로운 제품을 소개하게 될 수도 있습니다.

건강한 시장이 이미 존재한다면 대부분의 기업은 2차적 또는 선택적 수요 광고를 선호합니다. 이러한 종류의 광고에서 기업은 대중이 이미 제품에 대한 실용적인 이해를 하고 있다고 가정합니다. 그래서 기업은 자사의 제품이나 서비스를 시장에

exist in the market. For example, cell phone makers usually advertise what features make their models better than those of other companies. This often involves features like memory, wireless service, screen size and clarity, ease of use, battery life, etc. Their goal is to convince customers that their cell phone is the best one available.

존재하는 다른 것들과 차별화하는 데 에너지를 집중할 것입니다. 예를 들면, 휴대전화 생산자들은 보통 어떠한 특징이 다른 회사 제품보다 자사 제품을 더 낫게 하는지에 관해 광고합니다. 이는 흔히 메모리와 무선 서비스, 화면 크기와 해상도, 사용의 편리함, 배터리 수명 등의 특징을 포함합니다. 이들의 목표는 소비자에게 자사 휴대전화가 구할 수 있는 것들 중 최고라고 설득하는 겁니다.

어휘 release ⓥ 출시하다 | product ⓝ 제품 | advertise ⓥ 광고하다 | based upon ~에 기초하여 | current adj 현재의 | situation ⓝ 상황 | introduce ⓥ 소개하다, 도입하다 | entirely adv 완전히 | exist ⓥ 존재하다 | engage in ~에 관여하다 / 참여하다 | secondary adj 이차적인, 부차적인 | selective demand 선택적 수요(특정 브랜드에 대한 수요) | assume ⓥ 가정하다 | public ⓝ 대중 | differentiate ⓥ 차별화하다 | wireless adj 무선의 | clarity ⓝ 선명함, 해상도 | convince ⓥ 설득하다

노트 정리 예시

주제 company releases a new product → advertising: current market situation
  - not an entirely new product → already have many products → secondary or selective advertising

회사에서 신제품을 출시함 → 광고: 현재 시장 상황
– 완전히 새로운 상품은 아님 → 이미 많은 상품이 있음 → 2차적 또는 선택적 수요 광고

▶ Question 1: What is the main idea of the lecture?

강의의 주제는 무엇인가?

▶ Question 2: What type of advertising does the professor mention?

교수는 어떤 종류의 광고를 언급하는가?

예시 답변

1. The main idea of the lecture is how a company advertises their product when releasing a new product.
2. The professor talks about secondary or selective advertising, which is used when the market already has many products.

1. 강의의 주제는 회사가 새 제품을 출시할 때 그들이 제품을 광고하는 방법이다.
2. 교수는 시장에 이미 제품이 많이 있을 때 사용되는 2차적 또는 선택적 수요 광고에 대해 이야기한다.

04

듣기 지문&해석

Ⓜ The reality principle is how our mind strives to satisfy the id in socially acceptable and realistic ways. As we lose interest in socially acceptable activities through repetition, our id drives us to perform other less acceptable ones. To avoid such behavior, we develop a part of our personality that weighs the pros and cons of an activity and decides whether to act upon that impulse or to delay or disallow it altogether.

Two ways to ensure that socially acceptable activities continue to satisfy the id are by adjusting the frequency of the activity and adding variety to it. If we repeat the same activity in a regular pattern, it soon becomes boring. By waiting to perform that activity and doing it irregularly,

Ⓝ 현실원칙은 이드(id)를 사회적으로 용인되고 현실적인 방법들로 만족시키기 위해 우리의 생각이 분투하는 방식입니다. 반복을 통해 사회적으로 용인되는 행위에 대한 흥미를 잃으면 우리의 이드는 덜 받아들여지는 행위를 하도록 우리를 몰고 갑니다. 그러한 행동을 피하기 위해 우리는 어떤 행동의 장점과 단점을 따져보는 성격을 개발하고, 그러한 충동을 실행에 옮길 것인지, 아니면 연기하거나 완전히 인정하지 않을지 결정합니다.

사회적으로 용인되는 활동으로 계속 이드를 충족하는 두 가지 방법은 그 활동의 빈도를 조절하는 것과 활동에 다양성을 부여하는 것입니다. 같은 활동을 규칙적인 패턴으로 반복하면 곧 지루

we increase our anticipation, which in turn increases our pleasure when we actually do it. For example, if you really like ice cream, you should only eat it occasionally and not on a regular basis, which will make the ice cream taste even better. Injecting variety into the experience can also intensify our pleasure, so eating ice cream in different locations or trying new flavors should help.

해지죠. 그 활동을 하는 것을 기다리고 불규칙적으로 함으로써 우리는 우리의 기대감을 증가시키고, 결과적으로 실제 그 활동을 할 때의 만족감을 증가시킵니다. 예를 들어, 여러분이 아이스크림을 정말 좋아한다면 아이스크림을 가끔, 그리고 불규칙적으로 먹어야 합니다. 이렇게 함으로써 아이스크림을 훨씬 더 맛있게 즐길 수 있을 것입니다. 경험에 다양성을 주입하는 것 또한 우리의 만족감을 높일 수 있으므로 다른 장소에서 아이스크림을 먹거나, 새로운 맛을 먹어보는 것도 도움이 될 겁니다.

어휘 reality principle 현실원칙 | strive **v** 분투하다 | acceptable **adj** 용인되는, 받아들일 수 있는 | repetition **n** 반복 | personality **n** 인격, 성격 | weigh **v** 따져보다, 저울질하다 | pros and cons 장단점 | act upon ~에 따라 행동하다 | disallow **v** 허용하지 않다 | adjust **v** 조절하다, 조정하다 | frequency **n** 빈도 | irregularly **adv** 불규칙적으로 | anticipation **n** 예측, 기대 | in turn 결과적으로 | occasionally **adv** 가끔 | on a regular basis 정기적으로, 규칙적으로 | inject **v** 주입하다 | intensify **v** 강화하다

노트 정리 예시

주제 reality principle (satisfy id in socially acceptable & realistic ways) → repetition → socially acceptable behavior X
- change frequency of the activity
- add variety to the activity

현실원칙 (사회적으로 용인되고 현실적 방법으로 이드를 충족시킴) → 반복 → 사회적으로 용인되는 행위 X
– 활동 빈도 바꾸기
– 활동에 다양성 더하기

▶ Question 1: What is the main idea of the lecture?

▶ Question 2: What are the two ways of satisfying id through reality principle?

강의의 주제는 무엇인가?

현실원칙을 통해 이드를 충족시키는 두 가지 방법은 무엇인가?

예시 답변

1. The professor talks about how we get tired of an activity through repetition. Reality principle kicks in to satisfy our id in a socially acceptable and realistic way.
2. There are two ways. One is to change the frequency of the activity, and the other is to add variety to the activity.

1. 교수는 우리가 어떻게 반복을 통해 어떤 행동을 지겹게 느끼게 되는지에 대해 말한다. 현실원칙은 이드를 사회적으로 용인되고 현실적인 방법으로 충족시키기 위해 개입한다.
2. 두 가지 방법이 있다. 하나는 활동의 빈도를 바꾸는 것이고, 다른 하나는 활동에 다양성을 더하는 것이다.

Q4
Integrated Task

05

듣기 지문&해석

W Wading birds are long-legged birds that typically frequent areas of shallow water like marshes, ponds, and river deltas where they catch much of their prey. Despite their habitat, these birds are not swimmers. Rather, they use their long legs to walk in the water as they search for food. These birds are well suited to their environment, with some very interesting adaptations for hunting.

Some species of storks have very sensitive beaks. Wood storks can close their beak in as little as 25 milliseconds,

여 섭금류는 보통 그들의 먹이를 많이 잡을 수 있는 늪이나 연못, 강의 삼각주와 같은 얕은 물에 자주 나타나는 다리가 긴 새들입니다. 서식지가 그런 곳임에도 불구하고 이 새들은 수영을 못합니다. 그보다는 먹이를 찾을 때 긴 다리를 이용해 물에서 걸어다니죠. 이 새들은 환경에 잘 적응했는데, 그중에서도 사냥에 쓰이는 몇몇 매우 흥미롭게 적응한 부분을 가지고 있습니다.

황새의 어떤 종은 매우 예민한 부리를 가지고 있

making it impossible for their food to escape. This reaction time is incredibly quick, and few other vertebrates can respond so quickly to stimuli.

Storks and other wading birds also have highly adapted feet that make their movement more stable. They have very long toes that often have some webbing between them. This allows the birds to both maintain their balance in the water and keep from sinking into the soft mud at the bottom. A wood stork will also use its feet to stir up the water, causing fish and invertebrates to flee. This makes them more likely to move past the bird's beak.

습니다. 우드스토크는 25밀리초만에 부리를 닫을 수 있어서 먹이가 도망치는 것이 불가능하죠. 이러한 반응 시간은 놀랍도록 빠르고 자극에 그토록 빠르게 반응할 수 있는 다른 척추동물은 거의 없습니다.

황새와 다른 섭금류 새들은 움직임을 더 안정적으로 만들어주는 고도로 적응된 발도 가지고 있습니다. 그들은 흔히 발가락 사이에 갈퀴가 달린 매우 긴 발가락을 가지고 있습니다. 이는 새들이 물에서 균형을 잡도록 도와주고 바닥의 부드러운 진흙 속에 빠지지 않게 해줍니다. 우드스토크는 또한 발을 사용해 물을 휘저어서 물고기와 무척추동물들이 도망가게 합니다. 이는 그 동물들이 새의 부리 옆을 지나갈 확률을 높여주죠.

어휘   wading birds 섭금류 | frequent [v] 자주 다니다 | marsh [n] 늪 | delta [n] 삼각주 | habitat [n] 서식지 | adaptation [n] 적응, 적응 형태 | stork [n] 황새 | beak [n] 부리 | millisecond [n] 밀리초(1000분의 1초) | vertebrate [n] 척추동물 | stable [adj] 안정적인 | webbing [n] 물갈퀴 | stir up 일으키다, 휘젓다 | invertebrate [n] 무척추동물 | flee [v] 달아나다, 도망치다

노트 정리 예시

주제   wading birds: how they adapted to shallow water
    1. sensitive beaks: close in 25 milliseconds
    2. adapted feet: long toes - stable, maintain balance

섭금류: 어떻게 얕은 물에 적응했나
1. 예민한 부리: 25밀리초만에 닫힘
2. 적응된 발: 긴 발가락 – 안정적, 균형 유지함

▶ Question 1: What is the main idea of the lecture?

▶ Question 2: What are the two adaptations of wood storks?

강의의 주제는 무엇인가?

우드스토크의 2가지 적응 형태는 무엇인가?

예시 답변

1. The professor talks about wading birds and how they adapted themselves to their shallow water habitat.
2. They have sensitive beaks and special feet.

1. 교수는 섭금류와 이들이 얕은 물 서식지에 적응한 방법에 관해 이야기한다.
2. 그들은 민감한 부리와 특별한 발을 갖고 있다.

06

듣기 지문&해석

[M]   When people go shopping, they are faced with a variety of brands that are all competing for their attention. In order for a company to sell its product, it must find a way to show how that product is unique. For this kind of advertising, a company will usually focus on its product's quality or highlight its features.

To show a product's quality, a company must compare it to their competitor's products. For example, if a computer company wants to sell its new computer speakers, it would probably focus on their sound quality in a commercial. In that commercial, they would play the same piece of music at the same volume using their competitor's speakers and then their own. This type of honest comparison clearly

[여]   사람들은 쇼핑을 가면 그들의 관심을 얻으려 경쟁하는 다양한 브랜드와 마주하게 됩니다. 기업이 상품을 팔기 위해서는 자사의 상품이 얼마나 특별한지 보여줄 방법을 찾아야만 합니다. 이러한 종류의 광고에서 기업은 보통 상품의 질에 집중하거나 특징을 강조합니다.

상품의 품질을 보여주기 위해 기업은 그 상품을 경쟁사의 상품과 비교해야 합니다. 예를 들어 컴퓨터 회사에서 새로운 컴퓨터 스피커를 판매하려고 한다면, 광고에서 스피커의 음질에 초점을 맞출 것입니다. 그 광고에서 경쟁사의 상품과 이어서 자사의 상품을 사용하여 같은 음악을 같은 음량으로 재생할 겁니다. 이러한 종류의 정직한 비교는 어떤

shows which speakers are better.

To show the special features of a product, a company will usually list those features on the packaging. For example, a company that makes pasta sauce will probably make many claims on their jar's label. If it wants to emphasize how spicy its sauce is, then it will probably show chilies on the label. By doing this, customers who enjoy spicy food will easily see that this sauce may be suited to their taste.

스피커가 더 좋은지 명확히 보여줍니다.

상품의 특별한 특징을 보여주기 위해 대개 기업은 포장에 그런 특징을 나열합니다. 예를 들면, 파스타 소스를 만드는 기업은 아마 소스 병의 라벨에 많은 주장을 넣을 것입니다. 만약 소스가 얼마나 매운지를 강조하고 싶으면 라벨에 고추 그림을 보여주겠죠. 이렇게 함으로써 매운 음식을 좋아하는 소비자는 이 소스가 입맛에 맞을 것이라는 점을 쉽게 알 수 있을 것입니다.

어휘 be faced with ~에 직면하다/맞닥뜨리다 I compete ⒱ 경쟁하다 I attention ⓝ 주의, 관심 I unique ⓐⓓⓙ 독특한, 고유한 I highlight ⒱ 강조하다 I feature ⓝ 특징 I compare ⒱ 비교하다 I competitor ⓝ 경쟁자 I commercial ⓝ 광고 I comparison ⓝ 비교 I list ⒱ 열거하다, 나열하다 I packaging ⓝ 포장, 포장재 I claim ⓝ 주장 I jar ⓝ 병 I emphasize ⒱ 강조하다 I spicy ⓐⓓⓙ 매운, 양념 맛이 강한 I chili ⓝ 고추, 칠리 I be suited to ~에 맞다/적합하다

노트 정리 예시

주제 to sell a product—need to focus on what?
    1. quality: compare speakers' sound
    2. features: list features on packaging

상품을 팔기 위해 — 무엇에 집중해야 하나?
1. 품질: 스피커 음질을 비교함
2. 특징: 포장에 특징을 나열함

▶ Question 1: What is the main idea of the lecture?

강의의 주제는 무엇인가?

▶ Question 2: What are the two things that companies focus on to sell their products?

회사가 상품을 판매하기 위해 집중하는 두 가지는 무엇인가?

예시 답변

1. The professor says that in order for a company to sell a product, they need to focus on one of these two things.
2. The first factor is the quality of a product, and the second is its features.

1. 교수는 회사가 상품을 팔기 위해서는 둘 중 하나에 집중해야 한다고 말한다.
2. 첫 번째 요소는 상품의 품질이고 두 번째는 상품의 특징이다.

Q4 Integrated Task

07

듣기 지문&해석

Ⓦ The poles have the harshest and most difficult climates for survival. Like most parts of the world, the overwhelming majority of animals in the Arctic are insects, and around 2,200 species have been documented. Whether these insects live there all year or only migrate to spend the summers there, they have all adapted their behavior to the extreme conditions found there.

First, let's look at how butterflies cope. In the summer, they look for the warmest areas to settle in to bask in the sunlight for warmth. They find areas like southern-facing valleys that are well lit by the sun and protected from the wind. Many will also sit on the darker plants, particularly in the center of flowers that follow the movement of the sun. They will also expose the darkest parts of their bodies to the sunlight. Some hold their wings open at their sides,

Ⓜ 극지방은 생존하기에 가장 가혹하고 어려운 기후를 갖고 있습니다. 세계 대부분의 지역처럼 북극에서 압도적으로 많은 종은 곤충이며 약 2,200개의 종이 기록되어 있습니다. 이러한 곤충들이 그곳에서 일년 내내 살든, 아니면 여름을 보내기 위해 그곳으로 이동하든 간에, 그들은 모두 그곳에서 펼쳐지는 극한의 상황에 자신들의 행동을 적응시켜 왔습니다.

첫째로, 나비들이 어떻게 대처하는지를 살펴보죠. 여름에 나비들은 햇빛을 쬐고 온기를 얻을 수 있도록 가장 따뜻한 지역을 찾습니다. 그들은 햇빛을 잘 받고 바람으로부터 보호받을 수 있는 남향 계곡 같은 지역을 찾죠. 많은 나비가 또한 어두운 색을 띤 식물에 앉는데, 특히 태양의 움직임을 따라가는 꽃들의 중앙에 앉습니다. 그들은 또한 몸

others' wings are closed to reveal their bottoms and still others hold them partly open to expose their dark bodies. Next, we'll look at the insects that stay through the winter. Many of them, like this species of fly, survive the winter by freezing along with their environment. This fly can withstand temperatures down to negative 60 degrees centigrade by allowing most of the water in its body to freeze. Since ice crystals could destroy its cells, the water outside the cells freezes. However, the core of its body remains unfrozen due to special chemicals contained in its organs. When the summer returns, the flies thaw along with the ice around them.

의 가장 어두운 부분을 햇빛에 노출하기도 합니다. 몇몇은 날개를 양옆으로 펴고, 다른 나비들은 날개를 접고 아랫부분을 드러내며, 또 다른 나비들은 날개를 일부만 펼쳐 어두운 색의 몸을 노출합니다.

다음으로 겨울 내내 머무는 곤충을 살펴보겠습니다. 여기 이 파리 종처럼 이들 곤충 중 다수는 환경과 함께 얼어붙는 방식으로 겨울을 납니다. 이 파리는 몸의 수분 대부분을 얼려 섭씨 영하 60도까지의 기온을 견딜 수 있습니다. 얼음 결정이 세포를 파괴할 수 있기 때문에 세포 밖의 수분은 얼게 됩니다. 그러나 몸의 중심부는 장기에 포함된 특별한 화학 물질 때문에 얼지 않습니다. 여름이 돌아오면 파리는 주변의 얼음과 함께 녹습니다.

어휘 pole **n** 극(지방) | harsh **adj** 가혹한, 냉혹한 | survival **n** 생존 | overwhelming **adj** 압도적인 | majority **n** 대다수 | the Arctic 북극 지방 | document **v** 기록하다 | migrate **v** 이주하다 | adapt **v** (상황에) 맞추다, 적응하다 | cope **v** 대처하다 | settle **v** 자리를 잡다, 앉다 | bask **v** (햇볕을) 쬐다 | face **v** 마주하다 | light **v** 빛을 비추다 (과거, 과거분사: lit) | particularly **adv** 특히 | expose **v** 노출하다 | reveal **v** 드러내다 | freeze **v** 얼다 | withstand **v** 견뎌내다 | destroy **v** 파괴하다 | chemical **n** 화학 물질 | contain **v** 포함하다 | organ **n** 장기 | thaw **v** 녹다

노트 정리 예시

주제 insects live in the Arctic area — the way they adapted
    1. butterflies: sunlight → sit on dark plant, reveal dark parts of body
    2. fly: freeze itself in winter → thaw when summer comes

북극 지역에 사는 곤충들 — 그들이 적응한 방식
1. 나비: 햇빛 → 어두운 색 식물에 앉음, 몸의 어두운 색 부분을 드러냄
2. 파리: 겨울에 스스로 얼어붙음 → 여름이 오면 녹음

▶ **Question 1: What is the main idea of the lecture?**

▶ **Question 2: What are the two adaptations that insects in the Arctic area show?**

강의의 주제는 무엇인가?

북극 지역 곤충들이 보여주는 2가지 적응 행동은 무엇인가?

예시 답변

1. The professor talks about insects that live in the Arctic area and how they have adapted to the climate there.
2. He talks about butterflies that utilize sunlight and the fly that freezes itself.

1. 교수는 북극 지역에 사는 곤충과 그들이 그곳의 기후에 적응한 방식에 대해 이야기한다.
2. 교수는 햇빛을 이용하는 나비와 자기 몸을 얼리는 파리에 관해 말한다.

08

듣기 지문&해석

M When animals form groups, they compete for status within those groups. The highest-ranking animals in any group get first choice of food and water, shelter, and mates. Naturally, only one animal can be at the very top, so each animal must determine its status within the group. The process by which this is achieved varies somewhat, but it typically takes two forms that can easily be observed in birds.

The most obvious way that animals determine rank is

남 동물들은 무리를 지을 때 무리 안에서의 지위를 놓고 경쟁합니다. 어느 무리에서나 가장 높은 지위의 동물들은 먹이와 물, 주거지, 그리고 짝에 있어서 우선 선택권을 가집니다. 당연히 오직 한 동물만이 최고가 될 수 있으므로 각 동물은 무리 내에서 자신의 지위를 정해야만 합니다. 이것을 해내는 과정은 어느 정도 다양하지만, 새들의 경우 흔히 두 가지 형태로 쉽게 관찰됩니다.

through aggression, and that often means actual fighting. Let's say that two birds want to eat the same seeds. Instead of sharing them, they will fight. For many birds, this means that they will peck each other with their beaks. They will keep doing this until one animal quits and runs or flies away. Then, the winner will eat as much of the seeds as it wants. This occurs throughout the group until each bird has established its rank. This creates what is called a "pecking order." When they interact in the future, each bird may peck the ones below it, and it will allow the birds that are above it to treat it in the same way.

However, not every animal has to lose a fight to decide how it ranks compared to another animal. Instead, they will often guess. A bird may watch two other birds fight and decide that one or both of them would probably beat it in a fight. In that case, it will not even try to attack the other birds. That bird will let the others peck it rather than challenge them. This allows the bird to establish its rank without being injured.

동물들이 지위를 결정하는 가장 명확한 방법은 공격을 통한 것인데, 이는 종종 실제로 싸우는 것을 의미합니다. 두 마리의 새가 같은 씨앗을 먹고 싶어 한다고 가정하죠. 씨앗을 나누는 대신 새들은 싸울 겁니다. 많은 새들에게 이는 부리로 서로를 쫀다는 뜻입니다. 한쪽이 포기하고 도망가거나 날아갈 때까지 계속합니다. 그러고 나면 승자는 원하는 만큼의 씨앗을 먹습니다. 이는 각 새의 지위가 정해질 때까지 무리 전체에서 행해집니다. 이는 '쪼기 순서'라는 것을 만듭니다. 이후에 서로 교류하게 되면 각 새는 자기 밑에 있는 새들을 쪼고, 자기보다 위에 있는 새가 똑같이 하게 둡니다.

그러나 모든 동물이 다른 동물과 비교해 자신의 위치를 정하기 위해 싸움에서 져야 하는 것은 아닙니다. 대신 종종 추측을 합니다. 어떤 새는 다른 두 새가 싸우는 것을 보고 그 둘 중 하나 또는 두 마리 모두 자신을 이길 것이라고 판단합니다. 그러할 경우 그 새는 다른 새들을 공격할 시도조차 하지 않습니다. 그들에게 도전하기보다 자신을 쪼게 둡니다. 이는 그 새가 다치지 않고 자신의 위치를 정하게 해줍니다.

어휘 compete ⓥ 경쟁하다 I status ⓝ 지위, 신분 I shelter ⓝ 은신처, 주거지 I mate ⓝ 짝 I naturally 🇦🇩🇻 당연히, 자연스럽게 I determine ⓥ 정하다 I achieve ⓥ 달성하다, 해내다 I vary ⓥ 여러 가지이다, 다르다 I observe ⓥ 관찰하다 I aggression ⓝ 공격, 공격성 I peck ⓥ 쪼다 I beak ⓝ 부리 I quit ⓥ 그만두다 I occur ⓥ 발생하다, 일어나다 I establish ⓥ 수립하다 I interact ⓥ 교류하다 I attack ⓥ 공격하다 I challenge ⓥ 도전하다, 이의를 제기하다 I be injured 상처를 입다, 다치다

노트 정리 예시

주제 animals that live in groups — how to set a status?
　　1. fight
　　2. assume

무리 생활을 하는 동물들 — 지위를 정하는 방법?
1. 싸우기
2. 추측하기

▶ Question 1: What is the main idea of the lecture?
▶ Question 2: What are the two ways that a bird sets a status within a group?

강의의 주제는 무엇인가?
새가 무리 내에서 지위를 정하는 2가지 방법은 무엇인가?

예시 답변

1. The main idea of the lecture is how animals set a status within a group.
2. There are two ways, which are fighting and assuming.

1. 강의의 주제는 동물들이 무리 내에서 지위를 정하는 방식이다.
2. 여기에는 싸우는 것과 추측하는 것 두 가지 방법이 있다.

Lesson 03 정리해서 말하기

Practice 1

본서 I P. 152

01

Now listen to part of a lecture in an anthropology class.

이제 인류학 강의의 일부를 들으시오.

듣기 지문&해석

W Today, let's talk about one of the important concepts in anthropology, which is called cultural diffusion. As you all know, whenever groups of people come into contact, as they have throughout recorded history, they're bound to influence each other. And aspects of culture such as behaviors, ideas, materials, technology spread from one society to another. When a group or members of a group are exposed to the new culture; they adopt some aspects of that culture, and, from there, it spreads to the rest of their society.

Paper is a good example of cultural diffusion. It was originally developed by the Chinese in the second century BCE. At that time, other societies were writing on other materials, like papyrus or bamboo, but those were not as practical as paper made from wood pulp. So, as countries learned about it and learned how to make it, it spread quickly from China to Korea, and then to Japan. Later, it spread to the Middle East and India, and then, it spread to the West. I mean, this was very important technology, and it made a huge impact on all of the cultures that adopted it. Another example of cultural diffusion is acupuncture. As a part of medical procedure, the Chinese have been using needles to treat illnesses for thousands of years. During the procedure, various sizes of needles, typically made of stainless steel, are inserted into different parts of the human body. This technique is especially well known for its effectiveness in treating certain medical problems, such as headaches or chronic pain. So these techniques have spread throughout Asia and are widely used. Since about the 1940s, many western countries have begun to adopt Chinese acupuncture. It's obviously gaining much more acceptance in many countries nowadays, but Westerners still haven't really accepted the exact traditional Asian medical system because it is so different from the Western system.

예 오늘은 인류학에서 중요한 개념 중 하나인 문화 확산이라고 불리는 것에 관해 이야기하도록 합시다. 여러분 모두 알다시피, 기록된 역사를 통해 늘 그래왔듯이 사람들의 집단은 접촉을 할 때마다 반드시 서로에게 영향을 미치게 됩니다. 이 과정에서 행동과 생각, 물질, 기술과 같은 문화의 측면들은 한 사회에서 다른 사회로 퍼져나가게 됩니다. 집단이나 집단의 구성원들이 새로운 문화에 노출되면 그들은 그 문화의 일부 측면을 받아들이게 되고, 거기서부터 그 문화는 그 사회의 나머지 부분으로 퍼집니다.

종이는 문화 확산의 좋은 예입니다. 종이는 기원전 2세기에 중국인들이 처음으로 개발했습니다. 그 당시 다른 사회에서는 파피루스나 대나무 같은 다른 재료에 글을 썼지만 그것들은 목재 펄프로 만든 종이만큼 실용적이지 않았습니다. 그래서 여러 나라들이 종이에 대해 알게 되고 종이를 만드는 방법을 배우게 되자 종이는 중국에서 한국으로, 그리고 일본으로 빠르게 퍼져나갔습니다. 그 뒤 종이는 중동과 인도로 퍼져나간 다음 서양으로 퍼져나갔습니다. 종이는 아주 중요한 기술이었고, 종이를 받아들인 모든 문화에 아주 큰 영향을 주었습니다.

문화 확산의 다른 예는 침술입니다. 의료 방법의 일환으로 중국인들은 수천 년 동안 병을 치료하기 위해 바늘을 사용했습니다. 시술하는 동안 주로 스테인리스 강철로 만들어진 다양한 크기의 바늘이 몸의 다양한 부분에 삽입됩니다. 이 기술은 특히 두통이나 만성적인 통증 같은 질환을 치료하는 데 아주 효과적인 것으로 유명합니다. 그래서 이 기술은 아시아 전역으로 퍼져나갔고, 널리 사용되고 있습니다. 1940년대쯤부터 서양의 많은 나라들은 중국의 침술을 받아들이기 시작했습니다. 분명 요즘은 많은 나라에서 침술이 훨씬 더 많이 받아들여지고 있지만, 서양인들은 여전히 아시아의 전통적인 의료 체계 그대로를 실질적으로 수용하지는 않고 있는데, 그것이 서양의 체계와 너무 다르기 때문입니다.

어휘 anthropology ⋂ 인류학 I cultural diffusion 문화 확산 I come into contact 접촉하다 I recorded history 기록된 역사 I be bound to ~할 수밖에 없다 I aspect ⋂ 면, 양상 I spread ⋁ 퍼지다 I be exposed to ~에 노출되다 I adopt ⋁ 채택하다 I BCE (before the Common Era) 기원전 I bamboo ⋂ 대나무 I wood pulp 목재 펄프 I make an impact on ~에 영향을 미치다 I acupuncture ⋂ 침술 I medical procedure 의료 절차 | needle n 바늘 | treat v 치료하다 | illness n 질병 | stainless adj 녹슬지 않는, 스테인리스로 만든 | insert v 삽입하다 | well known 잘 알려진 | effectiveness n 효과 | chronic adj 만성적인 | widely adv 널리 | obviously adv 분명히 | gain acceptance 받아들이다 | nowadays adv 요즘

주제 cultural diffusion: adopt new culture → spread	문화 확산: 새로운 문화 받아들임 → 전파
예시 1. paper 　　 - origin: China → Asian countries → Middle East & India → West 　　 2. acupuncture 　　 - origin: China → Asian countries → West	1. 종이 　 – 기원: 중국 → 아시아 국가들 → 중동과 인도 → 서양 2. 침술 　 – 기원: 중국 → 아시아 국가들 → 서양

02

Now listen to part of a lecture in a biology class.

이제 생물학 강의의 일부를 들으시오.

Ⓜ Last week in class, we covered how beneficial trees can be for the planet, and we also discovered some of the economic benefits of forests. Today, I'd particularly like to talk about the benefits of urban forests. Most of us are already well aware of the great advantage of trees in cities because they obviously provide us with shade and beautify the landscape. Well, these are, of course, great benefits, but they offer more than that. And, I'd like to talk about two of them.

One great benefit of the trees is absorbing many pollutants in the atmosphere of the cities. Among the many pollutants commonly found in the cities, trees can particularly remove much of the carbon dioxide. And since carbon dioxide is considered a direct cause of global warming and causes a lot of damage to the Earth as well as humans, I'd have to say that trees in urban areas play an extremely important role. Trees naturally require a significant amount of carbon dioxide for their survival and generate a great amount of oxygen in return. Therefore, cities can maintain fairly clean air even though there is a significant amount of harmful gases produced every day.

The other benefit of trees in urban spaces is that they help control the water flow. Trees help reduce urban runoff and erosion by storing water and breaking the force of rain as it falls. When it rains, it's easier for cities to be flooded. Since many of their structures are made of concrete and steel, they cannot absorb water at all. So, controlling the amount and rate of rainfall at a mild level is extremely important to the cities. But thanks to the trees, the runoff on the city surfaces can be controlled and moves at a much slower pace because rain falls on the leaves of trees first before it reaches the ground. And after the rain reaches the ground,

Ⓗ 지난주 수업에서 우리는 나무가 지구에 얼마나 이로울 수 있는지에 대해서 다뤘고, 또한 산림의 몇몇 경제적 이점에 대해 배웠습니다. 오늘은 특별히 도시 산림의 이점에 대해 말하려고 합니다. 우리 대부분은 이미 도시에서 나무가 갖는 커다란 이점을 잘 알고 있습니다. 우리에게 그늘을 제공하고 주변 풍경을 아름답게 하기 때문이죠. 물론 이러한 것들도 큰 이점이긴 합니다만 나무는 그 이상을 제공합니다. 그 중 두 개를 이야기하겠습니다.

나무의 큰 이점 하나는 도시의 대기에서 많은 오염원을 흡수하는 것입니다. 도시에서 주로 발견되는 많은 오염원 중에서도 나무는 특히 다량의 이산화탄소를 제거할 수 있습니다. 이산화탄소는 지구 온난화의 직접적인 원인으로 여겨지며 인간뿐 아니라 지구에 많은 피해를 끼치기 때문에 도심지의 나무가 극히 중요한 역할을 한다고 할 수 있죠. 나무는 생존을 위해 자연적으로 상당한 양의 이산화탄소를 필요로 하고, 대신 엄청난 양의 산소를 발생시킵니다. 그러므로 매일 상당한 양의 해로운 기체가 생산됨에도 불구하고 도시는 꽤나 깨끗한 공기를 유지할 수 있는 겁니다.

도시 지역에서 나무의 또 다른 이점은 유수를 조절하는 데 도움을 준다는 겁니다. 나무는 물을 저장하고 빗물이 떨어지는 힘을 약화시켜 도시 지역의 유수와 침식을 줄입니다. 비가 오면 도시는 홍수가 나기 쉽습니다. 많은 건물들이 콘크리트와 강철로 만들어졌기 때문에 물을 전혀 흡수하지 못합니다. 그래서 강수량과 강수 비율을 약하게 조절하는 것이 도시에 특히 중요합니다. 하지만 나무 덕분에 도시 지면에 흐르는 빗물이 조절되고 훨씬 더 느린 속도로 흐르는 거죠. 비가 지

the water flow can be controlled once again because the roots of the trees absorb and hold on to much of the water naturally absorbed by the ground. Due to their major roles in controlling pollution and water flow, many cities are investing in planting more trees.

면에 떨어지기 전에 나무의 잎에 먼저 떨어지기 때문입니다. 그리고 빗물이 지면에 떨어지고 나면 유수는 다시 한 번 조절될 수 있는데, 이는 나무의 뿌리가 땅에 자연스럽게 흡수된 물의 상당량을 흡수하고 저장하기 때문입니다. 오염과 물의 흐름을 조절하는 나무의 중요한 역할 때문에 많은 도시들이 더 많은 나무를 심는 데 투자하고 있습니다.

어휘 beneficial **adj** 이로운, 유익한 ǀ urban **adj** 도시의 ǀ a great advantage 커다란 이점 ǀ shade **n** 그늘 ǀ beautify **v** 아름답게 하다 ǀ landscape **n** 풍경 ǀ pollutant **n** 오염원 ǀ atmosphere **n** 대기 ǀ carbon dioxide 이산화탄소 ǀ direct **adj** 직접적인 ǀ cause **n** 원인 ǀ generate **v** 생성하다 ǀ oxygen **n** 산소 ǀ in return 대신에 ǀ water flow 유수 ǀ runoff **n** 유수, 땅 위로 흐르는 물 ǀ erosion **n** 침식 ǀ store **v** 저장하다 ǀ break the force 힘을 약화시키다 ǀ flood **n** 홍수 **v** 홍수가 나다, 범람하다 ǀ absorb **v** 흡수하다 ǀ mild **adj** 약한, 가벼운, 온화한 ǀ extremely **adv** 아주 ǀ ground **n** 지표면 ǀ hold on to 계속 보유하다, 꽉 잡다, 지키다 ǀ invest **v** 투자하다

노트 정리 예시

주제 benefits of trees in cities	도시에 있는 나무의 이점
예시 1. absorb pollutants 　　　- esp. carbon dioxide → generate oxygen 　　2. control water flow 　　　- runoff on city surface → reach tree first before falling 　　　　on the ground & roots of the trees absorb water	1. 오염원을 흡수함 　- 특히 이산화탄소 → 산소를 발생시킴 2. 유수를 조절함 　- 도시 지면에 흐르는 빗물 → 땅에 떨어지기 전에 　　나무에 먼저 도달함 & 나무 뿌리가 물을 흡수함

03

Listen to part of a lecture in a business class.

이제 경영학 강의의 일부를 들으시오.

듣기 지문&해석

W When a consumer has to choose between two products, what factors influence the decision? If the purchaser has to select between two products that cost the same, which one do you think he will buy? It is most likely that the purchasers will choose the higher quality product since the price is identical. But what does it mean for a product to be considered high-quality? Business analysts lay out two major factors for quality: reliability and features.

Reliability is described as the quality of well-functioning products that last for a reasonable period of time without needing repairs. For example, if a car or any other vehicle does not function as well as expected by consumers and needs repairs too soon, the product can be defined as unreliable. So, it used to be that the reliability of a product was the key deciding factor in a consumers' purchase. I mean, don't get me wrong: the reliability is still an important factor these days, but because of the high standards of manufacturing lines in many countries, almost all vehicles are considered highly reliable and are often warranted for a substantial amount of time by their current manufacturers. So, if the reliability is not the deciding factor anymore,

여 소비자가 두 가지 상품 중 선택을 해야 할 때 결정에 영향을 미치는 요인이 무엇일까요? 만약 가격이 같은 두 가지 상품 중 구매자가 선택을 해야 한다면 어떤 것을 구입할 거라고 생각하나요? 가격이 동일하기 때문에 품질이 더 좋은 상품을 선택할 가능성이 높겠죠. 하지만 제품이 고품질로 여겨진다는 게 무슨 의미일까요? 경영 분석가들은 품질에 관한 두 가지 주요 요인을 제시합니다. 신뢰성과 특성입니다.

신뢰성은 수리할 필요 없이 합리적인 기간 동안 잘 기능하는 제품의 품질이라고 묘사됩니다. 예를 들어, 만약 자동차나 다른 어떤 차량이 소비자가 기대하는 것만큼 잘 작동하지 않고, 너무 금세 수리를 필요로 한다면 이 제품은 신뢰할 수 없다고 정의될 수 있죠. 그래서 제품의 신뢰성이야말로 소비자의 구매에 결정적인 요인이 되곤 했습니다. 오해하진 마세요, 신뢰성은 오늘날에도 여전히 중요한 요소지만, 많은 나라의 제조 라인이 높은 기준을 갖고 있기 때문에 거의 모든 차량들은 매우 신뢰할 수 있는 것으로 여겨지며, 현재 제조사가 상당히 오랜 기간 동안 품질 보증을 합니다.

what is it then? Features! The extra features that make the car more special and fancy are the ones that consumers consider these days. The extra features may not be necessary for the product to be used, but they have become essential for consumerism. Examples of features include but are not limited to remote keyless entry, a sunroof, air conditioning, built-in GPS navigation, a rear-seat DVD player, and mp3 compatible stereos. Since reliability is guaranteed pretty much equally with high manufacturing standards across the world, people review features when comparing products. This is why manufacturers today provide various features when releasing new lines of products.

그래서 만약 신뢰성이 더 이상 결정적 요인이 아니라면 무엇이 결정적 요인일까요? 특성입니다! 차를 더 특별하고 멋지게 하는 추가 특성들이야 말로 요즘 소비자들이 고려하는 것이죠. 이러한 추가적 특성들은 제품을 사용하는 데 필수적인 것은 아닐지 모르지만 소비에는 필수적인 것이 되었습니다. 특성의 예에는 차량 원격 조종 장치, 선루프, 에어컨, 내장형 GPS 내비게이션, 뒷좌석 DVD 플레이어, 그리고 mp3 호환 스테레오가 포함되며, 이뿐만이 아닙니다. 신뢰성은 세계 전역에서 높은 제조 기준으로 거의 동일하게 보장되므로 사람들은 제품을 비교할 때 특성을 살피죠. 그래서 오늘날 제조사들은 새 제품 라인을 출시할 때 다양한 특성을 제공합니다.

어휘   purchaser **n** 구매자 ㅣ it is likely that ~할 것 같다 ㅣ identical **adj** 동일한 ㅣ analyst **n** 분석가 ㅣ lay out 펼치다 ㅣ reliability **n** 신뢰성 ㅣ feature **n** 특징 ㅣ well-functioning **adj** 기능을 잘하는 ㅣ reasonable **adj** 합리적인, 적당한 ㅣ vehicle **n** 차량, 탈것 ㅣ define **v** 정의하다 ㅣ deciding factor 결정적인 요인 ㅣ high standard 높은 기준 ㅣ manufacturing line 제조 라인 ㅣ substantial amount of time 상당한 시간 ㅣ consumerism **n** 소비, 소비지상주의 ㅣ remote keyless entry 차량 원격 조종 장치(열쇠 없이 차 문을 원격으로 열고 닫을 수 있는 시스템) ㅣ sunroof **n** 선루프(자동차의 개폐식 지붕) ㅣ rear **adj** 뒤의, 후방의 ㅣ compatible **adj** 호환이 되는 ㅣ across the world 전 세계에

노트 정리 예시

주제 purchasing a product → what influences the decision?

예시 1. reliability
     - function well, last long: cars
   2. features
     - more important than reliability
     - many features of cars

상품 구매하기 → 결정에 영향을 미치는 것은 무엇인가?

1. 신뢰성
   − 잘 작동하고, 오래감: 자동차
2. 특성
   − 신뢰성보다 더 중요함
   − 차의 다양한 특성들

04

Listen to part of a lecture in a zoology class.

이제 동물학 강의의 일부를 들으시오.

듣기 지문&해석

M Researchers once thought that only human beings used tools. In fact, that was an important characteristic particular to humans—something that made us different from animals and distinguished our behavior as intelligent. But more recently, this idea has changed. Since in the early 1960s, researchers have observed animals using tools as well. So, that has really challenged the way we think of ourselves as distinct from animals, or at least unique in terms of our intelligence. However, it's very important how we define "tool" in this context. We can talk about two different types of definitions: a broad definition and a narrow definition.
First, according to the broad definition, a tool can be anything that is used to perform a task. Its shape doesn't have to be changed or transformed under this definition. Let me give you an example. When elephants feel their

남 학자들은 한때 인간만 도구를 사용한다고 생각했습니다. 사실 이 점은 인간에게 특별히 나타나는 중요한 특징으로서, 인간을 동물과 다르게 만들어주었고 사람의 행동이 지능적인 특징을 갖게 해주었습니다. 하지만 최근에 이러한 생각이 바뀌었습니다. 1960년대 초부터 학자들은 마찬가지로 도구를 사용하는 동물들을 관찰했습니다. 그래서 우리 스스로가 동물과 구별된다는 생각, 혹은 최소한 지능이라는 점에서는 유일무이하다는 생각에 이의가 제기되었습니다. 그러나 이 맥락에서 '도구'를 어떻게 정의하느냐가 아주 중요합니다. 넓은 정의와 좁은 정의, 두 종류로 말할 수 있습니다.
먼저 넓은 의미로 볼 때 도구는 어떤 일을 수행할 때 사용되는 어떤 것이든 될 수 있습니다. 이 정

backs are itchy, they sometimes find and pick up branches and use them to scratch their backs. So, in this case, even though there isn't any change in or transformation of the object, it can still be said that elephants exhibit tool use because they use the branches as tools to perform the task of scratching their backs.

By the narrow definition, though, a tool is something from the environment that is changed or adapted in order to perform a task. That is, a tool is something that is made and transformed for a purpose. But, surprisingly, there are a few animals that exhibit tool use even according to this narrow definition. Chimps have been seen stripping the leaves off of branches to make tools for catching termites. Sometimes they even chew the end to make it narrower so it can fit inside the opening of the termites' nest. They're adapting something that they've found in their environment for a specific use, and that is clearly tool use. Most researchers feel that it shows they have some form of intelligence.

의에 따르면 도구의 형태는 변화하거나 변형될 필요가 없습니다. 예시를 드리겠습니다. 코끼리는 등이 가렵고 느낄 때 때로 나뭇가지를 찾아 집어 들고 등을 긁는 데 사용합니다. 그러므로 이 경우 도구에 어떠한 변화나 변형이 없지만 등을 긁는 일에 사용하는 도구로 나뭇가지를 썼기 때문에 여전히 코끼리도 도구를 사용한다고 말할 수 있습니다.

하지만 좁은 의미에서 보면 도구는 주변 환경으로부터 가져와서 어떤 일을 수행하기 위해 변형되거나 개조된 것입니다. 즉, 도구는 어떠한 목적으로 만들어지거나 변형된 것입니다. 그러나 놀랍게도 이 좁은 개념을 따르더라도 도구 사용을 보여주는 몇몇 동물들이 있습니다. 침팬지는 나뭇가지에서 잎을 떨어뜨려 흰개미를 잡는 도구를 만듭니다. 심지어 나뭇가지 끝을 씹어서 흰개미 집의 입구에 집어넣기 알맞도록 더 가늘게 만들기도 합니다. 그들이 특정 용도를 위해 주변 환경에서 찾은 무언가를 변형했기에 이는 분명히 도구 사용입니다. 대부분의 학자들은 이러한 도구 사용이야말로 침팬지에게 지능이 있음을 보여준다고 생각합니다.

어휘   characteristic **n** 특징 | distinguish **v** 구별하다, 구분하다 | observe **v** 관찰하다 | the way we think of ~를 생각하는 방식 | distinct **adj** 뚜렷한, 구분이 되는 | unique **adj** 독특한 | in terms of ~라는 점에서 | intelligence **n** 지능 | context **n** 상황, 맥락 | definition **n** 정의 | transform **v** 변형시키다 | itchy **adj** 가려운 | pick up 줍다 | branch **n** 나뭇가지 | scratch **v** 긁다 | in this case 이 경우에 | exhibit **v** 보여주다 | tool use 도구 사용 | perform **v** 수행하다 | adapt **v** 개조하다, 적응하다 | strip off ~을 벗기다 | termite **n** 흰개미 | chew **v** 씹다 | fit **v** ~에 맞추다

노트 정리 예시

주제 tool use of animals	동물의 도구 사용

예시 1. broad definition: adaptation X
     - elephants: use a branch to scratch
2. narrow definition: adaptation O
     - chimps: use a branch to catch termites
	1. 넓은 정의: 개조 X
	     − 코끼리: 긁는 데 나뭇가지를 사용함
	2. 좁은 정의: 개조 O
	     − 침팬지: 흰개미를 잡기 위해 나뭇가지를 사용함

Practice 2

본서 | P. 154

01

Now listen to part of a lecture in a psychology class.

이제 심리학 강의의 일부를 들으시오.

듣기 지문&해석

W Today, I'd like to focus on how babies develop an emotional attachment to their mothers. As you all know, developing an emotional attachment in infancy is really important for one's life because it determines the social and emotional development of that person. Then, how does a baby

여 오늘은 어떻게 아기들이 엄마에게 감정적 애착을 갖게 되는지에 초점을 맞춰보겠습니다. 여러분들도 모두 아시다시피 유아기에 감정적 애착을 발달시키는 것은 한 사람의 사회적, 정서적 발달을 결정하기 때문에 그 사람의 인생에 정말 중요한

develop this attachment bond with its caregiver?

It is a pretty well-known fact that babies have an emotional attachment to their mother, who feeds them. People have usually thought that the most essential factor in the creation of this emotional relationship and sense of attachment is the act of feeding. So, it has been thought that babies become attached to whoever feeds them. However, a study has shown that babies actually respond more to the warm and loving touch rather than the food itself. This has implications for emotional development in raising children, showing the importance for children to bond with parents through touch.

Now let's look at the experiment that was conducted during the study in more detail. The research involved an experiment using monkeys as subjects. In this experiment, baby monkeys were divided into groups, and the researchers observed how these monkeys responded. They basically placed two different replacement mothers among the monkeys. One of the fake mothers was made from soft material while the other was bare, made only from metal wire, but both mothers contained food. The researchers let the baby monkeys play without any instruction or guidance. Interestingly, during the experiment, the researchers found that monkeys preferred to spend time with the soft cloth mother rather than the bare metal wire mother. Even when the bare metal wire mother contained more food, the baby monkeys responded in the same way and spent more time with the soft material mother. Thus, it was shown that the baby monkeys favored touch over food.

This was an important study as it showed for the first time that baby monkeys are not only interested in food. Rather, they are attracted by touch and warmth. With this experiment, many child psychologists concluded that babies are more attracted to a warm, loving touch than food or the action of feeding, and develop special bonds with their mothers through touch.

일입니다. 그렇다면 어떻게 아기는 돌보는 사람과 이런 애착 관계를 갖게 될까요?

아기가 자신에게 젖을 주는 엄마에게 감정적 애착을 가지고 있다는 것은 잘 알려진 사실입니다. 사람들은 보통 이러한 감정적 관계와 애착심 생성에 가장 중요한 요소는 젖을 주는 행위라고 생각해 왔습니다. 그래서 아기들이 젖을 주는 사람이면 누구든 애착을 갖게 된다고 생각해 왔습니다. 하지만 한 연구 결과가 아기는 실제로 음식 자체보다 따뜻하고 애정이 깃든 접촉에 반응한다는 것을 보여주었습니다. 이것은 아이 양육에서 감정 발달에 영향을 미치며, 아이들이 촉감을 통해 부모와 결속되는 것의 중요성을 보여줍니다.

이제 그 연구 중 수행한 실험을 더 자세히 살펴봅시다. 연구에는 원숭이를 대상으로 한 실험이 포함되었습니다. 이 실험에서 새끼 원숭이들을 그룹으로 나누고 연구자들은 이들이 어떻게 반응하는지 관찰했습니다. 연구원들은 기본적으로 두 개의 대체 어미 원숭이를 원숭이들 사이에 두었습니다. 가짜 어미 원숭이 하나는 부드러운 재료로 만들어졌고 다른 하나는 옷을 입히지 않은 철사로만 만들어졌지만 두 어미 모두 먹이를 갖고 있었습니다. 연구원들은 새끼 원숭이들에게 아무런 지시나 지도를 하지 않고 놀게 두었습니다. 흥미롭게도 실험 동안 학자들은 원숭이들이 옷을 입히지 않은 철사 어미보다 부드러운 천으로 된 어미와 더 많은 시간을 보낸다는 사실을 알게되었습니다. 심지어 옷을 입히지 않은 철사 어미에게 더 많은 음식이 있을 때도 새끼 원숭이들은 같은 방식으로 반응했고 부드러운 천으로 된 어미와 더 많은 시간을 보냈습니다. 따라서 새끼 원숭이들이 먹이보다 촉감을 더 선호한다는 점이 드러났습니다.

이 연구는 새끼 원숭이들이 먹이에만 흥미가 있는 것이 아니라는 점을 처음으로 보여주었기 때문에 중요한 연구였습니다. 오히려 원숭이들은 촉감과 따뜻함에 더 끌렸습니다. 이 실험으로 많은 아동 심리학자들이 아기들은 음식이나 음식을 먹여주는 행동보다는 따뜻하고 애정 있는 촉감에 더 끌리며, 촉감을 통해 엄마들과 특별한 유대감을 발전시킨다는 결론을 내렸습니다.

Q4 / Integrated Task

어휘 emotional attachment 감정적 애착 | infancy ⓝ 유아기 | bond ⓝ 유대, 결속 | caregiver ⓝ 돌보는 사람 | feed ⓥ 먹이다 | sense of attachment 애착심 | implication ⓝ 암시 | bond with 유대 관계를 형성하다 | conduct ⓥ (실험 등을) 수행하다 | in detail 상세히 | involve ⓥ 포함하다 | subject ⓝ (실험) 대상, 주제 | place ⓥ 두다 | replacement ⓝ 대체(물) | fake adj 가짜의 | bare adj 헐벗은 | metal wire 철사 | contain ⓥ 가지다 | instruction ⓝ 지시 | guidance ⓝ 안내, 지도 | favor ⓥ 호의를 가지다 | child psychologist 아동 심리학자

노트 정리 예시

주제 emotional attachment	감정적 애착

Using points and examples from the lecture, explain how warm touch is related to creating parent-child bonds based on the experiment.

강의에서 주어진 요점과 예시를 이용하여 따뜻한 촉감이 부모 자식 간 유대 관계 형성과 어떻게 관련되어 있는지 실험에 근거하여 설명하시오.

The lecture deals with emotional attachment as illustrated by an experiment that was conducted using monkeys.

Two groups of baby monkeys were exposed to two replacement mothers, one made of a soft material, the other made of bare metal wire. Both mothers contained food and were able to feed the babies. The experiment showed that the babies preferred to spend time with the soft mother rather than the metal mother.

According to the professor, this shows that the baby monkeys were not only attracted by food but that they also craved touch and warmth. So, it can be concluded that warmth and softness and not food alone contribute to the creation of bond attachment between monkey mothers and babies, and perhaps, therefore, in humans too.

강의는 원숭이를 이용한 실험으로 설명된 감정적 애착을 다룬다.

두 그룹의 새끼 원숭이들이 두 마리의 대체 어미에게 노출되었는데, 한 마리는 부드러운 재료로 만들어졌고, 다른 한 마리는 옷을 입히지 않은 철사로 만들어졌다. 두 어미 모두 먹이를 갖고 있었고 새끼들에게 먹이를 줄 수 있었다. 이 실험은 새끼들이 금속 어미보다 부드러운 어미와 시간을 보내는 것을 더 좋아한다는 것을 보여주었다.

교수에 따르면, 이것은 새끼 원숭이들이 먹이에만 이끌린 게 아니라, 촉감과 따뜻함을 갈망했다는 것을 보여준다. 그래서 먹이뿐만 아니라 따뜻함과 부드러움이 원숭이 어미들과 새끼들 사이의 유대감 형성에 영향을 주며, 그리고 아마도 인간에게도 영향을 미친다고 결론지을 수 있다.

02

Now listen to part of a lecture in a psychology class.

이제 심리학 강의의 일부를 들으시오.

M Scientists have recently learned an interesting thing about the intellectual abilities of babies. They believe that children as young as five months old acquire basic arithmetic comprehension such as addition. There is, in fact, evidence of babies recognizing that one plus one equals two and not one. Obviously, we came to this conclusion from an observational study because of the limitations of babies to communicate verbally.

So, let me explain this with one experiment... um... An experiment was conducted in which a doll was presented on a table for the baby to see. After a few moments, the researcher placed a screen in front of the doll so that there was a barrier between the baby and the doll. The baby could no longer see the doll but could sense that there was a doll behind the screen. Well, with the baby watching, the researcher placed a second doll behind the screen

여 과학자들은 최근 아기들의 지적 능력에 관해 재미있는 점을 발견했습니다. 이들은 생후 5개월밖에 안 된 아기가 덧셈 같은 기본적인 계산 능력을 습득할 수 있다고 생각합니다. 그리고 실제로 아기들이 1 더하기 1이 1이 아니라 2라는 것을 인지한다는 증거가 있습니다. 분명히 아기는 언어로 소통하는 것에 한계가 있기 때문에 관찰 연구를 통해 이 결론에 도달했습니다.

자, 그럼 이것을 하나의 실험을 가지고 설명하겠습니다… 음… 한 실험에서는 탁자 위에 아기가 볼 수 있도록 인형을 한 개 놓고 실험을 진행했습니다. 잠시 후에 연구자는 그 인형 앞에 가리개를 두어 아기와 인형 사이에 장애물이 있도록 만들었습니다. 그 아기는 더 이상 인형을 볼 수 없었으나 가리개 뒤에 인형이 있다는 것은 알 수 있었습니다. 아기가 보고 있을 때 연구자는 두 번째

resulting in what should have been a total of two dolls. But the researcher took one away secretly.

Then the researcher removed the screen so that the baby could see the doll again. Not knowing that the researcher has secretly taken away one of the dolls, the baby expected to see two dolls. However, since what the baby saw was not two but only one, the baby was very surprised. Well, the surprised reaction of the baby was analyzed based on its eye movements.

Generally, when a baby is surprised by something such as a loud bang or sudden flash of lights, it focuses on the source of the surprise by staring at it. And in the experiment, the baby did exactly the same thing. Since the number of dolls that the baby saw was different from what it had expected, the baby stared at the table. And this experiment indicates that babies are, in fact, able to count to this basic number.

인형을 가리개 뒤에 두어 인형이 전부 두 개가 되도록 만들었습니다. 하지만 연구자는 몰래 하나를 치웠어요.

그런 다음 연구자는 가리개를 치워 아기가 인형을 다시 볼 수 있게 했습니다. 연구자가 몰래 인형 하나를 치운 줄 몰랐던 아기는 두 개의 인형을 볼 것으로 예상했습니다. 하지만 아기가 본 것은 두 개가 아니라 하나였기에 아기는 매우 놀랐습니다. 음, 아기의 놀란 반응은 눈 움직임에 기반하여 분석했습니다.

일반적으로 아기는 큰 소리나 갑작스러운 섬광 같은 것에 놀랐을 때 그것을 계속 응시함으로써 놀라게 한 근원에 집중합니다. 그리고 이 실험에서 아기는 정확히 그렇게 했습니다. 아기가 보았던 인형의 숫자가 기대했던 것과 달랐기 때문에 탁자를 응시했던 것입니다. 이 실험은 사실 아기들이 기본적인 계산을 할 수 있다는 것을 보여줍니다.

어휘 | acquire ⓥ 습득하다 I arithmetic ⓝ 산수, 계산 I comprehension ⓝ 이해 I addition ⓝ 덧셈 I come to a conclusion 결론에 도달하다 I observational study 관찰 연구 I limitation ⓝ 한계 I verbally 𝗮𝗱𝘃 말로, 구두로 I conduct ⓥ 행하다 I screen ⓝ 칸막이, 가리개 I barrier ⓝ 장애물, 장벽 I take away 없애다 I bang ⓝ 쾅 하는 소리 I flash of light 섬광 I focus on ~에 집중하다 I source ⓝ 원천, 근원 I stare at ~을 응시하다 I indicate ⓥ 나타내다, 보여주다 I count ⓥ 계산하다, (숫자를) 세다

노트 정리 예시

주제 babies' intellectual abilities	아기들의 지적 능력
예시 show a doll → place a screen to hide it show another doll → secretly take away baby expects 2 dolls → see only 1 doll → surprised = conclusion: babies can count	인형 하나를 보여줌 → 숨기기 위해 가리개를 둠 다른 인형을 보여줌 → 몰래 치움 아기는 인형 2개를 예상 → 인형 1개만 봄 → 놀람 = 결론: 아기들은 계산을 할 수 있음

Using an experiment given in the lecture, explain how babies show their basic intellectual abilities.

강의에서 주어진 실험을 이용하여 아기들이 어떻게 기본적인 지적 능력을 보여주는지 설명하시오.

말하기 정리 예시

The lecture is mainly about the intellectual abilities of babies. The professor explains this by giving one experiment as an example.

In the experiment, a baby was shown a doll on the table, and after a moment, the researcher placed a screen between the baby and a doll. While the baby was still watching, a researcher placed another doll on the table. However, one of the dolls was secretly taken away behind the screen.

After the screen was removed, the baby looked surprised. This is because the baby was expecting to see two dolls. This experiment demonstrates that babies are in fact able to do basic counting.

강의는 주로 아기들의 지적 능력에 관한 것이다. 교수는 한 가지 실험을 예로 들어 이를 설명한다.

실험에서 아기에게 탁자 위에 놓인 인형을 보여주고, 잠시 후 연구자가 아기와 인형 사이에 가리개를 설치했다. 아기가 아직 쳐다보고 있는 동안, 연구원은 또 다른 인형을 탁자 위에 놓았다. 그러나 그 인형들 중 하나는 가리개 뒤에서 몰래 치워졌다.

가리개가 치워진 후 아기는 놀란 표정을 지었다. 이는 아기가 인형 두 개를 볼 것으로 예상했기 때문이다. 이 실험은 사실 아기들이 기본적인 계산을 할 수 있다는 것을 보여준다.

Now listen to part of a lecture in a zoology class.　　이제 동물학 강의의 일부를 들으시오.

🅦 Most animals are more active at certain times of day. Those that are active during the daytime are called diurnal, and those that are active at night are called nocturnal. Other animals are mostly active in the early morning and in the evening. The low light conditions at these times are called twilight. So, animals active in the morning and evening are called crepuscular, which comes from the Latin word for twilight. Nocturnal and crepuscular animals have special physical adaptations that allow them to see easily in dim light.

Foxes are mostly crepuscular, but they will hunt at any time of day, so they have developed unique eyes. At night, foxes use a special layer of cells in their eyes that maximizes the amount of light they can take in. This is called the tapetum lucidum. Other animals have this eye structure, and it works in the same way. When light enters a fox's eye through the pupil, it passes through a layer of light-sensitive cells called the retina, which collects the visual image. The tapetum lucidum cells are behind the retinal cells, and they act like a mirror. They reflect the light back through the retina, which gives it a second chance to collect the image. This vastly increases the fox's ability to see in the dark. When a bright light is shined at the eyes of a fox, the mirror cells reflect a huge amount of light. This makes them glow in the dark with what is called eyeshine. The color that the eyes glow varies according to species, light source, and angle.

However, in the daytime, a fox needs to protect its sensitive eyes against the sunlight. To do this, their pupil contracts into a vertical line. This makes them unique among canines because most dog pupils shrink to a tiny circle. In fact, the slit-shaped pupil is more common among small cat species and reptiles that hunt at night.

🅔 대부분의 동물들은 하루 중 어떤 특정한 시간에 더 활동적입니다. 낮 동안 활동적인 동물들은 주행성이라 불리고, 밤에 활동적인 동물들은 야행성이라 불립니다. 다른 동물들은 보통 이른 아침과 저녁에 활동적입니다. 이 시간대의 어두운 상태는 황혼이라고 불립니다. 따라서, 아침과 저녁에 활발한 동물들은 라틴어로 황혼을 가리키는 단어에서 온 말인 박명박모성이라고 불립니다. 야행성과 박명박모성 동물들은 희미한 빛에서 잘 볼 수 있게 해주는 특별한 신체적 적응 구조를 가지고 있습니다.

여우는 대체로 박명박모성이지만, 하루 중 어느 때라도 사냥을 하므로 독특한 눈을 발달시켰습니다. 밤에 여우들은 받아들일 수 있는 빛의 양을 극대화하는, 눈에 있는 특수한 세포층을 사용합니다. 이는 반사막이라고 불립니다. 다른 동물들도 이러한 눈 구조물이 있으며 같은 방식으로 기능합니다. 빛은 동공을 통해 여우의 눈에 들어가면 시각적 상을 모으는 망막이라 불리는 광각 세포층을 통과합니다. 반사막 세포들은 망막 세포들 뒤에 자리하며 마치 거울처럼 작용합니다. 이것들은 망막을 통해 빛을 반사하고 이는 상을 모을 수 있는 두 번째 기회를 줍니다. 이것은 어둠 속에서 볼 수 있는 여우의 능력을 크게 증가시킵니다. 밝은 빛이 여우 눈에 비치면 거울 세포들은 엄청난 양의 빛을 반사합니다. 이것은 안광이라고 불리는 것으로, 어둠에서 눈을 빛나게 만듭니다. 눈이 빛나는 색은 종, 광원, 그리고 각도에 따라 달라집니다.

그러나 여우는 낮에 햇빛으로부터 자신의 민감한 눈을 보호할 필요가 있습니다. 이를 위해 그들의 동공은 세로선으로 줄어듭니다. 이는 그들을 개과 중에서도 독특하게 만드는데, 왜냐하면 대부분 개들의 동공은 작은 원으로 줄어들기 때문입니다. 사실 가느다랗게 찢어진 모양의 동공은 밤에 사냥을 하는 작은 고양이과의 동물이나 파충류에게서 더 흔하게 나타납니다.

어휘 diurnal **adj** 주행성의 | nocturnal **adj** 야행성의 | twilight **n** 황혼, 땅거미 | crepuscular **adj** (동물이) 박명박모성인, 어스름한 | dim **adj** 희미한 | layer of cell 세포층 | maximize **v** 극대화하다 | tapetum lucidum 반사막 | pupil **n** 눈동자, 동공 | retina **n** 망막 | vastly **adv** 대단히 | glow **v** 빛나다 | angle **n** 각도 | contract **v** 줄어들다 | vertical line 세로선 | canine **n** 개 | shrink **v** 줄어들다 | slit-shaped **adj** 가느다랗게 찢어진 모양의 | reptile **n** 파충류

주제 animal adaptation: dim light - foxes' eyes　　동물의 적응: 희미한 빛 – 여우의 눈

예시 1. special layer of cells　　1. 특수한 세포층

      - maximize light amount → can see in the dark　　- 빛의 양을 극대화함 → 어둠 속에서 볼 수 있음

2. pupil → vertical
- protect eyes from sunlight

2. 동공 → 세로
– 햇빛으로부터 눈을 보호함

Using points and examples from the lecture, describe two special adaptations that foxes' eyes have.

강의에서 주어진 요점과 예시를 이용하여 여우의 눈이 가진 특별한 적응 구조에 대해 서술하시오.

말하기 정리 예시

Many species have developed adaptations that allow them to see easily in dim light. However, since foxes hunt at any time of day, they have developed eyes that are more unique.
First, a special layer of cells in their eyes helps to maximize the amount of light they can take in at nighttime. This increases the foxes' abilities to see in the dark.
However, during daytime, their pupil contracts into a vertical line. This adaptation allows them to protect their sensitive eyes against the sunlight.

많은 종들이 희미한 빛 속에서 쉽게 볼 수 있게 해주는 적응 구조를 발달시켰다. 그러나 여우는 하루 중 어느 때라도 사냥을 하기 때문에 더욱 독특한 눈을 발달시켰다.
첫째, 그들의 눈에 있는 특별한 세포층은 밤에 그들이 받아들일 수 있는 빛의 양을 최대화하는 데 도움을 준다. 이것은 어둠 속에서 볼 수 있는 여우의 능력을 증가시킨다.
그러나 낮 동안 그들의 동공은 세로선으로 수축한다. 이러한 적응 구조는 그들이 햇빛으로부터 민감한 눈을 보호할 수 있게 해준다.

04

Now listen to part of a lecture in an architecture class.

이제 건축학 강의의 일부를 들으시오.

듣기 지문&해석

M The tallest building today is the Burj Khalifa in Dubai, which is an incredible 829.8 meters tall. For centuries, such a construction project was an impossible dream, but that didn't stop builders from attempting to make their buildings ever taller. The main obstacles that they faced were the materials they had available and the technology that was required. Through innovations, humans have been able to counteract the forces that limit building size. For these reasons, large buildings in the past were very different from those of today.
In the past, the main material for large-scale construction was stone. Many buildings were made of packed dirt, mud bricks, and wood, but these materials had severe limitations. So, stone was the best material that they had to work with, but stone is very heavy. To build tall walls that will not fall over, stone walls have to be thick, and the taller a stone building gets, the larger its base must be. This means that the interior of a stone building doesn't have much room in it. They also require a strong foundation to distribute their massive weight, so they were often built on bedrock, which limited where they could be placed.
Today, our buildings soar up into the sky wherever we want to build them, thanks to new materials and techniques. Tall buildings today are made using concrete and a skeleton

여 오늘날 가장 높은 건물은 두바이에 있는 부르즈 할리파인데 이는 놀랍게도 높이가 829.8미터에 달합니다. 수세기 동안 이런 건설 프로젝트는 불가능한 꿈이었지만 그것이 더 높은 건물을 짓고자 하는 건축가들의 시도를 멈추지는 못했죠. 건축가들이 직면했던 주요 장애물은 사용 가능한 자재와 필요한 기술이었습니다. 혁신을 통해 인간은 건물 크기를 제한하는 힘들에 대응할 수 있었어요. 이러한 이유로 과거의 큰 건물들은 오늘날의 그것들과는 매우 다릅니다.
과거에는 큰 규모 건설의 주요 자재는 돌이었습니다. 많은 건물들이 단단히 다져진 흙, 진흙 벽돌과 나무로 만들어졌는데, 이러한 자재는 심각한 한계점을 갖고 있었습니다. 그래서 돌이 작업하기 가장 좋은 자재였지만 돌은 매우 무겁습니다. 무너지지 않는 높은 벽을 짓기 위해서는 돌로 된 벽이 두꺼워야 했고, 석조 건물이 높을수록 맨 아래 부분은 더 커져야만 했습니다. 이것은 석조 건물의 내부에는 공간이 별로 없다는 뜻입니다. 또한 막중한 무게를 분산시키기 위한 튼튼한 토대를 필요로 해서, 건물들은 종종 기반암 위에 지어졌는데 이는 건물이 지어질 수 있는 위치를 제한했습니다.
오늘날 건물들은 새로운 자재와 기술 덕분에 짓

of steel. Huge steel beams are used to make a framework, and thin steel reinforcing bars are woven together to make the cores of walls. These are surrounded by wall forms, and concrete is poured into them. Once it dries and hardens, the building is both strong and flexible. This means that walls can be much thinner, and the buildings have spacious interiors. Tall buildings still need deep foundations, but they do not need to be wide or rest on bedrock.

고 싶은 곳 어디에나 하늘 높이 솟아 있습니다. 오늘날의 높은 건물들은 콘크리트와 철골 뼈대를 이용하여 건설됩니다. 거대한 철재가 뼈대를 만들기 위해 사용되고, 가는 철근들을 엮어서 벽의 중심을 만듭니다. 이것들은 벽체로 둘러 싸이고, 콘크리트가 그 안으로 부어집니다. 콘크리트가 말라 굳어지면 건물은 튼튼한 동시에 유연해지죠. 이는 벽이 훨씬 더 얇아질 수 있으며 건물들이 넓은 내부 공간을 갖게 된다는 뜻입니다. 높은 건물들은 여전히 깊은 토대를 필요로 하지만 그 토대가 넓거나 기반암에 기초해야 할 필요는 없습니다.

어휘 obstacle n 장애물 I innovation n 혁신 I counteract v 대응하다 I large-scale adj 대규모의 I packed adj 단단히 다져진 I mud brick 진흙 벽돌 I fall over 무너지다 I base n 기초, 토대 I room n 공간 I foundation n 토대 I distribute v 분배하다, 분산하다 I massive adj 육중한, 엄청난 I bedrock n 기반암 I soar up 솟아오르다 I skeleton n 뼈대 I steel beam 철재 I framework n 뼈대 I reinforcing bar 철근 I be woven together 함께 엮이다 I core n 중심부 I wall form 벽체 I spacious adj 널찍한 I rest on 기초하다

노트 정리 예시

주제	The difference b/w past & present tall buildings	과거와 현재 고층 건물들의 차이점

예시	1. materials
	  - stone was used → thick wall → small space
	2. techniques
	  - built on bedrock → today: concrete & steel, can build anywhere
		1. 자재
		 – 돌이 사용됨 → 두꺼운 벽 → 좁은 공간
		2. 기술
		 – 기반암 위에 지어짐 → 오늘날: 콘크리트와 강철, 어디든 지어질 수 있음

Using points and examples from the lecture, describe how tall buildings today are different from those built in the past.

강의에서 주어진 요점과 예시를 이용하여 오늘날의 고층 건물들이 과거에 지어진 것들과 어떻게 다른지 서술하시오.

말하기 정리 예시

The professor explains the reasons why tall buildings in the past and those today are different.
They are different because of materials and techniques that were used for building. In the past, stone was used for large-scale construction. Building tall walls meant building thick walls, and this resulted in not much space in a stone building. Also, the buildings were often built on bedrock to distribute stone's massive weight. Today's tall buildings are built with concrete and steel, so the walls are much thinner, and the buildings have spacious interiors. Tall buildings still need deep foundations, but we can build them wherever we want.

교수는 과거의 고층 건물들과 오늘날의 고층 건물들이 다른 이유를 설명한다.
그것들은 건축에 사용된 자재와 기술 때문에 다르다. 과거에는 돌이 대규모 건설에 사용되었다. 높은 벽을 쌓는 것은 곧 두꺼운 벽을 쌓는 것을 의미했고, 이로 인해 돌로 된 건물 안에는 공간이 별로 없게 되었다. 또한 그 건물들은 종종 돌의 육중한 무게를 분산시키기 위해 기반암 위에 지어졌다. 오늘날의 높은 건물들은 콘크리트와 강철로 지어졌기 때문에 벽은 훨씬 더 얇고 건물 내부도 넓다. 높은 건물들은 여전히 깊은 토대가 필요하지만, 우리는 원하는 곳이라면 어디든 고층 건물을 지을 수 있다.

본서 I P. 162

Test

01

Listen to part of a lecture in a psychology class.

심리학 강의의 일부를 들으시오.

W Individuals' behaviors can often be modified based on what they have learned about the possible consequences of their actions. If an individual learns that a certain behavior results in a pleasant consequence, it is likely to repeat that behavior. However, if the behavior results in an unpleasant consequence, it discourages the person from repeating the behavior. This kind of behavior modification through consequences is especially common among children, and it happens in two ways.

First, let's talk about a way that is often used by school teachers, which is called positive reinforcement. This basically encourages children to repeat certain behaviors because of the rewards they get based on their actions. For example, children who know how to behave properly in class might get rewards from their teacher. You know, they raise their hands to ask questions, and they might sit quietly during the classes, not walking around or making noise. All these proper actions will get rewarded by the teacher's favorable responses towards them, like giving them happy-face stickers or verbal compliments. Since these children associate their actions with positive responses, they are most likely to repeat their good behavior.

However, these are not the only things that can happen in the classroom, right? There are some children who often misbehave, too. In fact, at the beginning of their first school year, most of the kids are not familiar with the rules for proper behavior in the classroom. So, some children interrupt their teacher during the class, walk around the classroom or cause a disturbance. Okay, then what would happen to those children? The second way of behavior modification, which is called positive punishment, comes into play. The teacher who is possibly upset by the inappropriate behavior of the children will start to discipline them. They may remain in the classroom while others are having recess time, or they may have a short time out session. With repeated disciplining of their actions, the children eventually come to a logical conclusion that certain actions lead to unfavorable consequences. So, they will learn to avoid repeating those actions in class. This is how positive punishment works.

예 개인의 행동은 종종 그들의 행동이 가져올 수 있는 결과에 대해 알고 있는 것에 기초해서 수정될 수 있습니다. 만약 개인이 어떤 특정 행동이 좋은 결과를 가져온다는 것을 알면, 그 행동을 반복할 가능성이 높습니다. 하지만 그 행동이 좋지 않은 결과를 가져온다면 그 사람은 그 행동을 더 이상 반복하지 않을 것입니다. 결과를 통한 이런 종류의 행동 수정은 특히 아이들에게 일반적으로 나타나는데, 두 가지 방식으로 일어납니다.

먼저, 학교 선생님들이 자주 사용하는 긍정적 강화 기법이라고 불리는 방법에 대해 얘기해 봅시다. 이것은 기본적으로 아이들이 자신의 행동에 기초하여 보상을 받기 때문에 특정 행동을 반복하도록 장려합니다. 예를 들어, 교실에서 어떻게 바르게 행동하는지 아는 아이들은 선생님으로부터 보상을 받겠지요. 질문하려고 손을 든다든지, 수업 중에 돌아다니거나 소란을 피우지 않고 조용히 앉아 있는 것들 말이죠. 이러한 모든 적절한 행동들은 웃는 표정의 스티커를 준다거나 말로 칭찬을 하는 등 선생님의 호의적 반응으로 보상을 받습니다. 이런 아이들은 자신의 행동에 긍정적 반응을 연관 지어 생각하기 때문에 좋은 행동을 반복할 가능성이 큽니다.

하지만 당연히 교실에서 이런 일만 일어나는 것은 아니겠지요? 일부 잘못된 행동을 하는 아이들도 있습니다. 사실 학교 첫 해 초기에는 대부분의 아이들이 교실에서 바른 행동을 해야 하는 규칙에 익숙하지 않습니다. 그래서 어떤 아이들은 수업 중에 선생님을 방해하고 교실을 돌아다니거나 소동을 피웁니다. 자, 그렇다면 이런 아이들에게 무슨 일이 벌어질까요? 두 번째 행동 수정, 즉 긍정적 처벌이라고 불리는 방식이 사용됩니다. 아이들의 부적절한 행동에 아마 속이 상했을 선생님은 훈육을 시작할 겁니다. 다른 학생들은 밖에서 놀 때 교실에 남아 있거나 다른 장소에 잠시 격리될 수 있습니다. 행동을 반복적으로 징계하는 것을 통해 아이들은 결국 특정 행동이 좋지 않은 결과를 낳는다는 논리적 결론에 도달하게 됩니다. 그래서 수업 시간에 그런 행동의 반복을 피하는 것을 배웁니다. 이것이 긍정적 처벌의 기능 방식입니다.

어휘 modify v 수정하다 | consequence n 결과 | result in 결과를 가져오다 | positive reinforcement 긍정적 강화 기법 | reward n 보상 | make (a) noise 소란을 피우다, 떠들다 | favorable adj 우호적인, 호의적인 | compliment n 칭찬 | associate A with B A를 B와 연관 지어 생각하다 | misbehave v 잘못된 행동을 하다 | be familiar with ~와 친숙하다 | interrupt v 방해하다 | cause a disturbance 소동을 피우다 | come into play 활동하게 되다 | inappropriate adj 부적절한 | discipline v 징계하다, 훈육하다 | recess time (아이들이) 밖에서 노는 시간 | time out 타임 아웃(아이를 다른 장소에 잠시 격리시키는 훈육 방식) | come to a conclusion 결론에 도달하다 | unfavorable adj 좋지 않은, 호의적이 아닌

주제 behavior modification: learn through consequences of actions and modify behavior
 	
예시 1. positive reinforcement
    - favorable response of teachers → students repeat proper actions in class
  2. positive punishment
    - negative consequence because of bad behavior → modify behavior to avoid punishment
	행동 수정: 행동의 결과를 통해 배우고 행동을 수정함
	
	1. 긍정적 강화 기법
	  – 선생님의 호의적 반응 → 학생들이 수업 중에 적절한 행동들을 반복함
	2. 긍정적 처벌
	  – 나쁜 행동으로 인한 부정적 결과 → 처벌을 피하기 위해 행동을 수정함

Now get ready to answer the question.

Using points and examples from the lecture, describe two ways of behavior modifications in children.

이제 질문에 답하시오.

강의에서 주어진 요점과 예시를 이용하여 아이들의 행동 수정의 두 가지 방식에 대해 서술하시오.

The lecture is mainly about two methods of behavior modification in children. The first one is positive reinforcement, which is encouraging children to continue certain actions by giving them rewards. The professor talks about an example of students who behave well in class. When those students get rewards or favorable responses from their teachers, such as receiving happy-face stickers or verbal compliments, they are likely to repeat their proper actions in class. The second one is positive punishment, which is discouraging children from repeating certain actions by giving them punishment. The professor talks about students who misbehave in their classroom. Since those children repeatedly get punishment because of their inappropriate actions, they will modify their behavior to avoid punishment.	강의는 주로 아이들의 두 가지 행동 수정 방법에 관한 것이다. 첫 번째는 긍정적 강화 기법인데 이는 아이들에게 보상을 줌으로써 특정한 행동을 계속하도록 장려하는 것이다. 교수는 수업에서 바르게 행동하는 학생들의 예를 설명한다. 그런 학생들은 선생님으로부터 웃는 얼굴 스티커를 받거나 말로 칭찬을 받는 등의 보상이나 호의적 반응을 얻으면 수업 시간에 적절한 행동들을 반복할 가능성이 높다. 두 번째 방식은 긍정적 처벌인데 이는 아이들에게 벌을 주어 특정 행동을 반복하지 않게 만든다. 교수는 교실에서 말썽을 부리는 학생들에 대해 이야기한다. 그 아이들은 적절하지 못한 행동으로 인해 반복적으로 처벌을 받기 때문에 벌을 피하려고 행동을 수정한다.

02

Listen to part of a lecture in an economics class.

경제학 강의의 일부를 들으시오.

Ⓦ When a new product first comes out on the market, one of the decisions that must be made is what price to introduce it at. That's an important decision, right? I mean, it's going to affect the way the product is perceived and how much demand there will be—things like that. So, it's definitely a decision that needs to be made with a lot of careful thought. Now, there are a couple of different strategies that marketers may use when setting the initial price of a product.

One strategy is to set the price high, then lower it later… if necessary. This strategy is most commonly used with high-end products like electronic items—computers, stereos, these sorts of things. Customers already know these

Ⓒ 신제품이 시장에 출시될 때 결정해야 할 것들 중 하나가 가격을 얼마로 할지입니다. 그것은 중요한 결정입니다. 그렇죠? 제 말은, 가격은 제품이 어떻게 인식될지, 그리고 수요가 얼마나 생길지와 같은 것들에 영향을 미치게 될 겁니다. 그러므로 분명히 신중하게 생각해서 내려야 하는 결정입니다. 제품의 최초 가격을 정할 때 마케팅 담당자들이 택할 수 있는 두 가지 다른 전략이 있습니다.

한 가지 전략은 가격을 높게 정한 다음, 나중에 낮추는 것입니다… 필요한 경우에 말이죠. 이 전략은 전자 제품 같은 고급 제품들에 가장 일반적으로 사용됩니다. 컴퓨터, 스테레오 같은 것들 말이에요. 소비자는 이미 이러한 종류의 제품들을

sorts of products, and their perception is that a higher-priced item is of high quality. In fact, setting the price of such items too low will have a negative effect on demand; customers will think that they are poor quality or obsolete technology. Setting the price higher generates demand in this case.

But if a product is new on the market, this high price can cause problems because customers aren't familiar with the product at all. So, they won't want to risk their money on unfamiliar products. Like, um… let's say, there is a totally new kind of snack food. In this case, if the price is not very high, customers might be willing to take a risk even with a product they really don't know. But if the price is too high, chances are equally high that the product won't be in great demand. So, uh… it's better to set the initial price lower at first. As customers get to know about the product, demand may grow, and then the price can be raised.

알고 있으며 가격이 더 높은 제품이 품질이 우수하다고 생각합니다. 사실 이러한 제품들의 가격을 너무 낮게 정하는 것은 수요에 부정적인 영향을 미칩니다. 소비자는 그 제품들이 품질이 나쁘거나 시대에 뒤진 기술이라고 생각할 겁니다. 이 경우 가격을 더 높게 정하면 수요가 발생합니다. 하지만 만약 제품이 시장에 처음 나오는 거라면 소비자가 그 제품에 관해 전혀 모르기 때문에 이 높은 가격은 문제를 야기할 수 있습니다. 그들은 잘 모르는 상품들로 돈을 잃을 위험을 감수하고 싶어 하지 않을 겁니다. 예를 들어… 완전히 새로운 종류의 과자가 있다고 가정합시다. 이러한 경우에는 만약 가격이 그렇게 비싸지 않다면 소비자가 모르는 제품일지라도 기꺼이 위험을 감수할지도 모릅니다. 하지만 가격이 너무 높으면 그 상품은 잘 팔리지 않게 될 가능성이 마찬가지로 높습니다. 그러므로, 어… 최초 가격을 더 낮게 정하는 것이 더 좋습니다. 소비자가 그 제품에 대해 알게 되면 수요가 증가하고, 그러면 가격이 인상될 수 있습니다.

어휘 perceive **v** 인식하다 I demand **n** 수요 I careful thought 신중한 생각 I strategy **n** 전략 I set the price 가격을 정하다 I initial **adj** 처음의, 초기의 I if necessary 필요하다면 I high-end product 고가품 I high quality 높은 품질 I have a negative effect (on) ~에 부정적 영향을 미치다 I poor quality 나쁜 품질 I obsolete **adj** 시대에 뒤진, 한물간 I generate **v** 만들어 내다 I be willing to 기꺼이 ~하다 I take a risk 위험을 감수하다 I chances are that ~할 가능성이 있다 I be in great demand 잘 팔리다

노트 정리 예시

주제 setting the prices of new products in the market

예시 1. set ↑ first, then ↓ later
　　　　 - electronic items: well-known ones
　　　 2. set ↓, then ↑ later
　　　　 - snacks: new one that ppl don't know

시장에서 신제품의 가격 정하기

1. 먼저 ↑ 하게 정하고, 그런 다음 나중에 ↓
　 – 전자 제품: 잘 알려진 것들
2. ↓ 하게 정하고, 그런 다음 나중에 ↑
　 – 과자: 사람들이 모르는 새로운 것

Now get ready to answer the question.

With reference to points and examples given in the lecture, explain the two basic approaches to setting the initial price of a product.

이제 질문에 답하시오.

강의에서 주어진 요점과 예시를 참고로 하여 제품의 초기 가격을 정하는 두 가지 기본적인 접근법에 대해 설명하시오.

예시 답변

The professor talks about how to set the prices of new products. According to the lecture, there are two basic strategies. The first strategy is to set the price high to start with and then lower it later. This is usually used with very well-known products, and the example the professor gives is electronic items. The other way is to set the price low in the beginning and raise it later when the product becomes more popular. This is what people usually do with unknown items, such as a new snack food.

교수는 신제품의 가격을 정하는 방법에 대해서 이야기한다. 강의에 따르면 두 가지 기본 전략이 있다. 첫 번째 전략은 처음에 가격을 높게 정한 다음 나중에 낮추는 것이다. 이 전략은 보통 아주 잘 알려진 제품에 사용되며, 교수가 든 예는 전자 제품이다. 다른 방법은 처음에는 가격을 낮게 정했다가 제품이 사람들에게 인기가 더 높아지면 가격을 올리는 것이다. 이 전략은 신제품 과자처럼 사람들이 모르는 품목에 보통 적용된다.

03

Listen to part of a lecture in a psychology class.

심리학 강의의 일부를 들으시오.

Today, class, we are going to discuss what is called interference theory. This theory has to do with memory. What it states is that when we forget, it's not because the memories are actually lost from our memory storage, but, well, because other information gets in the way of what we want to remember. Within this theory, there are two different types of interference: proactive interference and retroactive interference. I'm going to give you an example of each.

First, let me explain proactive interference. This happens, uh… when something we've already learned gets in the way of something we are trying to learn later. The old memories interfere with the new memories. For example, you had a really good friend in your first year of high school, but then that friend moved away. A couple of years later, you constantly call a new friend by the name of your old high school friend. Because of the similar feelings for both friends, the name of the old friend keeps coming to your mind.

The second type of interference, retroactive interference, occurs when something more recently learned gets in the way of remembering past information. The old and the new information overlap and get in the way of each other. Um… to illustrate, imagine that you buy a new red car, but you've had several cars previously. When you are talking about cars with friends and try to describe cars you've had in the past, you probably can't remember what color they were. You can only think of red, the color of your new car. In other words, the more recent information interferes with the recall of earlier information.

오늘 우리는 간섭 이론에 대해서 이야기할 것입니다. 이 이론은 기억과 관련이 있습니다. 그 이론이 말하는 것은 우리가 무언가를 잊었을 때 이는 실제로 우리의 기억 저장소에서 기억이 없어지기 때문이 아니라, 음, 다른 정보들이 우리가 기억하고 싶어 하는 것을 방해하기 때문이라는 것입니다. 이 이론에는 두 가지 다른 종류의 간섭이 있는데, 순행 간섭과 역행 간섭입니다. 각각의 예를 들어보겠습니다.

먼저, 순행 간섭을 설명하겠습니다. 순행 간섭은, 어… 우리가 이미 배운 무언가가 나중에 배우려고 하는 무언가를 방해할 때 발생합니다. 이전의 기억이 새 기억을 방해합니다. 예를 들어, 고등학교 1학년 때 정말 좋은 친구가 있었는데 그 친구가 이사를 갔다고 합시다. 몇 년 후, 당신은 계속해서 새 친구를 옛 고등학교 친구의 이름으로 부릅니다. 두 친구에 대한 비슷한 감정 때문에 옛 친구의 이름이 계속 생각나는 겁니다.

두 번째 유형의 간섭인 역행 간섭은 더 최근에 배운 무언가가 과거의 정보를 기억하는 것을 방해할 때 발생합니다. 예전 정보와 새 정보가 겹쳐지면서 서로 방해하죠. 음… 설명을 위해서 여러분이 새 빨간색 자동차를 샀다고 상상해 봅시다. 하지만 당신은 그 전에 몇 대의 자동차를 탔습니다. 친구들에게 자동차에 대해 이야기하면서 과거에 가지고 있던 차들을 설명하려고 할 때, 당신은 그 자동차들이 무슨 색이었는지 기억할 수 없을지 모릅니다. 새 차의 빨간색만 생각납니다. 다시 말해 더 최근의 정보가 이전의 정보를 기억하는 것을 방해합니다.

어휘 interference **n** 간섭 l have to do with ~와 관련 있다 l state **v** 말하다 l memory storage 기억 저장소 l get in the way of ~를 방해하다, ~의 방해가 되다 l proactive interference 순행 간섭 l retroactive interference 역행 간섭 l interfere with ~를 방해하다 l constantly **adv** 지속적으로 l call a person by the name 사람을 그 이름으로 부르다 l keep -ing 계속 ~하다 l come to mind (갑자기) 생각나다 l overlap **v** 겹치다 l illustrate **v** 설명하다, 묘사하다 l think of 떠올리다, 생각하다 l recall **n** 회상, 상기 **v** 상기시키다

주제 interference theory: other information gets in the way when we try to remember something

예시 1. proactive interference
   - old info. interferes new info.: old friend & new friend
2. retroactive interference
   - new info. interferes old info.: old car & new car

간섭 이론: 뭔가를 기억해내려고 할 때 다른 정보가 방해함

1. 순행 간섭
   - 예전 정보가 새 정보를 방해함: 옛 친구와 새 친구
2. 역행 간섭
   - 새 정보가 예전 정보를 방해함: 예전 차와 새 차

Now get ready to answer the question.

Using points and examples from the lecture, explain the two types of interference.

이제 질문에 답하시오.

강의에서 주어진 요점과 예시를 이용하여 간섭의 두 가지 유형에 대해 설명하시오.

예시 답변

The main topic of the lecture is interference theory, which means other information gets in the way when we try to remember something. The professor talks about two different types of interference: proactive interference and retroactive interference. Proactive interference happens when old information interferes with new information. The example he gives is when the name of a friend from the past comes to mind when you are talking to a more recent friend. Retroactive interference happens when new information causes problems in recalling information you have learned in the past. This is illustrated with not being able to remember the colors of the cars you have previously owned because you can only think of the red color of your new car.

강의의 주제는 간섭 이론이며, 이는 우리가 무언가를 기억하려 할 때 다른 정보가 방해한다는 뜻이다. 교수는 두 가지 종류의 간섭, 즉 순행 간섭과 역행 간섭에 관해 이야기한다. 순행 간섭은 예전 정보가 새 정보를 방해할 때 발생한다. 교수가 드는 예시는 예전에 사귀었던 친구의 이름이 더 최근에 사귄 친구와 이야기할 때 떠오르는 것이다. 역행 간섭은 과거에 배운 정보를 기억하려고 할 때 새 정보가 문제를 일으킬 때 일어난다. 이는 새 차의 빨간색만 생각나기 때문에 예전에 소유했던 차들의 색을 기억하지 못하는 것으로 설명된다.

Actual Test

Actual Test 1

본서 | P. 170

Question 1

If you have a question about an assignment that a professor has given you, would you prefer to speak to the professor via e-mail or in person? Explain.

교수가 내준 과제에 대해 의문 사항이 있다면, 당신은 교수에게 이메일로 이야기하는 것과 직접 이야기하는 것 중 어느 것을 선호하겠는가? 설명하시오.

예시 답변

If I have a question about an assignment that a professor has given me, I would prefer to speak to the professor in person. I have two reasons to support this idea. First, if the professor is busy, it could take days or weeks to receive his reply. Since there is a deadline for an assignment, it is important to have my questions answered as soon as possible. Second, when I am communicating with my professor via e-mail, I have to send another e-mail if follow-up questions come to mind. Instead, I can ask all of these questions if I speak to him in person. These are the reasons why I would prefer to speak to a professor in person.

만약 교수님이 내주신 과제에 대해 질문이 생기면, 나는 교수님에게 직접 이야기하는 것을 선호할 것이다. 이 의견을 뒷받침할 두 가지 이유가 있다. 첫째, 교수님이 바쁘면, 답장을 받을 때까지 며칠 혹은 몇 주가 걸릴 수도 있다. 과제에는 마감기한이 있기 때문에, 내 질문에 대한 답을 최대한 빨리 받는 것이 중요하다. 둘째, 이메일로 대화를 하면, 후속 질문이 생각났을 때 이메일을 또 보내야 한다. 대신, 교수님과 직접 대화를 하면 이 모든 질문들을 물어볼 수 있다. 이것이 내가 교수님과 직접 이야기하는 것을 선호하는 이유이다.

어휘   assignment **n** 과제 I via e-mail 이메일로 I in person 직접, 몸소 I follow-up **adj** 후속의, 뒤따르는 **n** 후속 조치, 후속 기사

Question 2

Read the notice on the registration page about poetry classes. You will have 45 seconds to read. Begin reading now.

수강 신청 페이지에 있는 시 수업에 관한 공지를 읽으시오. 읽는 데 45초가 주어진다. 이제 읽기 시작하시오.

Closing Poetry Writing Courses	시 쓰기 수업 폐강
Beginning in the fall semester, Regis University will no longer offer poetry writing courses. This is due to the fact that registration numbers are consistently low, and the grading system is too subjective. This has led many students to dispute the scores that they have received in the courses. Students who still wish to take poetry writing classes may take them at Foothills Art Institute. The credits for those classes will be fully transferable and count towards your overall degree.	가을 학기부터 레지스 대학교에서는 시 쓰기 수업을 더 이상 제공하지 않을 것입니다. 이는 등록자 수가 지속적으로 적기 때문이며, 성적 산출 시스템이 너무 주관적이기 때문입니다. 이로 인해 많은 학생들이 자기가 강의에서 받은 점수에 대해 이의를 제기했습니다. 여전히 시 쓰기 수업을 듣고 싶은 학생들은 풋힐스 예술학교에서 수업을 들을 수 있습니다. 그 수업의 학점은 전부 인정이 되며 여러분의 전체적인 학위 취득(을 위한 학점)에 포함될 것입니다.

어휘 registration number 등록자 수 l consistently **adv** 지속적으로 l grading system 성적 산출 시스템 l subjective **adj** 주관적인 l credit **n** 학점 l transferable **adj** 전환 가능한

Now listen to two students as they discuss the notice.	이제 공지에 대해 논의하는 두 학생의 대화를 들으시오.

M	Hello, Clarice. What's wrong?	남	안녕, 클라리스. 무슨 일이야?
W	Hi, Bill. I don't want to talk about it.	여	안녕, 빌. 별로 이야기하고 싶지 않아.
M	Are you sure?	남	확실해?
W	Did you see the notice on the registration page about poetry classes?	여	수강 신청 페이지에 있는 시 수업에 관한 공지 봤니?
M	Poetry classes… oh, yeah. Yes, I did. Are they really going to close them all?	남	시 수업이라… 아. 응. 그래. 봤어. 정말 시 수업이 전부 폐강되는 거야?
W	They aren't just closing them. They are completely removing them from the course catalog. They will never be taught here again.	여	그냥 폐강하는 정도가 아니야. 시 수업들을 강의 카탈로그에서 완전히 빼버리는 거야. 이곳에서 그 수업들이 다시 개설되는 일은 없을 거야.
M	Do you know why they made that decision?	남	학교 측이 왜 그런 결정을 내렸는지 아니?
W	They said that there are too few students, which means that they think they are a waste of money… typical university attitude towards the arts and humanities. Of course, the classes are small. They're meant to be so the students can get the attention and feedback they need for their work. The senior seminar classes are all small, so are they going to remove them as well?	여	학생 수가 너무 적대. 그건 학교에서 시 수업들이 돈 낭비라고 생각한다는 뜻이지… 예술과 인문학에 대한 전형적인 대학교 측의 태도야. 물론, 그 수업들은 규모가 작아. 학생들이 자신들의 작품에 필요한 관심과 피드백을 받기 위해서는 수업 규모가 작을 수밖에 없어. 4학년 세미나 수업들도 모두 규모가 작아. 그러면 그런 수업들도 다 없애겠다는 거야?
M	I doubt it, those are required courses. But, didn't the notice say something about classes at Foothills Art Institute?	남	그렇지는 않겠지. 그 수업들은 필수 과목들이잖아. 그런데 공지에서 풋힐스 예술학교의 수업에 대해 뭔가 이야기하지 않았어?
W	Yes, they said that students can take classes there and receive credit for them here. Which is very nice of FAI, they don't have to do that.	여	그래. 학생들이 그곳에서 수업을 듣고 우리 학교에서 학점을 받을 수 있다고 했지. 풋힐스 예술학교에서 배려를 많이 한 거지. 그럴 필요가 없는데.
M	I guess they want to help out artists as much as they can.	남	그들이 할 수 있는 만큼 예술가들을 도와주고 싶은가 봐.
W	Unlike our school… but FAI is so far away. I mean, it isn't even in the same city.	여	우리 학교와는 다르게 말이지… 하지만 풋힐스 예술학교는 너무 멀어. 내 말은, 그 학교는 심지어 같은 도시에 있지도 않아.
M	Doesn't the subway go there?	남	지하철이 거기까지 가지 않아?
W	No, at least, not yet it doesn't. They are extending the line, but the station won't open for a year or more. So, students would have to take buses, which only go there once an hour. Otherwise, they have to have their own transportation.		

M And most students don't have cars.

W Exactly. It's really unfair.

여 안 가, 적어도 아직은 안 가. 지하철 노선을 연장하고는 있지만 지하철이 개통되려면 일 년 이상은 걸릴 거야. 그래서 학생들은 버스를 타야 하는데 버스는 한 시간에 한 대만 운행해. 아니면 알아서 교통편을 마련해야 하지.

남 그리고 대부분의 학생들은 차를 가지고 있지 않지.

여 맞아. 이건 정말 불공평해.

어휘 humanities n 인문학 I extend v 연장하다 I unfair adj 불공평한

Now get ready to answer the question.

The woman expresses her opinion about the removal of poetry writing courses. State her opinion and explain the reasons she gives for holding that opinion.

이제 질문에 답하시오.

여자는 시 쓰기 수업을 없애는 것에 대한 자신의 의견을 표현하고 있다. 그녀의 의견에 대해 서술하고 그렇게 생각하는 이유가 무엇인지 설명하시오.

예시 답변

The reading passage explains that the school's poetry writing classes are being closed. It states that students can take the same courses at another university. However, the woman does not think this is a good idea. First, she says that removing the classes just because there are too few students does not make sense. Like all senior seminar classes, they are small because students need attention and feedback on their work. Second, she talks about the inconvenience of taking the same courses at the Foothills Art Institute. Since the school is located in another city, it takes a long time to get there, and the bus from the woman's school only goes there once an hour, which makes it even more inconvenient.

읽기 지문은 학교의 시 쓰기 수업이 폐강된다고 설명한다. 지문은 학생들이 다른 대학에서 같은 수업을 들을 수 있다고 말한다. 하지만 여자는 이것이 좋은 아이디어라고 생각하지 않는다. 첫째, 그녀는 학생이 너무 적다는 이유만으로 수업을 없앤다는 것은 말이 되지 않는다고 이야기한다. 다른 모든 4학년 세미나 수업처럼, 학생들이 그들 작품에 대한 관심과 피드백을 필요로 하기 때문에 수업 규모가 작다. 둘째, 그녀는 풋힐스 예술학교에서 같은 수업을 듣는 것의 불편함에 대해 이야기한다. 그 학교가 다른 도시에 위치해 있기 때문에 그곳에 가려면 오랜 시간이 걸리고, 여자가 다니는 학교에서 그곳에 가는 버스는 한 시간에 한 대밖에 없어서 훨씬 더 불편하다.

Question 3

Now read the passage about plant communication. You have 50 seconds to read the passage. Begin reading now.

이제 식물의 의사소통에 관한 지문을 읽으시오. 지문을 읽는 데 50초가 주어진다. 이제 읽기 시작하시오.

읽기 지문&해석

Plant Communication

In the early 1980s, research showed that various trees might communicate with each other. When insects feed upon trees, they begin producing chemicals to deter them. The scientists observed that trees in the vicinity that were not infested also began to produce the same compounds. They thought that the plants were communicating that they were under attack, which was unprecedented for organisms that lack central nervous systems and are not in physical contact with each other. Their findings met immediate scrutiny and were discounted by much of the scientific community. However, recent research has provided data that supports their assertions.

식물의 의사소통

1980년대 초에 연구는 다양한 나무들이 서로 소통할 수 있다는 것을 보여주었다. 곤충들이 나무를 먹을 때, 나무들은 곤충을 막기 위해 화학 물질들을 만들어내기 시작한다. 과학자들은 해충의 피해를 입지 않은 주변의 나무들 역시 같은 화합물을 만들어낸다는 것을 관찰하였다. 그들은 식물들이 공격을 받고 있다고 소통하는 것이라 생각했는데, 이는 중앙 신경체계를 가지고 있지 않고, 서로 물리적으로 접촉이 없는 생물체들에게는 전례가 없는 것이었다. 그들의 발견은 즉각적으로 철저한 검토 대상이 되었고, 대부분의 과학 단체로부터 무시당했다. 그러나 최근의 연구에서 그들의 주장을 뒷받침하는 자료가 제시되었다.

어휘   deter ⓥ 단념시키다, 그만두게 하다 | vicinity ⓝ 부근, 인근 | infest ⓥ 해충이 해치다, 해충이 들끓다 | compound ⓝ 화합물, 혼합물, 복합체 | be under attack 공격을 받고 있다 | unprecedented 國 전례 없는 | scrutiny ⓝ 정밀 조사, 철저한 검토 | discount ⓥ 무시하다, 무가치한 것으로 치부하다 | assertion ⓝ 주장, (권리 등의) 행사

Now listen to part of a lecture in a biology class.

이제 생물학 강의의 일부를 들으시오.

듣기 지문&해석

W Plants possess a variety of ways in which they can fight against organisms that attack and feed upon them. For example, many types of trees exude large amounts of sap when they are damaged by insects. This sap envelops some of the attackers, suffocating them. Many other plants produce chemicals that make them less nutritious, unpalatable, and even toxic to the insects that feed upon their leaves.

One scientist was studying Sitka willows and how they will alter the nutritional value of their leaves when they become infested by tent caterpillars. In a laboratory setting, he fed leaves from infested willows to caterpillars, and the worms that ate them grew more slowly than those that ate leaves from undamaged trees. However, he noticed that the leaves from undamaged trees in the lab also provided inferior nutrition to the caterpillars. He interpreted this to mean that the infested willows were emitting some kind of signal that the undamaged willows were responding to chemically in advance of predation. This was received with a great deal of skepticism.

A decade later, another scientist was studying sagebrush, which produces an airborne chemical called methyl jasmonate when it is attacked. The scientist thought that the chemical was being used to deter the insects from feeding, but it proved far more significant. He placed damaged leaves from sagebrush plants into airtight containers with tomato plants, and the tomatoes began pumping out their own defensive chemicals which affect insects' digestion. He believes that this not only confirms that plants can communicate in times of crisis, but that they can also communicate across species.

여 식물들은 그들을 공격하고 먹이로 삼는 생물에 대항해 싸우는 다양한 방법들을 가지고 있습니다. 예를 들면, 많은 종류의 나무들은 곤충들에 의해 피해를 받으면 많은 양의 수액을 분출합니다. 이러한 수액은 공격자들을 감싸서 질식시킵니다. 많은 다른 식물들은 스스로를 영양분이 적어지게 하고, 덜 맛있게 만들며, 자신의 잎을 먹는 곤충들에게 독성이 있기까지 한 화학 물질들을 만들어냅니다.

한 과학자는 시트카버드나무와 그것이 천막 벌레나방 유충의 피해를 입으면 어떻게 영양적 가치를 변화시키는지에 대해 연구했습니다. 실험실 환경에서 그는 충해를 입은 버드나무 잎을 유충들에게 먹였고, 그것을 먹은 유충들은 충해를 입지 않은 잎을 먹은 유충들보다 더 느리게 성장했습니다. 하지만 그는 실험실의 충해를 입지 않은 나무의 잎도 유충들에게 열등한 영양분을 제공한다는 것을 알아차렸습니다. 그는 이것이 충해를 입은 버드나무들이 피해를 입지 않은 나무들로 하여금 충해를 입기 전에 미리 화학적으로 반응케 하는 어떤 신호를 보내고 있는 것이라고 해석했습니다. 이 연구는 매우 회의적으로 받아들여졌습니다.

십 년 후, 다른 과학자가 공격을 받으면 메틸 자스모네이트라는 공기로 운반되는 화학 물질을 분비하는 산쑥을 연구했습니다. 그 과학자는 그 화학 물질이 곤충이 그것을 먹는 것을 막는 데 사용된다고 생각했지만, 그보다 훨씬 더 중요한 것으로 증명되었어요. 그는 손상된 산쑥의 잎을 토마토와 함께 밀폐된 용기에 두었는데, 토마토가 곤충의 소화에 영향을 주는 방어적 화학 물질을 뿜어내기 시작했습니다. 그는 이것이 식물들이 위기의 순간에 소통할 수 있을 뿐만 아니라 종을 뛰어넘어 소통할 수 있다는 것이 사실임을 보여준다고 생각합니다.

어휘   exude ⓥ (액체나 냄새를) 흘리다 | sap ⓝ 수액 | suffocate ⓥ 질식시키다 | unpalatable 國 맛없는, 입에 안 맞는 | nutritional 國 영양상의 | emit ⓥ 내다, 내뿜다 | predation ⓝ 포식 | skepticism ⓝ 회의, 의심 | airborne 國 공기로 운반되는 | airtight 國 밀폐된 | digestion ⓝ 소화, 소화력

Now get ready to answer the question.

이제 질문에 답하시오.

The professor explains how plants communicate with each other by giving some examples. Explain how the examples demonstrate the topic in the reading passage.

교수는 몇 가지 예를 들어 식물들이 어떻게 서로 소통하는지 설명하고 있다. 예시들이 지문의 주제를 어떻게 입증하는지 설명하시오.

The professor explains the ways plants communicate with each other by giving a few examples. The first example was an experiment done with Sitka willows. The scientist testing this theory noticed that the caterpillars that ate damaged Sitka willow leaves grew more slowly. However, he soon discovered that the caterpillars that ate the leaves of undamaged trees were provided with inferior nutrition as well, which shows the connection between damaged and undamaged trees. The second experiment was done using damaged leaves from sagebrush plants and tomato plants. When the damaged leaves from sagebrush plants were placed into airtight containers with tomato plants, the tomatoes began pumping out their own defensive chemicals. This test confirmed that plants can also communicate across species.

교수는 몇 가지 예를 들어 식물들이 서로 소통하는 방법에 대해 설명한다. 첫 번째 예는 시트카버드나무로 한 실험이다. 이 이론을 시험한 과학자는 충해를 입은 시트카버드나무 잎을 먹은 유충들이 더 느리게 자랐다는 것을 알아차렸다. 그러나 그는 곧 충해를 입지 않은 나무의 잎을 먹은 유충들 또한 열등한 영양분을 제공받았다는 것을 발견했으며, 이는 충해를 입은 나무와 입지 않은 나무 사이의 연결점을 보여준다. 두 번째 실험은 충해를 입은 산쑥의 잎과 토마토를 가지고 한 것이다. 손상된 산쑥의 잎을 토마토와 함께 밀폐된 용기에 두었을 때, 토마토가 방어적 화학 물질을 뿜어내기 시작했다. 이 실험은 식물들이 종을 뛰어 넘어서도 소통할 수 있다는 것이 사실임을 보여주었다.

Question 4

Now listen to part of a lecture in a zoology class.

이제 동물학 강의의 일부를 들으시오.

Ⓜ Many species of animals live in social groups of varying complexity. Some only form groups for short periods of time, while others live their entire lives as members of tight groups. Many of these groups are based upon their need to cooperate to survive. This is why examples of social cooperation often revolve around a species' feeding habits. In order for animals to successfully find and safely eat food, they often have to cooperate.

A very basic example of this can be seen with deer. When they are feeding alone, deer must constantly be on the lookout for predators like wolves and mountain lions. This means that an individual animal cannot concentrate on eating, so it can only eat small amounts of food at a time. But when deer graze in groups, the animals will sort of take turns eating and being on the lookout. The animals will gather plants for a while, and then look around while chewing their food. This means that a few deer are always looking around for danger while the others graze.

On the other hand, honeybees live in very complex, cooperative groups. Honeybees live in hives that contain thousands of individuals, and every action is done for the good of the whole group. When one worker bee discovers food, it will return to the hive to tell its sisters. It communicates through a special dance that has repeated body movements. These movements tell the others what direction the food is in and how far away it is. This allows the bees to go there as a group and bring back a large amount of food. They share the food according to the group's needs, so the hive can be nourished effectively.

📖 많은 종의 동물들은 가지각색의 복잡한 사회적 무리에서 생활합니다. 어떤 동물들은 잠시 동안만 무리를 짓는 반면, 다른 동물들은 강한 유대를 지닌 무리의 구성원으로 전 생애를 살아갑니다. 이러한 무리들 중 많은 수는 생존을 위한 협력의 필요성에 기반하고 있습니다. 사회적 협동의 예들이 종종 그 종의 먹이 섭취 습성을 중심으로 돌아가는 이유가 바로 이것입니다. 동물들은 성공적으로 먹이를 찾고 안전하게 먹기 위해 자주 협력해야 합니다.

이것의 가장 기본적인 예는 사슴에서 찾아볼 수 있습니다. 사슴은 혼자서 먹이를 먹을 때, 늑대나 퓨마와 같은 포식자들을 항상 경계해야 합니다. 이는 그 한 마리는 먹이를 먹는 것에 집중하지 못해서, 한 번에 적은 양의 먹이만을 먹을 수 있다는 것을 뜻합니다. 하지만 사슴이 무리를 지어 먹이를 먹을 때, 이들은 번갈아 가며 먹고 망을 봅니다. 사슴들은 잠깐 풀을 모으고, 그다음에 풀을 씹어 먹으면서 주변을 둘러보죠. 이것은 다른 사슴들이 풀을 뜯는 동안 몇 마리의 사슴들은 항상 위험을 살피고 있다는 의미입니다.

한편, 꿀벌은 매우 복잡하고 협력적인 무리를 이뤄 삽니다. 꿀벌은 수천 마리가 모여 있는 벌집에서 생활하고, 모든 행동은 무리 전체의 이익을 위해 행해집니다. 한 마리의 일벌이 먹이를 발견하면, 그 벌은 다른 벌들에게 소식을 전하기 위해 벌집으로 돌아옵니다. 벌은 몸 동작을 반복하는 특별한 춤을 통해 의사소통을 합니다. 이러한 움직임은 다른 벌들에게 먹이가 어느 방향에 있고 얼마나 멀리 있는지 알려줍니다. 이 행동은 벌들이 무리로 그곳에 가서 많은 양의 먹이를 가져올 수 있도록 해줍니다. 벌들은 벌집 전체가 효율적으로 영양분을 공급받을 수 있도록 무리의 필요에 따라 먹이를 나눕니다.

어휘 varying adj 가지각색의 I complexity n 복잡성 I cooperate v 협력하다 I feeding habit 먹이 섭취 습성 I on the lookout 망을 보고, 경계하여 I mountain lion 퓨마 I graze v 풀을 뜯다 I take turns -ing 교대로 ~하다 I hive n 벌집 I nourish v 영양분을 공급하다

Now get ready to answer the question.

이제 질문에 답하시오.

Using points and examples from the lecture, describe how deer and honeybees practice social cooperation in their feeding habits.

강의에서 제시된 요점과 예시를 이용하여 사슴과 꿀벌이 먹이 섭취 습성에서 어떻게 사회적 협력을 하는지 서술하시오.

예시 답변

The professor describes how animals use social cooperation to survive by giving two examples. First, he describes how deer cooperate when feeding. When they graze in groups, they take turns eating and being on the lookout. As a result, a few deer are always looking around for danger while the others graze safely. Second, he describes how honeybees cooperate when they bring and share food. When an individual worker bee discovers food, it returns to the hive to tell its sisters the location of the food through a special dance. This allows the bees to go there as a group and bring back a large amount of food. They share the food according to the group's needs.

교수는 동물들이 생존하기 위해 어떻게 사회적 협력을 이용하는지 두 가지 예를 들어 설명한다. 첫째, 그는 사슴이 먹이를 먹을 때 어떻게 협력하는지 묘사한다. 사슴은 무리를 지어 풀을 뜯을 때, 번갈아 가며 먹고 망을 본다. 결과적으로 다른 사슴들이 안전하게 풀을 뜯는 동안, 항상 몇 마리의 사슴은 망을 본다. 둘째, 그는 꿀벌이 먹이를 가져오고 나눌 때 어떻게 협력하는지 설명한다. 한 마리의 일벌이 먹이를 발견하면, 그 벌은 벌집으로 돌아와 특별한 춤을 통해 다른 일벌들에게 먹이의 위치를 알린다. 이는 벌들이 무리로 그곳에 가서 많은 양의 먹이를 가지고 올 수 있도록 해준다. 그들은 무리의 필요에 따라 먹이를 나눈다.

Actual Test 2

본서 I P. 176

Question 1

When traveling, many people like to keep a record of their voyage. Others prefer to engage in activities rather than using their time to document the trip. Which do you prefer and why?

많은 사람들은 여행을 할 때 그들의 여행을 기록하는 것을 좋아한다. 다른 사람들은 여행을 기록하는 데 시간을 쓰기보다는 활동하는 것을 선호한다. 당신은 어떤 것을 선호하며 그 이유는 무엇인가?

예시 답변

I prefer to engage in activities rather than document my trip when traveling. First, I can engage in certain activities only in a special place. For example, exploring a gorgeous reef is possible only in Australia. So, missing out on that activity would be equal to not going on the trip at all. Second, I can broaden my mind and experience more. To be specific, I can visit museums and historic places to learn about the country's culture. For these reasons, I prefer to engage in activities rather than document my trip when traveling.

나는 여행할 때 여행을 기록하기보다는 활동을 하는 것을 선호한다. 우선, 나는 특별한 곳에서만 할 수 있는 특정 활동을 할 수 있다. 예를 들어, 아름다운 암초를 탐험하는 일은 호주에서만 가능하다. 그래서 그런 활동을 놓치는 일은 여행을 아예 안 간 것이나 다름없을 것이다. 둘째, 여행을 통해 마음을 넓힐 수 있고 더 많이 경험할 수 있다. 구체적으로 말하자면, 나는 그 나라의 문화에 대해 배우기 위해 박물관이나 역사적 명소를 가 볼 수 있다. 이러한 이유들로 나는 여행을 할 때 여행을 기록하기보다는 활동을 하는 것을 선호한다.

어휘   keep a record 기록하다 | voyage [n] 여행 | engage in activities 활동을 하다 | document [v] 기록하다 | explore [v] 탐험하다 | gorgeous [adj] 아주 아름다운/멋진 | reef [n] 암초 | miss out on ~를 놓치다 | broaden [v] 넓히다

Question 2

Read an e-mail from the professor. You will have 45 seconds to read. Begin reading now.

교수가 보내온 이메일을 읽으시오. 읽는 데 45초가 주어진다. 이제 읽기 시작하시오.

읽기 지문&해석

Greetings students,

As I informed you earlier, I will go to a conference next week, so I will be unable to teach your class. Instead, two of my colleagues have agreed to be guest instructors in my absence. Both are biology professors and active field researchers that spent last summer observing wildlife in two very different climates. You will be able to learn new information from their actual experiences, which should be a nice change of pace from your normal course material. I hope that you enjoy their visits and that you take advantage of this rare opportunity to ask questions of active field researchers.

Sincerely,

Professor Lee

학생 여러분 안녕하세요,

전에 공지한 바와 같이, 제가 다음 주에 학회에 참석하게 되어 수업을 할 수 없게 되었습니다. 대신 동료 두 명이 제가 없는 동안 초대 강사가 되어주기로 했습니다. 두 사람 모두 생물학 교수이며, 지난 여름을 각기 매우 다른 기후의 야생 생태계를 연구하는 데 보낸 활발한 현장 연구원들입니다. 여러분은 그들의 실제 경험에서 새로운 정보를 배울 수 있을 것이며, 이는 여러분의 정규 수업 내용에서 벗어난 좋은 변화가 될 것입니다. 여러분이 초대 강사들의 방문을 즐기고, 현장 연구원들에게 질문할 수 있는 이 귀한 기회를 활용하기 바랍니다.

리 교수

어휘   conference [n] 학회 | field researcher 현장 연구원 | change of pace 기존의 방법을 바꿈, 기분 전환

Now listen to two students as they discuss the e-mail.

이제 이메일에 대해 논의하는 두 학생의 대화를 들으시오.

듣기 지문&해석

M   Did you check your e-mail this afternoon?

W   Yes, I did, and I think I know which message you are going to ask me about.

M   You don't sound pleased.

W   No, I am not. I understand that our professors have to attend conferences, but I don't like the fact that she invited guest lecturers to take her place. I think that they should just reschedule the class.

M   Wouldn't that be really inconvenient?

W   I don't think most of the students would mind as long as she told us in advance. We could attend lectures by other professors that teach the same course, or she could arrange extra evening sessions for next week. The students would have enough time to rearrange their own schedules, or they could arrange to copy a classmate's notes.

M   I guess so, but I think having guest lecturers is a great idea. It would be something new for many of the students. Most of our professors haven't been out in the field for many years. We can also learn about recent research from them.

W   Yes, we could, but do the students need all of the extra work? We already have so much course material to cover.

M   Um, extra work would not be good. But I doubt that

남   오늘 오후에 이메일 확인했어?

여   응, 했어. 그리고 네가 어떤 메시지에 대해 물어보려는지 알 것 같아.

남   넌 별로 좋아하는 것 같지 않은데.

여   응, 맞아. 교수님들이 학회에 참석해야 하는 건 이해하지만, 교수님이 자기를 대신해서 초대 강사들을 불렀다는 건 싫어. 그냥 수업 시간을 변경해야 한다고 생각해.

남   그렇게 하면 정말 불편하지 않을까?

여   교수님이 미리 알려주기만 한다면 대부분의 학생들은 괜찮다고 생각할 것 같아. 우리가 같은 과목을 가르치는 다른 교수님들의 강의를 들을 수도 있고, 아니면 교수님이 다음 주에 추가로 저녁에 수업을 정할 수도 있어. 학생들은 자신의 스케줄을 조정할 충분한 시간이 있을 거고, 아니면 다른 학생의 필기를 복사할 수도 있지.

남   그런 것 같아. 하지만 나는 초대 강사들이 오는 건 정말 좋은 아이디어라고 생각해. 많은 학생들에게 새로운 경험이 될 거야. 우리 교수들 대부분은 몇 년간 현장에 나가지 못하셨어. 우리는 초대 강사들에게서 최근의 연구에 대해서도 배울 수 있을 거야.

information from the guest lecturers will show up on any of our tests.

W Even if that is true, we don't have enough time to cover all of our regular material. And any of the information from our long reading list could be on the test.

M I understand how you feel, but I am still looking forward to the guest lecturers.

남 그래, 그럴 수 있지. 하지만 학생들이 추가 공부가 필요할까? 우리는 이미 다뤄야 할 수업 내용이 너무 많아.

여 음, 추가 공부는 별로 좋지 않겠네. 하지만 초대 강사들로부터 듣게 될 정보가 시험에 나올 거라고는 생각하지 않아.

남 그게 사실이라 하더라도, 우리는 정규 교재를 전부 다룰 시간이 부족해. 그리고 긴 도서 목록에 있는 정보는 어떤 것이든 시험에 나올 수가 있어.

여 네 기분은 이해하지만, 나는 여전히 초대 강사들이 기대돼.

어휘 take someone's place 누군가를 대신하다 | reschedule ⓥ 일정을 변경하다 | in advance 미리, 사전에 | rearrange ⓥ 조정하다, 배열을 바꾸다 | doubt ⓥ 염려하다

Now get ready to answer the question.

The woman expresses her opinion about the change in one of her school classes. State her opinion and explain the reasons she gives for that opinion.

이제 질문에 답하시오.

여자는 자신의 학교 수업 중 한 과목의 변경에 대한 자신의 의견을 표현하고 있다. 그녀의 의견에 대해 서술하고 그렇게 생각하는 이유가 무엇인지 설명하시오.

예시 답변

According to the e-mail, the professor has invited guest instructors to teach her classes. The woman does not think it is a good idea. First, she explains that the professor should reschedule the class instead of inviting guests. This is because the students wouldn't mind as long as she announces the changes in advance. Second, she says that the students don't need extra work because they already have too much regular material to cover. Even if the information from the guest lecturers doesn't show up on the test, students will be losing time to study the regular material. For these reasons, the woman does not think it is a good idea.

이메일에 따르면, 교수는 자신의 수업을 가르칠 초대 강사들을 초청했다. 여자는 이것이 좋은 아이디어라고 생각하지 않는다. 첫째, 그녀는 교수가 강사들을 초대하는 대신 수업 시간을 변경해야 한다고 설명한다. 왜냐하면 수업 변경을 미리 공지하기만 한다면 학생들은 별로 상관하지 않을 것이기 때문이다. 둘째, 그녀는 학생들이 이미 다뤄야 할 정규 자료가 너무 많기 때문에 추가적인 공부가 필요하지 않다고 말한다. 초대 강사들이 주는 정보가 시험에 나오지 않는다 하더라도, 학생들은 정규 자료를 공부할 시간이 없을 것이다. 이러한 이유로 여자는 그것이 좋은 아이디어라고 생각하지 않는다.

Question 3

Read the passage about the convergent evolution. You will have 50 seconds to read the passage. Begin reading now.

수렴 진화에 관한 지문을 읽으시오. 지문을 읽는 데 50초가 주어진다. 이제 읽기 시작하시오.

읽기 지문&해석

Convergent Evolution

Organisms evolve in response to pressures from their environment, and this often results in unique characteristics. However, some adaptations are so useful that unrelated species in different parts of the world develop them in a process called convergent evolution. A prime example of this is flight, an ability which birds, insects, and mammals all have. These animals are unrelated, and they did not learn to fly from one another. They have developed similar body parts

수렴 진화

생명체들은 환경으로부터의 압력에 대한 반응으로 진화하며, 이는 종종 독특한 특징들로 귀결된다. 그러나 어떤 적응들은 매우 유용하여 세계의 여러 다른 지역의 관계없는 종들도 수렴 진화라 불리는 과정에서 그러한 적응들을 발달시킨다. 이것의 주된 예는 비행인데, 조류, 곤충, 그리고 포유류 모두가 갖는 능력이다. 이 동물들은 연관되어 있지 않고, 나는 법을 서로에게서 배우지도 않았다. 그들은 같은 목적을 수행하는 비

that serve the same purpose. The wings of birds, insects, and bats look radically different, but they have evolved to have the same function.

숫한 신체 기관들을 발달시켰습니다. 새, 곤충, 그리고 박쥐의 날개는 매우 다르게 생겼지만, 같은 기능을 갖도록 진화했다.

어휘 convergent evolution 수렴 진화 | in response to ~에 응하여 | adaptation **n** 적응, 적응 형태 | flight **n** 비행 | radically **adv** 철저히, 근본적으로

Now listen to part of a lecture in a biology class.　이제 생물학 강의의 일부를 들으시오.

듣기 지문&해석

Ⓜ Convergent evolution can be observed throughout the natural world, and many species that evolved in total isolation from one another possess similar structures that perform the same tasks. One common category for convergent evolution is in feeding. Many species are insectivores, but some very different organisms have developed similar traits to aid them in eating their preferred food.

For example, aardvarks of Africa and echidnas of Australia both have a similar diet which largely consists of ants and termites. Although they do bear a superficial physical resemblance, they are actually quite distinct species. Fully grown adult aardvarks' lengths are usually between 100 and 130cm and typically weigh between 50 and 80kg. On the other hand, echidnas are much smaller in size; their body lengths are usually between 30 and 50cm, weighing no more than 10kg at most. Aardvarks have thinly scattered coarse hairs and thick skin on their bodies that protect them from attacks to some extent. However, echidnas have long and tough protective spines, and when in danger, they curl up in a ball for defense. Even more importantly, echidnas are members of the rare egg-laying mammals known as the monotremes, unlike aardvarks that give birth to live young. Despite these many differences, these animals share similar adaptations that allow them to eat the same prey. Aardvarks feed upon ants and termites utilizing their heavy front claws to tear into hives and a long, sticky tongue to lap up the insects. The echidnas of Australia also possess a long sticky tongue that they use to lick up insects whose home they have torn open with their strong front claws, but the similarities really end there. So, as you can see, these genetically and geographically separate organisms have all evolved the same traits to feed upon the same prey. They are prime examples of convergent evolution.

Ⓗ 수렴 진화는 자연계 전체에서 관찰할 수 있으며, 서로로부터 완전히 고립된 상태에서 진화한 많은 종들이 동일한 일을 수행하는 유사한 구조를 지니고 있습니다. 수렴 진화의 흔한 범주 하나는 먹이 섭취입니다. 많은 종들은 곤충을 먹는데, 매우 다른 생물체들이 자신들이 좋아하는 먹이를 먹는 것을 돕는 유사한 특징들을 발전시켰습니다.

예를 들면, 아프리카의 땅돼지와 호주의 바늘두더지는 둘 다 주로 개미와 흰개미로 구성되는 비슷한 식단을 가지고 있습니다. 그들은 피상적인 신체적 유사성을 가지고 있기는 하지만, 실제로 매우 다른 종입니다. 다 자란 어른 땅돼지의 길이는 보통 100~130센티미터이며, 50~80킬로그램의 무게가 나갑니다. 반면, 바늘두더지는 크기가 훨씬 더 작습니다. 그들의 몸길이는 보통 30~50센티미터이고, 무게는 기껏해야 10킬로그램을 넘지 않습니다. 땅돼지는 얇게 흩어져 있는 거친 털과 공격으로부터 어느 정도는 보호해 주는 두꺼운 피부를 가지고 있습니다. 하지만 바늘두더지는 길고 튼튼한 보호용 가시를 가지고 있으며, 위험에 빠졌을 때 방어를 위해 공처럼 몸을 둥글게 맙니다. 훨씬 더 중요하게, 바늘두더지는 새끼를 낳는 땅돼지와는 다르게 단공류동물이라고 알려진 알을 낳는 흔치 않은 포유류입니다. 이 많은 차이점에도 이 동물들은 같은 먹이를 먹게 해주는 비슷한 적응점들을 공유합니다. 땅돼지는 개미와 흰개미를 먹이로 하는데, 육중한 앞 발톱을 사용하여 개미굴을 뚫고, 길고 끈적한 혀로 곤충을 핥아먹습니다. 호주의 바늘두더지 역시 길고 끈적한 혀를 가지고 있는데, 그것으로 곤충을 핥아 먹는 데 사용하며, 강한 앞 발톱으로 곤충의 둥지를 찢어 엽니다. 하지만 유사점은 거기서 끝이 납니다. 그래서 여러분이 보다시피, 이렇게 유전적, 지리적으로 분리된 생물체들이 같은 먹이를 먹기 위해 비슷한 특징을 진화시킨 것입니다. 그들은 수렴 진화의 주요한 예입니다.

어휘 isolation **n** 고립 | category **n** 범주 | insectivore **n** 식충 동물 | trait **n** 특성 | aardvark **n** 땅돼지 | echidna **n** 바늘두더지 | termite **n** 흰개미 | superficial **adj** 피상적인 | resemblance **n** 유사점, 닮음 | at most 기껏해야 | thinly scattered 얇게 흩어진 | coarse **adj** 거친 | curl up 몸을 동그랗게 말다, 웅크리다 | monotreme **n** 단공류동물 | claw **n** 발톱 | sticky **adj** 끈적거리는 | lap up 핥다 | tear open 찢어 열다 | genetically **adv** 유전적으로 | geographically **adv** 지리적으로 | prime **adj** 주요한

Now get ready to answer the question.

The professor explains convergent evolution by giving examples of aardvarks and echidnas. Explain how they demonstrate the topic in the reading passage.

이제 질문에 답하시오.

교수는 땅돼지와 바늘두더지의 예를 들어 수렴 진화에 대해 설명하고 있다. 그들이 지문의 주제를 어떻게 입증하는지 설명하시오.

예시 답변

The reading passage explains the convergent evolution. This term describes the process where unrelated species develop similar unique features as a result of having to adapt to environments that are alike. To illustrate this concept more clearly, two animals are compared in the listening section. Aardvarks and echidnas are two distinct animals that are found in separate geographical areas. Aardvarks' skins are thick and are covered with tough hair, while echidnas have sharp spines but are much smaller in size. Most importantly, aardvarks give birth to their offspring and echidnas lay eggs instead. Above all these different characteristics, aardvarks and echidnas have one thing in common: their diet. Because of this factor, both aardvarks and echidnas developed long sticky tongues and heavy front claws to dig up ants and termites. This is the one unique trait that these two distinct animals converged upon.

읽기 지문은 수렴 진화를 설명하고 있다. 이 용어는 관련되어 있지 않은 종들이 비슷한 환경에 적응해야 했던 결과로써 유사한 독특한 특징을 발전시키는 과정을 말한다. 이 개념을 더 명확히 설명하기 위해, 두 동물이 듣기 부분에서 비교된다. 땅돼지와 바늘두더지는 분리된 지리학적 영역에서 발견되는 뚜렷이 다른 동물들이다. 땅돼지의 피부는 두껍고 거친 털로 덮여있는 반면, 바늘두더지는 날카로운 가시를 가지고 있지만, 크기가 훨씬 더 작다. 가장 중요한 것은, 땅돼지는 새끼를 낳고, 바늘두더지는 대신 알을 낳는다. 이런 모든 다른 특징들 위에, 땅돼지와 바늘두더지는 한 가지 공통점을 갖는데, 그것은 그들이 먹는 음식이다. 이 요인 때문에 땅돼지와 바늘두더지 둘 다 개미와 흰개미를 파내기 위해 길고 끈적한 혀와 강한 앞발톱을 발달시켰다. 이것이 뚜렷이 다른 이 두 가지 동물이 수렴한 독특한 특징이다.

Question 4

Now listen to part of a lecture in a business class.

이제 경영학 강의의 일부를 들으시오.

읽기 지문&해석

W Today, we will look at how TV commercials appeal to customers. TV commercials are a powerful medium that incorporates sound and images to convey their message. This allows them to influence far more people than print or radio advertising can.

Take this magazine advertisement for a Caribbean vacation package for example. Sure, it shows lovely images, but it is ultimately forgettable. Now, take a radio commercial. A pleasant female voice is telling what the island resort offers. But, we don't have images to associate with the words, so they wouldn't stick in your mind either. But, when we put the two together in a commercial, they become a powerful tool. The narrator's voice acts as bullet points in an outline, focusing on specific images that you are being shown, thereby fixing them in your memory. So, after you walk away from the television or computer screen, you are still thinking about the resort and its many perks.

Of course, there are other factors at play here as well. TV commercials are often paired with programs that have particular demographics. Daytime programming often consists of dramas and talk shows, which are programs

여 오늘은 TV 광고가 소비자에게 어떻게 어필하는지에 관해 살펴보겠습니다. TV 광고는 메시지를 전달하기 위해 소리와 이미지를 통합하는 강력한 매체입니다. 이는 TV 광고가 활자 광고나 라디오 광고가 할 수 있는 것보다 훨씬 더 많은 사람들에게 영향을 미칠 수 있게 합니다.

카리브해 지역으로의 휴가에 대한 이 잡지 광고를 예로 들어 보도록 하죠. 물론 이 광고는 멋진 이미지들을 보여주지만, 궁극적으로 잊혀집니다. 이제 라디오 광고를 들어보죠. 기분 좋은 여성의 목소리가 섬의 리조트가 제공하는 것들을 얘기합니다. 하지만 그 단어들과 연결시킬 이미지가 없기 때문에 여러분의 마음에 남아 있지 않게 될 것입니다. 그러나 그 두 가지를 광고에서 결합하면 그것들은 강력한 도구가 됩니다. 내레이터의 목소리는 여러분이 보고 있는 특정 이미지에 집중하며 전체 윤곽에서 중요 항목 역할을 하고, 따라서 여러분의 기억에 각인을 시키죠. 그래서 여러분이 TV나 컴퓨터 화면 앞에서 떠난 후에도 여러분은 그 리조트와 그것의 많은 특전들에 대해 생각합니다.

that housewives typically watch. So, the commercials that are on are chosen to appeal to that demographic as well. They advertise cleaning products, clothing stores, and other stereotypically feminine things. Not only that, but they will often present the same things differently depending on the perceived audience. So, if the Caribbean resort commercial were on during the daytime, it would focus on the aspects of the resort that they think appeal to women. If it were on during a sporting event broadcast, it would focus on the exciting activities that men could enjoy at the resort. Similar tactics are used with print advertisements, but TV commercials are much more effective.

물론 여기에는 다른 요인들도 같이 작용합니다. TV 광고는 종종 특정한 인구층을 갖는 방송들과 짝이 지어집니다. 낮 방송들은 가정주부들이 흔히 시청하는 프로그램들인 드라마와 토크쇼로 자주 이루어집니다. 따라서 방송되는 TV 광고들은 그러한 인구층의 관심을 끌기 위해 선택됩니다. 그들은 세제, 옷 가게, 그리고 다른 전형적으로 여성적인 것들을 광고합니다. 그뿐 아니라, 시청자들에 따라 종종 같은 것들을 다르게 보여줍니다. 그래서 만약 카리브해의 리조트 광고가 낮 시간에 방송되면, 여성들이 매력을 느낄 것이라고 생각되는 리조트의 면들에 집중할 것입니다. 만약 그것이 스포츠 경기 중계 시간에 방송된다면, 남성들이 리조트에서 즐길 수 있는 흥미로운 활동들에 초점을 맞출 것입니다. 비슷한 전략들은 활자 광고에도 사용되지만, TV 광고가 훨씬 더 효과적입니다.

어휘 appeal to 관심을 끄다, 호소하다 | medium ⑩ 매체, 수단 | incorporate ⓥ 일부로 포함하다, 통합시키다 | Caribbean adj 카리브해의 ⑩ 카리브해 지역 | pleasant adj 기분 좋은, 즐거운 | associate ⓥ 연상하다, 연관 짓다 | narrator ⑩ 서술자, 내레이터 | bullet point 중요 항목 | outline ⑩ 윤곽 | perk ⑩ 특전 | demographics ⑩ 인구 통계 (자료) | stereotypically adv 진부하게, 틀에 박혀서 | perceived adj 인지된 | tactic ⑩ 전략, 전술

Now get ready to answer the question.

In the lecture, the professor describes a number of factors that make TV commercials a powerful medium. Explain what makes TV commercials a powerful medium by using the examples from the lecture.

이제 질문에 답하시오.

강의에서 교수는 TV 광고를 강력한 매체로 만드는 여러 가지 요인들을 설명한다. 무엇이 TV 광고를 강력한 매체로 만드는지 강의의 예를 사용하여 설명하시오.

예시 답변

In the lecture, the professor talks about a number of factors that make TV commercials a powerful medium. First, TV commercials are more remembered by the viewers because they incorporate both visual and auditory stimuli. Secondly, depending on the demographics of the TV viewers at certain times of day, the type of commercials vary. During the daytime, commercials that contain products that are more appealing to housewives are usually on TV. Also, if there is a commercial which will be aired on different channels, depending on the TV programming it follows, the commercial will emphasize different aspects of the product. For example, if a sporting event broadcast is on a channel, the commercial will highlight features that are more appealing to men than women.

강의에서 교수는 TV 광고를 강력한 매체로 만드는 여러 가지 요인들에 대해 이야기한다. 첫째, TV 광고가 시각적, 청각적 자극 둘 다를 포함하기 때문에 보는 사람들이 기억하기 더 쉽다. 둘째, 하루 중 특정 시간대 TV 시청자들의 인구 구성에 따라 광고의 종류가 달라진다. 낮 시간에는 가정주부들이 더 관심을 가질 만한 상품을 포함한 광고들이 주로 방송된다. 또한, 만약 어떤 광고가 여러 다른 채널에서 방송된다면, 광고 전에 나오는 방송 프로그램에 따라 광고는 상품의 다른 면을 강조하게 될 것이다. 예를 들어, 어떤 채널에서 스포츠 경기가 방송되면, 광고는 여성들보다는 남성들이 더 매력을 느끼는 특징을 강조할 것이다.

PAGODA TOEFL 80+ Speaking

PAGODA
TOEFL
80+ Speaking | 해설서